エスの本

ある女友達への精神分析の手紙

ゲオルク・グロデック 著
岸田 秀・山下公子 訳

講談社学術文庫

目次

エスの本

1

愛する友よ。きみはぼくから手紙で、個人的なことや、単なるおしゃべりやおざなりの話ではなく、まじめでためになる、できれば学問的なことを聞きたいと言います。困りましたね。

ぼくのような哀れな男が学問と何の関係があるのですか。開業医として必要とされている少々のことはきみにうまく説明できませんし、そのようなことをすれば、ぼくたち医者が着ている国家免許の礼服の下の下着がいかに穴だらけであるかが、きみにばれるでしょう。しかし、なぜぼくが医者になったか、どうして学問を嫌うようになったかを説明すれば、たぶんきみに役立つでしょう。

子どものとき、医者というものに対する特別な好みをもっていた記憶はありません。とりわけ、ぼくが確実に知っているのは、この職業に人類愛的感情を結びつけたことは一度もなかったし、あとからもないということです。もしぼくが、これまでやったことがないわけではないですが、そのような高貴な言葉を気取ったりしたら、ぼくの嘘を寛大なお裁きでもってお許しください。ぼくが医者になったのは、父が医者だったからです。父は、兄たちみんなにこの職業を選ぶことを禁止しました。それはたぶん、自分自身および他の人たちに、自分の経済的困難は医者の報酬が低いためであると思い込ませたかったからであると思われますが、これは事実に反しています。父は若い人にも年寄りにも、いい医者だと評判で、それに応じた収入は得ていたからです。しかし父は、息子と同じように、またすべての人と同じように、自分自身のなかで何かがうまくいっていないことがわかったときには、外に理由を見つけるのが好きだったのです。ある日、父はぼくに——なぜなのか、わかりません——医者になる気はないかと聞きました。ぼくはこのことを、兄たちよりこのぼくを認めてくれているためだと思ったので、「あります」と答えました。というわけで、職業選択についてだけでなく、この職業をどのように遂行するかについても、ぼくの運命は決まったのです。それ以来ぼくは、意識的に父を模倣しました。その模倣は徹底していて、父の古くからの女友達が、それから何年も経ってからぼくを知るようになったとき、次のように言ってしまったほどです、「お父さん、そっくりだわ。ただ、才能のきらめきがないだけね」と。

このとき父が話してくれたことが、のちに、ぼくが自分の医者としての能力に疑いを抱いたとき、ぼくをこの仕事に引きとめてくれました。たぶんぼくは、その話を以前にすでに知っていたのでしょうが、しかし、そのときぼくはヨゼフのように、兄たちより優れているという高揚した気分だったので、深い印象を受けたのだということがわかっています。父は、ぼくのいつもの遊び相手であったいくらか年上の姉と人形遊びをしていた三歳のぼくを観察していたときのことを話してくれました。リナは人形に服をもう一着、着せようとしました。長く言い争ったあげく、ぼくが屈し、「いいよ。でも、お人形さんが息ができなくなっても知らないよ」と言いました。それを見ていて父は、ぼくに医者の資質があるとの結論をくだしました。そして、ぼく自身、この根拠の薄弱な結論を信じました。

ぼくがこのささいな出来事のことに触れたのは、まったくつまらぬことについて、突然、一見何の根拠もなく奇妙な不安に襲われるというぼくの性格の一つの特徴について語るチャンスになるからです。ご存じのように、不安は抑圧された願望の結果です。人形が息ができなくなるという考えを言い表した時点において、ぼくのなかに、人形によって代表される誰かを殺したいという願望がうごめいていたに違いありません。この誰かとは誰であったか、わかりませんが、ただ、この姉その人ではなかったかと推測されます。この姉は病弱だったため、いちばん小さいぼくこそがしてもらいたかった多くのことを母にしてもらっていました。ここに、医者として重要なことは何であるかが示されています。残酷さへの傾向があり、それが強く抑圧されて有益なものに形を変えるということです。残酷さへの傾向を厳しく見張っているのが、人を傷つけるのではないかという不安です。人間における残酷さと不安とのこの微妙な対立を追跡してみるのは有益でしょう。なぜなら、それは人生においてきわめて重要なことだからです。しかし、手紙の目的としては、姉との関係がぼくの、人に苦痛を与えたい欲望の発達とその抑制におおいにかかわりがあることを確認するだけで充分です。ぼくと姉のお気に入りの遊びは「お母さんと子どもごっこ」で、子どもがいたずらをして、折檻されるという筋書きのものでした。姉が病弱だったため、ぼくは手加減しなければなりませんでした。そのことは、ぼくの医者の仕事のやり方に反映されています。ぼくは血なまぐさい外科手術に怯え、また、薬剤師となって毒を調合するのにも嫌悪があり、そういうわけで、マッサージと精神療法にゆき着きました。この二つとも残酷でないわけではありませんが、それぞれの人たちの苦しみへの個別的な好みにはより適合しています。リナが心臓病で、ぼくの無意識的な心遣いに日ごとに変わる要求を突きつけてきたということがあって、ぼくは、急性の病気はがまんできず、慢性の病気を扱うのを好むようになりました。

以上が、ぼくが今のところ職業選択について話すことができるおおよそのところです。きみがこのことを心のなかでいささかなりと反芻《はんすう》しさえすれば、学問に対するぼくの態度についていろいろなことを思いつくでしょう。子どものときからただ一人の病人を見てきた者には、体系的に分類するのを学ぶのは困難です。しかしここでも、模倣がもっとも重要です。父は医者のなかの変わり者でした。自分のほかに権威はなく、正しいにせよ間違っているにせよ自分の道をゆき、学問に対する敬意は言葉においても行為においてもあまり感じられませんでした。父が結核菌やコレラ菌の発見に懸けられていた希望をいかに嘲笑したか、どれほど満足そうに、あらゆる生理学的教えに反して赤ん坊を一年間スープだけで育てたことを話したかを、ぼくはまだ憶えています。父がぼくに手渡した最初の医学書――そのとき、まだぼくはギムナジウムの生徒でした――は、ラーデマッヒャーの体験治療学の本でしたが、その本の、学問に反対している個所には太く下線が引いてあり、余白にはいっぱい覚え書きが書き入れてありました。だから、ぼくが研究をはじめる前からすでに疑うという態度を身につけていたことに、何の不思議もありません。

この疑う態度にはまだほかの原因もあります。六歳のとき、ぼくはしばらくのあいだ、姉と二人だけの親密な関係を失いました。姉はアルマという名前の学校友達と仲良くなりました。とくに苦痛だったのは、姉はぼくたちのささやかなサディスティックな遊びをこの新しい友達とやり、ぼくが除《の》け者にされたことです。一度だけ、彼女たちが大好きだった話をしているのを盗み聞きしたことがあります。アルマは行儀の悪い子に腹を立てた母親がその子を便所の穴——田舎の原始的な便所を想像してみてください——に閉じ込めるという話をしていました。今でもまだ、その話を最後まで聞かなかったことが心残りです。やがて二人の少女の友情は消え、姉はぼくのもとに戻りましたが、この孤独の時期はアルマという名前に対する深い嫌悪をぼくに注ぎ込むに足るものでした。

さて、大学がアルマ・マーター（母校）と呼ばれることを思い起こしてください。このことが学問に対する強い反感をぼくに植えつけましたが、アルマ・マーターという言い方はギムナジウムにも使われるので、なおさらでした。ギムナジウムでぼくは、古典の勉強をしましたが、いやなことがたくさんありました。きみにぼくの人間形成を理解してもらう必要があるとすれば、このことについて話さねばならないことがたくさんあります。しかし、今はそれが問題ではなく、ただ、ぼくが学生時代のすべての憎しみと苦しみを学問のほうへ移し変えたことが重要な点です。心の鬱陶しさの理由を無意識の深層に探るよりは、外的な出来事から導き出すほうが気楽ですから。

のちになって、ずっとのちになってはじめて、アルマ・マーター、「養母」という言葉がぼくの人生の最初のもっとも重大な葛藤を思い起こさせるということが明らかになりました。ぼくの母は、いちばん上の子に授乳しただけでした。当時、母はひどい乳房炎症を起こし、乳腺がだめになりました。ぼくの出産は、予定日より二日か三日早かったに違いありません。とにかく、ぼくにあてられていた乳母《うば》はまだ家にきておらず、別の女が一日に二回、ぼくに乳を呑ませにきたのですが、三日間というものは、ぼくはわずかしか乳を呑むことができませんでした。そのことは何の害にもならなかったと人は言うのですが、乳呑み児の心境を誰が判断できるのでしょうか。空腹を味わわすというのは、新しく生まれた子どもに対する友好的な歓迎の挨拶ではありません。ときおり、同じような経験をした人と知り合いになりましたが、その人たちがそのために心に傷を受けたことが証明できない場合でも、ぼくは、たぶんそうだっただろうと思います。その人たちとくらべると、ぼくはうまく危険を免れたのだと思います。

たとえば、ある女性——ぼくの長年の知人ですが——の場合、彼女の母親は、彼女が生まれたとき好きになれず、ほかの子どもたちに手がかかっていたこともあって、彼女に授乳せず、子守と哺乳びんにまかせっぱなしにしました。しかし、赤ん坊の彼女は、ゴムの乳首から乳を呑むよりは空腹でいるほうを取り、体が弱って、死にかけました。ついにある医者に、反感を捨てなければならないとどなりつけられて、母親は、薄情な態度を改め、赤ん坊のことを気にかけるようになりました。乳母がやってくるようになり、母親は、一時間に一度は必ず赤ん坊を見るようになりました。赤ん坊はすくすく育ちはじめ、健康な女性に成長しました。母親は娘をかわいがり、死ぬまで、娘の愛を得ようと努めました。だけど、娘の憎しみはいつまでも残ったのです。娘の全生涯は一つ一つの輪が復讐でつながっている敵意の鉄鎖です。娘は、母親が生きているかぎり母親を苦しめ、母親を臨終の床に残して旅行に出掛けました。娘は、自分でも自覚しないまま、母親を思い起こさせるような人をいじめ、生涯のおわりまで、かつて空腹が育んだねたみにとらわれています。娘は子どもをつくっていません。自分の母親を憎んでいる者は子どもをつくらないものです。これは間違いのない事実です。子どものない夫婦がいたら、それだけで、夫か妻のどちらかが母親を憎んでいるのではないかと推量できます。母親を憎んでいる者は、自分の子どもをもつのを恐れるのです。人間は「あなたがわたしにすることを、わたしはあなたにします」という信条で生きているからです。だけど、この女性は、子どもを産みたい欲望に身を焼き尽す思いです。彼女の歩き方は、妊婦のそれに似ています。乳呑み児を見ると、乳房がふくらみ、友達が妊娠すると、彼女のお腹も大きくなります。ぜいたくな暮しに慣れていたのですが、彼女は、数年間にわたって毎日、産院に手伝いにゆき、赤ん坊を清潔にし、おしめを洗い、産婦の世話をし、ときには、抑えがたい渇望から、あたかも犯罪者のように、産婦から赤ん坊を奪って、乳の出ない自分の乳房に押しつけたものです。それでも彼女は、二度ほど結婚したのですが、それは、あらかじめ、子どもをつくれないことがわかっている男とでした。彼女の人生は、憎しみ、不安、羨望、到達できないものへの苦しい憧れの人生です。

出産後の数日、空腹を味わわされた別の女性がいます。彼女は、母親への憎しみを一度として口にしたことはありませんが、若くして死んだ母親を、自分が殺したのではないかという感じに絶えず苦しめられました。彼女自身、それがばかげた考えであることは知っています。母親は、手術の途中で死んだのだし、その手術については、娘は前もって何も知らされていなかったからです。何年ものあいだ、彼女は、全人類への憎しみを糧として、自分の部屋でひとりぼっちで暮し、誰とも会わず、ひたすら、ねたみ、憎んでいます。

ぼく自身のことに話を戻しましょう。ついに乳母がやってきて、わが家に三年間滞在しました。きみは、乳母に乳を与えられた赤ん坊がどういう体験をするか考えてみたことがありますか。少なくとも、母親が赤ん坊を愛している場合は、事態は多少複雑です。自分がその胎内に、九ヵ月間、心配事もなく、暖かく包まれてまったく平穏に暮していた母親がここにいます。赤ん坊は、母親を愛さずにいられるでしょうか。そのほかに、自分が毎日その胸に抱かれ、その乳を呑み、その暖かい生き生きとした肌を感じ、その匂いをかいでいる女がいます。この女を愛さずにいられるでしょうか。しかし、どちらの味方になるべきでしょうか。乳母に育てられた乳呑み児は、疑惑のなかに投げこまれ、決して疑惑から逃れることができません。その信頼感は根本からゆさぶられ、二つの可能性に直面したとき、ふつうの人ほどたやすく決断することができません。人生のはじめからその感情生活を分断され、情熱の力を騙し取られた者にとって、アルマ・マーターという言葉は、軽侮すべき嘘以外のものを意味し得るでしょうか。その者にとっては、知識というものは、はじめから無用のように見えるでしょう。「おまえに乳を与えてくれないこの女がおまえの母で、おまえを自分のものと思っている。おまえは、乳を与えてくれるあの女の子どもではない」ことを彼は知っています。彼は、知識では解決できない問題にぶつかります。つきまとって離れない疑問から逃れる先は、せいぜい空想の世界しかありません。だけど、空想の世界をおのが棲み家とした者は、いつの日にか、あらゆる学問も一種の空想でしかないこと、いわば専門的な空想であって、専門としてのあらゆる利点と欠点をもっていることを認めるようになります。

空想の世界になじめない者もいます。そのような者について手短にお話ししましょう。彼は、生まれるべきではなかったのですが、父母の意志に反して生まれてきたのです。そこで、母親の乳は出ず、乳母がやってきました。この幼い息子は、母親の乳で育った幸福な兄や姉にかこまれて大きくなりましたが、彼らに対しても、両親に対しても、どこかよそよそしいままでした。そして彼は、そう望んだわけでもないのに、知らず知らずのうちに両親のあいだに徐々にひびを入れました。両親は、なかば無意識的な罪悪感——彼らの一種特別な息子の扱い方から見て、他人には明らかなのですが——に圧迫されて、おたがいに疎遠になり、おたがいに無理解になりました。一方、息子は猜疑心《さいぎしん》が強くなり、その生活は引き裂かれました。彼は、空想に逃げ込もうとはせずに——彼は立派な人間にならねばならなかったし、彼の夢は、挫折した冒険家の夢でしたから——酒を呑みはじめました。これは、人生の最初の日々に愛を与えられなかった多くの人間の運命です。だけど、ほかのすべてのことにおいてと同じように、酒を呑むことにおいても、彼は引き裂かれています。しばらくのあいだ、二、三週間か二、三ヵ月でしかないのですが、彼は酒を呑まねばならないという感じにとらえられます。ぼくは、彼の乱行を多少追跡してみたことがあるので知っているのですが、彼がグラスをつかむ前には必ず、子どもじみた乳母のことが心に浮かぶのです。このことからぼくは、彼を治すことができると確信しました。これはまた別の奇妙なことですが、彼が結婚した少女は、彼と同じようにその両親を深く憎み、彼と同じように子ども好きでしたが、子どもを産むことを死ぬほど怖がっていました。彼女は、うちひしがれた彼の心に、父親を苦しめるような子どもが生まれるのではないかとの不安を与えたので、彼は性病に感染し、それを妻にもうつしました。人生には多くの知られざる悲劇が隠されているのです。

ぼくの手紙はおわりに近づきましたが、ぼくの乳母の話をもう少ししてもいいでしょうか。彼女の顔は忘れました。「光り輝く」という意味のベルタという名前のほかは何も憶えていません。でも、彼女が去っていった日のことははっきりと思い出します。別れに臨んで、彼女はぼくに三ペニヒの銅貨をくれました。甘いものでも買って食べるようにとのことだったのですが、ぼくは、そうはせずに、台所の石段の上にすわり、石段で銅貨をこすって光らせました。その日以来、ぼくは三という数字に取り憑かれました。三位一体、三国同盟、三角形のような言葉は、ぼくには何かいかがわしいものです。言葉だけではなく、言葉にくっついた観念も、つまり、気まぐれな幼い頭脳がそのまわりに築きあげた観念コンプレックスの全体がそうなのです。そのため、三位一体の第三のものたる聖霊は、すでに子どものときから、ぼくにとっては忌むべきものであり、三角法はぼくの学生生活の厄災であり、かつて高く評価されていた三国同盟〔独墺伊の、一八八二―一九一五――訳注〕は、ぼくに言わせれば、はじめから欠点だらけでありました。三は、ぼくのいわば運命の数になったのです。ぼくの感情生活を回顧してみるとわかるのですが、ぼくは、心のままに動いたときはいつでも、二人のあいだにすでに成立している友情のなかに第三の男として割ってはいり、ぼくに気に入ったほうを他の一人から引き離し、それがうまくゆくと、気持ちがさめてしまうのです。消えゆくその愛情を甦らせるため、新たに第三の者を引き入れて、またもや追い出したことさえあります。母および乳母との二重の関係、別離によって惹き起こされた葛藤と結びついたこれらの感情は、ぼくが意図したわけではないのに、自分で気づいてさえいないのに、このように決して取るに足らないとは言えない面で繰り返されました。これは、無視してはならないことです。少なくとも、この事実は、三歳児の心のなかに、きわめてこみいってはいるものの、一定の方向をもった過程が起こることを示しているからです。

のちに――八歳の頃――ぼくは、たった二、三分間のことですが、乳母にめぐり逢いました。彼女はぼくにとって無縁の人でした。その面前でぼくは重苦しい圧迫感を感じました。

この三ペニヒ銅貨という言葉について、まだお話ししたいことが二つあります。ささいな話ですが、意味のないものではありません。ぼくの兄がラテン語を習いはじめた頃のある日、昼食のとき、父が兄に「涙」はラテン語でどう言うかとたずねました。兄は知りませんでした。どうしたわけか、ぼくは、前夜、兄のヴォルフが声を出して単語の暗記をしていたとき、lacrima という単語に気づきました。そこで兄の代わりに質問に答えました。そして、ほうびに五グロッシェン銀貨をもらいました。だけど、食事のあと、二人の兄がこの五グロッシェン銀貨を三ペニヒ銅貨と交換してくれと言いました。ぼくは歓んでそうしました。ぼくがそうしたのは、年上の者に間違ったことをさせたいという気持ちのほかに、かすかな感情的記憶も働いていたに違いありません。きみが望むなら、lacrima という言葉がぼくにとってどういう意味をもっているかをあとで話しましょう。

第二の話は、思い出すたびに愉快になります。おとなになったとき、ぼくは自分の子どもたちのために、ある物語を書きました。そのなかには、ひからびた、骨と皮ばかりの歳をとった乙女が登場します。彼女は、学識豊かな女で、ギリシア語を教え、おおいに嘲られます。ぼくの空想が生んだこの、胸の平らな、貧相な女を、ぼくはドライアー（三ペニヒ銅貨）と名づけました。このようにぼくは、ぼくに乳を呑ませた、そして、生命にも愛にも逆らっている女、ぼくがしがみついていた女との最初の、忘れてしまった別離の苦しみから逃れようとして、この人物像をつくりました。この人物像は、ぼくにとっては学問を表しています。

ぼくが書いたことは、少なくともぼくにとっては、真剣なことです。だけど、これがぼくの手紙にきみが求めていたことかどうかは神のみの知ることです。いずれにせよ、ぼくがきみの忠実な友であることは変わりありません。

パトリック・トロール

2

愛する友よ。きみは満足しませんでした。ぼくの手紙には個人的なことがあり過ぎたので、客観的なほうがよかったと言うのですか。だけど、ぼくは客観的だったと思っています。

よくお考えください。ぼくが書いたことと言えば、職業選択のこと、子どものときからつづいている嫌悪と内的葛藤のことです。もちろん、ぼくは自分について書きました。でも、こうした経験は典型的です。それをほかの人たちに当てはめてごらんなさい。たくさんのことがわかるようになるでしょう。とりわけ、われわれの人生を支配している力は、白日のもとにさらされてはおらず、骨を折って探し求めねばならないということが明らかになるでしょう。ぼくは、一つの例によって、ぼく自身の例によって、ぼくたちの慣れ親しんだ考えの外側にあるたくさんのことが、ぼくたちのなかで起こっていることを示したかったのです。だけど、ぼくの手紙の目的を明らかにしたほうがよいかもしれません。そうすればきみは、テーマが充分に真剣なものかどうかを判断できます。ぼくが、うわさ話やきまり文句をしゃべりはじめたら、そう言ってください。そうすれば、ぼくたち二人の役に立つでしょう。

人間は、自分の知らないものに動かされているというのがぼくの意見です。人間のなかには「エス」という何やら驚くべき力があって、それが、人間のすること、人間に起こることのすべてを支配しています。「わたしは生きている」という言は、条件つきでしか正しくありません。それは、根本真理の小さな皮相な現象しか言い表していません。人間は、エスによって生かされているのです。これが根本真理です。ぼくの手紙はこのエスを問題とするでしょう。いいですか。

ほかにまだ一つあります。ぼくたちは、このエスについて、ぼくたちの意識のなかにあることしか知りません。そのはるか向こうの、その領地の大半は踏み込むことができません。でも、真剣にはげめば、意識の限界を広げることができますし、これ以上知ろうとするのをやめ、空想する決心をすれば、無意識の奥深く突入することができます。いざ、ぼくのかわいいファウスト博士よ、マントは広げられました。飛び立つ用意はできました。無意識の世界へ……。

ぼくたちが自分の人生の最初の三年間についてほとんど知らないのは奇妙なことではないでしょうか。ごく幼いときに見たという、ある顔、ある扉、ある壁紙などのかすかな記憶をひけらかす人はときどきいます。しかし、はじめて歩いたときのことを思い出す人や、どうやってしゃべり、食べ、見、聞くのを学んだかを思い出す人には会ったことはありません。これらはすべて本当に経験したことなのにです。よちよちしながらはじめて自分の足で部屋を歩いたときの子どもの印象は、おとながイタリア旅行をしたときの印象より強いのではないでしょうか。そこでやさしい微笑を浮かべている人が自分の母であることをはじめて知ったときの子どもの感激は、花嫁を連れて家に帰る夫の感激より深いのではないでしょうか。これらのことをどうして忘れてしまうのでしょう。

この問題については言うべきことがたくさんあります。しかし、その答えに取りかかる前に、一つの点を明らかにしておかねばなりません。ぼくたちは、最初の三年間のことを忘れているのではなく、その記憶は意識から閉め出されているだけであって、無意識のなかに生きつづけ、活動しつづけています。ぼくたちが行なうすべてのことは、この無意識的記憶の宝庫から活力を受けています。ぼくたちは、かつて歩くのを学んだように歩き、かつてしていたように食べ、しゃべり、感じます。人生にとって本質的に重要なことなのに、意識から閉め出されている事柄もあります。いや、それは、人生にとって本質的に重要な事柄だからこそ、無意識と名づけられるわれわれの存在領域のなかに貯蔵されているのです。でもなぜ、意識は、人間の生存のために不可欠な経験を忘れるのでしょうか。

この疑問には答えないでおいていいでしょうか。あとでたびたびこの疑問を持ち出さねばならなくなるでしょう。だけど今、ぼくは、女としてのきみに、なぜ母親は自分の子どもについてあれほど無知なのか、なぜ母親もこの最初の三年間の本質的な事柄を忘れてしまうのかをたずねたい気持ちのほうが強いのです。もしかして、母親も、あたかも忘れてしまったかのようにふるまっているだけなのでしょうか。それとも、母親の場合も、本質的な事柄は意識に達しないのでしょうか。

ぼくがまたもや母親を笑い草にすると言って、きみは非難するでしょう。だけど、ぼくにとって、ほかにどういう方法があるでしょうか。ぼくの心のなかには憧れが住んでいます。悲しいとき、ぼくの心は母を求めて叫びますが、母は見つかりません。神を、世間を恨むべきでしょうか。自分自身を、自分の子どもらしさを笑っているほうがましです。人間は、決してこの子どもらしさから抜け出すことはありません。人間が完全におとなになり切ることはないからです。まれにそう見えることがあっても、表面だけのことです。子どもが大きい子のまねをするように、ぼくたちはおとなのまねをしているだけです。深く生きようとすれば、たちまちぼくたちは子どもになります。エスには年齢がありませんし、エスこそは、ぼくたちの本当の姿ですから。最大の悲しみ、あるいは最高の歓びの瞬間の人間を見てごらん。顔は子どもの顔になり、身振りも子どもらしくなり、声はふたたび柔らかくなり、心臓は子どものときのように躍り、眼は輝くか曇るかします。たしかにぼくたちは、こうしたことを隠そうとしますが、それは明らかです。注意さえすればすぐ気づきます。ぼくたちが、他人のうちのこれほど目立った徴候を見過ごすのは、ぼくたち自身のうちのそれに気づきたくないからです。おとなになったら、人間は泣かないでしょうか。泣かないとすれば、それは、礼儀作法からはずれているからであり、どこかのばかな野郎が泣くことを流行遅れにしてしまったからでしかありません。ぼくは、軍神マルスが、怪我をしたとき一万人の男が叫ぶように泣き叫んだことをつねづねおもしろがっていました。アキレウスがパトロクロスの死骸に取りすがって泣いたことをはしたないと思うのは、ひとりよがりの威張り屋だけです。ぼくたちはおのれを偽っているのであり、それだけのことです。ぼくたちは心の底から笑おうとさえしないのです。だからと言って、やはりぼくたちは、手も足も出ないことに直面したときには小学生のような顔をしますし、子どものときと同じような不安な表情を示します。歩くとき、嘘をつくとき、しゃべるときのささいな癖は昔と同じです。見る眼を具えている人に、「ごらん。子どもなんだよ」と言っているのです。自分一人だと思っている人を観察してごらん。すぐさま、子どもが、しばしばこっけいな形で表面に現れてきます。彼は、あくびをし、くつろいで頭や尻をかき、鼻をほじくり、それから、言っておかねばなりませんが、屁をぶっぱなしさえします。清楚な貴婦人もおならをします。あるいは、何かの仕事や考えに熱中している人を観察してごらんなさい。恋人たち、病人、老人を見てごらん。彼らはみんな、しょっちゅう子どもになります。

いわば、人生は仮装舞踏会だと考えることができます。そのなかで、人間は、たぶん一〇回も一二回も一〇〇回も仮装をするのですが、本来の性格をもとどめており、自分の仮装の背後で、そして、他の仮装者たちのただなかで自分自身を保持しており、自分自身から離れていったときと同じように自分自身に戻るのです。人生は、子どもとしてはじまり、おとな時代はさまざまな道を歩み、そのあとふたたび子どもになろうとするのです。人びとのあいだの唯一の相違は、子どもじみているか、子どもらしいかという点にしかありません。

ぼくたちのうちには、気分次第でいろいろな年齢で現れる何者かが住んでいますが、同じ現象は子どもにも見られます。乳呑み児の顔が老人の顔に似ているのはよく言われることです。でも、街を出て、三、四歳の女の子を見てごらんなさい（男の子よりも女の子の場合のほうがはっきりしています。それには立派な理由があります）。女の子たちは、往々にして、あたかもその母親であるかのように見えます。早くから生活に取っ摑まったあれこれの子どもではなく、実にすべての子どもが、いや、すべての男の子とすべての女の子が、ときおり、この奇妙なおとなの表情をします。ある子は、意地の悪い女の怒ったような口をしていますし、ある子は、うわさ話の好きそうな唇をしていますし、またある子は、歳をとった乙女のような、あるいは、色っぽい女のような顔をしています。小さい子のなかに母親を見ることはいかに多いことでしょう。これは、単なる模倣ではありません。エスが支配しているのです。ぼくたちが今日この服を、明日あの服を着るのと同じように、エスがときおり思い通りに年齢を押しつけてくるのです。

ぼくが母親をからかうのは、たぶんねたみからでしょう。ぼくが女でないこと、母親になれないことからくるねたみでしょう。

笑うことだけはしないでください。これは本当に本当のことです。ぼくだけではなく、まったく男らしい男も含めてすべての男がそうなのです。すでに言語がそのことを証明しています。男のなかの男が、ためらいもせずに、自分はある思想を妊娠した（＝考えついた）とか、わが精神の子ども（＝所産）とか言い、むずかしい仕事を果したことを難産と呼びます。

これは単なる言い回しではありません。きみは学問に信を置いています。たしかに、人間が男と女とでできるというのは科学的根拠のある真理ですが、ぼくたちは、考えているときやしゃべっているときには、その他多くの単純明快な真理と同じようにこの真理を忘れています。そこで、男という名の存在のなかには女が住んでおり、女のなかには男が住んでいるわけですから、男が子どもを産むという考えは何も変なことではなく、ただ、頑固に否認されているだけです。しかし、否認しても、事実は変わりません。

男と女とのこのような混合はしばしば不吉です。自分のエスが疑惑に釘づけになっている人たちがいます。彼らはあらゆることを両面から見ます。二つに引き裂かれていた子どものときの印象の奴隷になっているのです。このような疑い深い者が、ぼくがさきに挙げた、乳母に育てられた子どもたちです。実際、乳母に育てられた彼ら四人それぞれみんながもっているエスは、ときどき、自分が男なのか女なのかわからなくなります。きみ自身、憶えているでしょうが、ぼくの胃は何かの拍子に腫れあがり、きみにそのことについて話すと、突然腫れがひきます。また、きみが知っているように、ぼくはこれをぼくの妊娠と呼んでいます。しかし、きみは知らないでしょう。それとももう話したでしょうか。どっちでもいいです。とにかくこれから、もう一度お話しします。ほぼ二〇年前、ぼくの首に腫れ物ができました。当時ぼくは、今なら知っていること、いや知っていると思っていることを知りませんでした。ぼくは、一〇年間、首に腫れ物を抱えたまま世間を闊歩し、喉元のこいつと一緒に墓場までゆかねばならぬものとあきらめておりました。そうしたおり、ぼくはエスのことを知りました。どうしてかはどうでもいいことですが、ぼくは、その腫れ物がぼくの空想の子どもであることを悟りました。きみはよく驚いていましたが、ぼくは、手術もせず、治療もせず、ヨードも甲状腺剤も使わずに、このでっかい厄介物を始末しました。ぼくは思うのですが、腫れ物が消えてなくなったのは、ぼくが他の男たちと同様、両性的な性格と生命をもっていること、したがって、腫れ物をつくることによってこの事実を強調する必要はないことを、エスならびに、ぼくの意識が知ったからです。それから、自分から進んで、産院に手伝いにいっていた例の女性は、ときどき、乳房が完全に引っ込みました。そのときは、彼女のうちの男が目覚めたときで、彼女は、性交のとき、夫を下にしてその上に馬乗りになりたい気持ちに抗することができません。第三の独身女性のエスは、彼女のふとももものあいだに突起物を生じさせました。それは、小さな男性器のように見えました。考えてみるとおかしいのですが、彼女は、それを取り除くつもりで、そこにヨードをぬったと言うのですが、本当は、その突起物の先を亀頭のように赤くしたかったのです。ぼくが挙げた、乳母っ子の最後の例はぼくの場合と似ていて、彼の胃は想像妊娠のためにふくらみました。そのとき彼は胆石性腹痛に襲われ──言わば、分娩です──とりわけ、盲腸がおかしくなりました。去勢されて、女になりたがるすべての男と同じようにです。性器を切断すれば男は女になるからです（子どもじみたエスはそう思ったのです）。ぼくの知るかぎりでは、彼は三回、盲腸炎になりました。その三回とも、女になりたい欲望を見出すことができました。それとも、ぼくが彼に女になりたがるようにすすめただけなのでしょうか。いずれとも言いがたいです。なお、第五の乳母っ子について話さねばなりません。彼は才能豊かな男ですが、二人の母親に育てられたため、すべてのことに心が二つに引き裂かれ、この状態を克服するため、麻薬に走りました。迷信から、彼には乳を与えなかったのだと彼の母は言います。二人の息子を死なせていた母親は、三番目の息子に乳房を含ませませんでした。彼は、自分が本当に男か女かを知らず、彼のエスもそれを知りませんでした。幼い頃は、彼のなかの女が活動していて、彼は長いあいだ、心嚢炎《しんのうえん》でふせっていました。これは、心臓の想像妊娠です。のちに、彼のこの側面は、肋膜炎と、同性愛への逆らいがたい強迫としてふたたび現れました。

ぼくの乱暴なお伽話を、笑いたければ笑ってください。ぼくは笑われるのに慣れていますし、ますます笑われるのに慣れたいと思います。

もう一つの別な話をしてもいいですか。この話はかなり前、戦死したある男から聞いたものです。彼は、英雄的な男だったので、泰然として死に赴きました。彼が言うには、一七歳の頃のある日、姉が飼っていた犬、プードルが彼の足にあれをすりつけてオナニーをしていました。彼が興味をそそられてそれを見ていたとき、精液が足にかかりました。突然、彼は自分が仔犬を産むという観念に取り憑かれました。この観念は、その後数週間、数ヵ月、彼の心に残りました。

もしよかったら、これからちょっと、お伽の国へ足を踏み入れて、その女王さまについてお話ししましょう。彼女は本当の息子の代わりに、そのゆりかごのなかに生まれたばかりの仔犬を入れられました。この話に、人間の秘密の生活に犬が果している奇妙な役割についてのさまざまな考察を結びつけることができます。これらの考察は、倒錯的な感情と行為に対する人間の偽善的な嫌悪に明るい解明の光を投げかけます。しかし、たぶん、これはちょっときわど過ぎるかもしれません。男の妊娠の話をつづけたほうがいいでしょう。これはまったくよくあることです。

妊娠のいちばん目立つ徴候はお腹が大きくなることです。以前にも言ったことですが、お腹が大きくなるのは、男の場合でも、妊娠の徴候だというぼくの説を、きみはどう思いますか。もちろん、からだのなかに胎児がいるわけではありません。だけど、彼のエスは、飲んだり、喰ったり、胃腸内にガスをためたりすることによって、お腹を大きくします。エスは、妊娠したいからそうするのだし、その結果、妊娠したと信ずるわけです。象徴的妊娠、象徴的出産が起こります。それは、無意識から生じ、長くつづくことも、短くおわることもありますが、無意識過程の象徴的意味が暴かれると必ず消失します。これはまったく簡単なことではありませんが、ときどき実行することができます。とくに、胃腸にガスがたまってお腹がふくれた場合や、腹部、尻、頭の象徴的陣痛の場合はそうです。まったくエスは、魔訶不思議なもので、解剖学や生理学などおかまいなしに、堂々と、ゼウスの頭からアテネが生まれた昔の伝説を繰り返します。ぼくは空想家だから、この神話も、他の神話と同様、無意識の作用から生まれたのだと思います。「思想を妊娠する」という表現は、人間の心の奥底からきたもので、とくに重要なものに違いありません。それで伝説がつくられているほどですから。

もちろん、このような象徴的妊娠と陣痛は、子どもを産む能力のある女性においても、たぶんいっそう頻繁に起こります。でも、老婆にも起こるのです。それは、更年期およびそれ以後のさまざまな病気に重要な役割を演じているように思われます。いや子どもさえ、コウノトリが赤ん坊を連れてくると信じているとその母親に思われている子どもさえ、こうした出産空想を演じます。

とっぴなことを言ってもうちょっときみを困らせましょうか。妊娠の付帯現象、吐き気や歯痛も、ときには、象徴的な根をもっていると言うとか。あらゆる種類の出血、もちろん不時の子宮出血がいちばんですが、鼻、肛門、肺などの出血も出産空想と関係があると言うとか。多くの人が一生悩まされる小さな直腸の虫は、虫と子どもとの連想に起因していることが多く、無意識の象徴的願望という土壌を失うと、たちまち消滅すると言うとか。

ぼくの知っているある女――彼女も、母親を憎んでいるため、子ども好きでありながら、子どものない女の一人です――は、五ヵ月間、月のものがありませんでした。お腹と、お乳がふくれたので、彼女は妊娠したのだと思いました。ある日、ぼくは彼女に、共通の友人を例に引いて、虫と妊娠空想との関係について長々と話しました。その日のうちに、彼女は回虫を排泄し、その夜、月のものがはじまり、お腹はへこみました。

ではこれから、このような想像妊娠をひき起こすきっかけについて話さねばなりません。そのきっかけは――すべてと言っていいでしょう――連想にあります。さっき、回虫と子どもの例を挙げました。こうした連想の大部分は、広範にわたっており、多種多様です。子どもも時代に起源をもっているので、なかなか意識化できません。だが、誰にでもすぐわかる、簡単で決定的な連想もあります。ぼくの知人の一人が話してくれたことですが、彼は、妻の出産の前夜、この（彼によれば）苦しい経験を奇妙な方法で自分に引き受けてみようとしました。つまり、彼は、自分が子どもを産む夢を見ました。その夢は、こまかいところに至るまで、この前の出産のとき彼が知ったことに似ていました。子どもが生まれたとき、彼は目が覚めたのですが、彼が産んだのは、赤ちゃんではなく、なま暖かいものでした。そのようなことは、子どものとき以来、絶えてなかったことでした。

これは夢でしかありませんが、きみが男や女の友達の話に耳を傾けるなら、夫や祖母や子どもが、家族の女の出産を、時を同じくして自分のからだで実行するのはきわめてありふれたことだということに気づいて驚くでしょう。

しかし、これほど明白な関係は不必要です。ときには、幼い子ども、ゆりかご、ミルクびんを見かけるだけで充分なこともあります。ある特定のものを食べるだけでも充分です。キャベツ、エンドウ、インゲン、ニンジンまたはキュウリを食べれば、お腹がふくれる人を、きみ自身も知っているでしょう。陣痛を腹痛の形で味わったり、吐くとか下痢するとかの形で出産を実行する人もいます。エスが無意識のなかでつくるつながりは、われわれが高く評価している知性——実は、愚かな思考機械ですが——には、まさにばかげて見えます。エスは、たとえば、キャベツの頭に赤ちゃんの頭との類似を見出しますし、さやのなかのエンドウやインゲンは、ゆりかごまたは子宮のなかの子どもと似ていますし、エンドウのスープやどろどろのおかゆは、おむつを思い出させます。ニンジンとキュウリですが、きみは、それから何を思いつきますか。手助けしなければ、わからないでしょう。

犬と遊んでいて、犬のすることをすべて生き生きとした興味をもって観察するとき、ときどき子どもは、小便用の道具のあるところに、ニンジンのように見える赤いとがったものが現れるのに気づきます。子どもは、母親か、誰かそこらにいる人に、この奇妙な現象のことを言います。おとなの言葉やとまどった表情から、そのようなことはしゃべってはならないこと、気づいてさえいけないことだと知ります。無意識は、多少とも明白なこの印象を保持します。そして、いったんニンジンと犬の赤い突起物とを同一視したのですから、ニンジンも禁じられたものであるという観念にかたくなにしがみつき、ニンジンを食べさせられると、嫌悪や吐き気を感じたり、象徴的妊娠を起こしたりします。この点でも、子どもじみたエスは、評価の高い知性とくらべると奇妙にもばかげていて、子どもの種《たね》は口からはいり、からだのなかで成長すると信じています。ちょうど、子どもたちが、サクランボを呑みこむと、からだのなかからサクラの木が生えてくると思っているのと同じことです。しかし、犬の赤いしろものは子どもの製造と何かしら関係があることを、子どもは、子どもらしい無邪気さのうちにうすうすと知っており、また、それと同じようにぼんやりとですが、弟や妹の種は、母親のからだのなかにはいる前は、男の目立った付属器官のどこかにどうにかして存在していたに違いないと思っています。その付属器官は、場所を間違えた小さな尻尾のように見え、そこからは二つの玉を包んだ小さな袋がぶらさがっています。それは、オシッコをするときにしかいじってはいけないもので、それについてしゃべるときは用心しなければならず、ママだけがそれを弄ぶことを許されています。

ニンジンから想像妊娠に至る道はいささか長く、容易には辿れません。しかし、このことがわかれば、キュウリ嫌いの意味もわかるようになります。キュウリは、男根とおかしいほど決定的に似ているだけでなく、キュウリのなかには種があって、それが未来の子どもの種をたくみに象徴しています。

はなはだ、本題からずれてしまいました。でもぼくはあえて望みたいのですが、愛する友よ、ぼくに対する個人的好意から、このようなこみいった手紙は二度読み返してください。そうすれば、ぼくが何を懸命に言おうとしているかが明らかになるでしょう。エスは、われわれを支配しているこのしろものは、性の区別も知らなければ、年齢の区別も知らないのです。こう言えば、その本質の不合理性について、少なくとも漠然とした観念を得ただろうと思います。たぶん、なぜぼくが、ときどき女らしくなり、子どもを産みたがるかもわかってくれるでしょう。だけど、まだぼくのことがよくわからないと言われるのなら、次の回にはもっとはっきりさせるよう努めましょう。

心からきみのもの

パトリック・トロール

3

ぼくは明快ではありませんでした。ぼくの手紙はまったくごちゃまぜでした。きみはすべてがきちんと整頓されていることを望んでいました。きみが聞きたがっていたのは、何よりもまず、有益な、確乎《かっこ》たる学問的事実であって、たとえば、妊娠したと思いこんでお腹が大きくなった人の話のような、半分気がふれたみたいなわけのわからぬぼくの説ではありませんでしたね。

最愛の友よ。学識を得たいのなら、大学で使われているような教科書を読むことをおすすめします。ここで、ぼくの手紙の謎を解く鍵をお教えします。ぼくの手紙のなかで、合理的に聞こえること、またはちょっとだけ奇妙に聞こえることは、ウィーンにいるフロイトとその協力者に由来するもので、まったく気がふれたようなことは、ぼく自身の精神の所産であります。

母親というものは自分の子どものことを何も知らないというぼくの意見を、きみはとんでもないと思うでしょう。たぶん、きみは言うでしょう。母親の心も間違いを犯すかもしれない。母親自身が思っているよりは多く間違うかもしれない。ときには重大な人生問題で間違うかもしれない。しかし、もしこの世に頼りになる感情があるとしたら、それこそは母性愛であり、母性愛は神秘のなかの神秘である、と。

母性愛についてしばらくお話ししましょうか。ぼくも、その深い神秘を認めますし、この神秘を解明できるなどとは申しません。だけど、母性愛についても、一般には言われていないいろいろなことを言うことができます。この問題については、一般に、自然の声なるものが持ち出されますが、自然の声はしばしば奇妙な言葉を話すのです。堕胎の現象を論ずる必要はありません。堕胎はいつの時代にも行なわれてきましたし、堕胎を地球上からなくそうとするのは、過度の良心にうちひしがれた者だけです。母親が子どもをどう扱っているかを二四時間観察するだけで、かなりの無関心、倦怠、憎悪を見て取ることができます。あらゆる母親の心のうちには、子どもへの愛と並んで、子どもへの嫌悪が存在しています。愛があるところには憎しみがあり、尊敬があるところには軽蔑があり、讃嘆があるところには羨望があるのです。人間は、この法則に支配されています。この法則は破られることがなく、母親とて例外ではありません。

きみは、この法則を知っていましたか。それが母親にも当てはまることを知っていましたか。母親に愛があることを認めるなら、憎悪があることをも認めなければならないことを知っていましたか。

もう一度質問を繰り返します。母親が子どものことをほとんど知らないのはなぜでしょうか。意識的にほとんど知らないのはなぜでしょうか。無意識はこの憎悪の感情を知っています。無意識を解釈できる者なら、愛の全能の原理を信じなくなるでしょう。憎しみは愛に劣らず強く、両者のあいだでは無関心が支配しているということを理解するでしょう。エスの生活に深くわけ入った者は、驚きの感情をいつまでも禁じ得ません。彼は、踏みならされた道からあちこちへ逸れ、無意識の不可思議な暗闇のなかに消え失せている足跡を辿ります。ともすれば見過ごされるこのかすかな足跡を辿ってゆけば、なぜ母親が、子どもに対する自分の憎しみを知らないのか、あるいは知ろうとしないのか、なぜわれわれが人生の最初の数年間のことをすべて忘れてしまうのかがわかるでしょう。

まず、この母親の憎しみ、嫌悪がどういう形で現れるかを言わねばなりません。きみは、どれほどぼくに好意をもっているとしても、証拠がなければ、ぼくの言うことを信じないでしょうから。

一般読者の好みに合わせてつくられている小説では、さまざまな曲折を経てやっと愛し合う二人が結ばれたあと、ある日、彼女が、顔を赤らめながら彼の広い胸にもたれかかって、甘い秘密を打ち明けます。これは非常に愛らしいことです。だけど、現実の生活では、妊娠は、一月のものの停止を別にすれば、吐き気と嘔吐というまさに不快なことによって判明します。反対があるかもしれませんから、いつもそうとはかぎらないと言っておきましょう。作家たちが、その小説においてと同じように、現実の結婚生活においても、妊娠の吐き気を味わわないよう希望しておきましょう。だけど、普通はそうだということをきみは認めるでしょう。さて、吐き気とは、からだのなかの何かに対するエスの敵意から起こります。吐き気は、このいまいましいものを放り出したい願望を表現しています。嘔吐はそれを取り除く企てです。この場合なら、堕胎を願い、堕胎を企てているわけです。きみはどう思いますか。正常な妊娠以外のときに起こった嘔吐に関するぼくの経験について、そして、それらの事例には、エスによってつくられた注目すべき象徴的つながり、奇妙な連想が見出されるということについては、のちほどいくつかお話し申しあげる機会があるでしょう。しかし、ここで指摘しておきたいのですが、こうした吐き気においても、子どもの種《たね》は女の口からはいるという観念が見出されます。子どもに対する女の敵意から生ずるもう一つの妊娠徴候である歯痛もこのことを示しています。

歯を痛くさせるとき、エスは、低いけれども押しの強い無意識の声で、「嚙んではいけない。気をつけなさい。きみの食べようとしているものを吐き出しなさい」と言っているのです。もちろん、妊婦の歯痛の場合は、男の精液によってすでに毒が入れられていますが、たぶん、無意識は、新たに毒がはいってこないことを前提として、この少量の毒を始末したいと思っているのでしょう。実のところ、無意識は、歯痛によって、妊娠の生きた毒を殺そうとしています。なぜなら——ここでも論理の完全な欠如が露呈しています。これによっても、エスが思考する知性に対していかに劣っているかが証明されます——無意識は、歯と子どもを混同しているからです。無意識にとっては、歯は子どもなのです。よく考えてみても、ぼくは、こうした無意識の観念を全然ばかげているとは思いません。それは、落下したリンゴに全宇宙を見たニュートンの思想がばかげていないのと同様、ばかげていません。ぼくとしては、エスがつくったこの「歯＝子ども」という連想は、ニュートンの天文学的結論よりも重要で、学問的に実り豊かなのではないかと思っています。歯は口の子どもです。胎児が母胎のなかで成長するように、歯は口という子宮のなかで成長します。この象徴が人間の心にどれほど深く根づいているかを知らねばなりません。そうでないとすると、子宮口とか陰唇とかの表現がどうしてできたかがわからなくなります。

歯痛は、子どもの種《たね》が病気になって死ぬようにという無意識的願望です。どういう証拠があるのでしょうか。この知識に至る手がかりはいろいろありますが、なかでも、母親が子どもの死を望む無意識的願望を意識化したとたんに、嘔吐や歯痛が消失するという事実がそれです。母親は、このような願望が白日のもとにさらされると、自分の取っていた手段が目的にほとんど役立たないことを悟り、しばしば、法律と道徳によって禁じられているこの目的を断念します。

出産予定の母親の奇妙な欲望や嫌悪も、一部分、子どもに対する憎しみから生まれます。欲望というのは、特定の食物によって子どもを毒殺するという無意識的観念に遡ることができ、嫌悪というのは、妊娠または受胎を思い起こさせる何らかの連想に源があります。ときには、この嫌悪——それはどの女性にもありますが、生まれてくる子どもへの愛を傷つけはしません——が非常に強く、自分のからだの状態のことを考えることすらできないことがあります。

このような話はいくらでもあります。もっと聞きたいですか。以前ぼくは、堕胎について話しました。道徳的人間は、堕胎をあらゆる侮辱でもって排撃しています——表向きは。だけど、学問的に見ますと、また、結果から言いますと、避妊も同じことです。避妊がいかに通例のことであるかは、わざわざ説くまでもないでしょう。どのように避妊を行なうかも教える必要はないでしょう。せいぜい、きみの注意を喚起しておきたいことは、結婚をしないのも憎むべき子どもを避ける一方法であるということです。これは、貞潔な独身生活の動機であることがしばしば認められます。いったん結婚してしまったあとも、夫を脅かしつづけようとします。そのためには、いつも言葉や行動で——あるいは、何もしないことによって——、妻が夫のためにどれほど犠牲になっているかを強調するだけでよいわけです。そのようなナンセンスを信じている男はたくさんいて、愛する子どもと夫のために自分の下腹部のよごれを気丈にも耐えるこの高貴な存在を内気な畏怖の念をもって仰ぎ見ています。こうした高貴な人たちは、神さまのお考えをご存じないのです。神さまは、子どもが汚物の沼のなかで育つようお定めになったのだし、人間はそれに従わねばならないのです。しかし、これらすべてのことがいかに軽蔑されているかを夫に示すのなら、愛の証しには多くの代理があることをも示さねばなりません（そうしなくとも、夫は自分で気づくでしょう）。こうした代理は、なかなかあきらめられるものではありません。娶《めと》った妻の膣のなかでオナニーをするというみすぼらしい快楽をも断念するようになるまで夫を仕込めば、あらゆるみじめな気分、子どもたちの味気ない生活、結婚の不幸などの責任をすべて夫になすりつけることができます。

そのほかに、病気、とくに下腹部の病気はどのような目的に役立つでしょうか。そうした病気は、多くの点で好都合です。まず、子どもを産むのを避けることができるということがあります。さらに、夫のせいで、婚前の夫の不行跡のせいで病気になったと、医者の口から聞くという満足があります。結婚生活では、どれほど武器を持っても持ち過ぎることはないからです。とりわけ——ぼくがあまりきわどいことを言いはじめたら、はっきりそう言ってくださいーー、見知らぬ男に自分をさらすということがあります。診察台に横たわると、この上もなくすばらしい気持ちになれます。それが非常にすばらしいので、エスは、いろいろな病気を惹き起こすのです。

ごく最近、ぼくはある正直な女に道で出会いました。彼女は言いました。「数年前、あなたは、人が医者のところへゆくのは夫以外の者の手にさわられたいからだ、その目的のために本当に病気になる人もいると言いました。それ以来わたしは、二度とふたたび診察されたことはありませんし、病気になったこともありません」。このようなことを聞くのは、楽しいし、ためにもなります。ためになるのだから、きみにも伝えます。おもしろいことには、ぼくがこんな皮肉な真理を述べたのは、医者として彼女を助けたいと思ったからではなく、笑わせるか、怒らせるかするためでした。ところが、彼女のエスは、それを治療の手段にしてしまい、ぼくも他の六人ほどの医者もなし得なかったことをやったのです。このような事実を前にして、医者の治療意図をどう考えるべきでしょうか。恥を知って口を閉ざし、「すべてはうまくゆくようになっているのだ」と考えるほかはありません。

婦人科では、すべて本質的なことは、意識の外側で起こります。知性にもとづいて、どの医者に診てもらうかを選ぶことはできます。下着が充分魅力的かどうかを決めることはできます。ビデや石鹼を使うことはできます。だけど、医者のところでどのように診察台の上に横たわるかは、意識の自由になることではなく、無意識が支配することです。そもそも、病気になるかならないか、どんな病気になるかは無意識が決めます。それはひとえにエスの働きです。いろいろな病気をつくるのは、意識的知性ではなく、無意識的エスだからです。病気は、敵のように外からやってくるのではなく、ぼくたちの小宇宙、ぼくたちのエスの合目的な所産です。鼻や眼の構造が合目的なのと同じことです。実のところ、鼻や眼もエスがつくったものです。それともきみは、精子と卵子から、人間の脳と心臓を持った人間をつくった存在が、癌や肺炎や子宮後屈を惹き起こし得るということは不可能だと思いますか。

ついでに説明しておかねばなりませんが、ぼくとしても、女性が恨みや嫉妬から下腹部の病気を発明したと思っているわけではありません。それはぼくの意見と違います。だけど、エスが、無意識が、女性の意識的意志にさからって女性を病気にするのです。エスは、恨みがましく、嫉妬深く、おのれの権利を押し通すからです。適当なときにぼくの注意をうながしてください。どのようにしてエスが、良きにつけ、悪しきにつけ、おのれの快楽への権利を押し通すかを話してあげましょう。

ぼくは、無意識の力と意識的意志の無力とを固く信じていますから、仮病すら、無意識の表現だと考えています。ぼくに言わせれば、意識的な仮病は仮面であって、その背後には、暗い生命の神秘の広大な、見通しのきかない領域が隠されています。この意味において、患者が嘘をつこうが、本当のことを言おうが医者にとってはどうでもいいことでして、ただ、患者が、その舌、身振り、症状を通じて言おうとしていることを静かに、公平に吟味し、できるかぎり懸命にあれこれとやってみさえすればいいのです。

しかし、子どもに対する母親の憎しみについてきみに話すつもりだったことを忘れておりました。それにつけても、無意識の奇妙なふるまいをもう一つ挙げなければなりません。忘れてはならないことですが、ある女性が、心の底から子どもを欲しがっていて、しかも、彼女自身も夫も子どもを産める体なのに、ただ、エスの潮流がかたくなに、子どもができないほうがいいという立場にしがみついているために子どもができないということはあり得ることだし、しばしば実際に起こります。この潮流は非常に強いので、妊娠の可能性があると、精液が膣のなかにはいると、受胎を妨害するのです。たぶん、この潮流は、子宮口を閉鎖したり、毒を生産して精子か卵子を殺したり、そのほかいろいろなことをやります。その結果、妊娠は起こりません。それはひとえにエスが妊娠を望まないからです。子宮がそれを望まないのだから、これらの過程は人間の高等な思考から独立していると言っても、ほぼ差し支えないと思います。このことについても、のちの機会に一言述べなければなりません。要するに、エスが、妊娠に対するおのれの反感は人生の最初期の子どもじみた思考の何らかの残滓《ざんし》であることを、何らかの方法で、おそらく治療を通じて納得するようになるまでは、妻は子どもを得ることができません。母性の拒否のような事例を研究すれば、いかに奇妙な観念が露呈してくるかは、きみには想像もつかないでしょう。ぼくの知っているある女性は、双頭の子どもが生まれてくるのではないかという観念に取り憑かれていました。子どものときの縁日の思い出と、もっと強烈なものですが、同時に二人の男に想いを寄せていることへのやましさとがまざり合ったのです。

ぼくは、こうした観念を無意識的と呼びましたが、完全に適切ではありません。子どもを欲しがり、母親たることの仕合せを得るためにあらゆることをやり、自分が子どもを拒否していることを自分では気づいておらず、人にそう言われても信じようとしない女も、心のやましさを感じているからです。それは、子どもがなくて、そのために軽蔑されるからではありません。今日では、女は、子どもがないからと言って、軽蔑されたりしません。心のやましさは、妊娠しても消えません。それが消えるのは、心の奥深くにある不潔な病巣を見つけ出し、洗い流したときだけです。その病巣のために、無意識は腐敗しているのです。

エスについて話すのはいかに骨の折れる仕事でしょう。当てずっぽうにある弦を引いてみると、一つではなく、たくさんの調べが聞こえてきて、交錯し合い、沈黙し、ふたたび新しい、つねに新しい調べが響き、ついに、無秩序な絶叫と咆哮となって、そのなかで、言いよどむ言葉はかき消されてしまいます。信じてください。無意識について語ることはできません。言いよどむことができるだけです。いやむしろ、低声で、あれこれをほのめかすことができるだけです。そうしないと、無意識界の悪党どもが、荒々しい調子外れの叫び声をあげながら、奥底からとび出してきます。

言うまでもないかもしれませんが、女に関して述べたことは、子どもを欲しがらない男にも当てはまるのであり、男が、僧侶になって独身を通したり、貞潔の信者になったりするのは同じ理由からかもしれませんし、また、どこかで梅毒、淋病、睾丸炎にかかったりするのは、子どもが欲しくないからです。また、同じ理由から、精子を不毛にしたり、男根を勃起できなくしたり、そのほかいろいろなことをやることもあります。ぼくが責任をすべて女になすりつけようとしているなどとは思わないでください。もしそう見えるなら、それは、ぼくが男であって、ぼく自身の罪の重荷を女に背負わせようとしているからでしかありません。これもまた、エスの特異な点でして、想像し得るかぎりのあらゆる形の罪悪感がぼくたちおのおのにのしかかっており、だからぼくたちは、人殺し、泥棒、偽善者、裏切り者などのことを語らねばならないのです。それはぼくたち自身です。

しかし、今問題にしているのは、子どもに対する女の憎しみです。急がねばなりません。さもないと、この手紙は分厚いものになり過ぎます。これまで、受胎の回避について話してきましたが、これから、次のことに注意を向けてください。子どもを欲しがっていたある女が、温泉旅行中、夫の訪問を受けました。二人は交わりました。彼女は、明るい希望と暗い不安のいりまじった気持ちで、次の月経を待ちました。月経はありませんでした。その二日あと、彼女は階段に躓《つまず》いて、倒れました。歓びの思いが脳裡を横切りました。「これでまた子どもを産まなくてすむ」と。子どもは大丈夫でした。エスの願望が嫌悪より強かったからです。だけど、受精したばかりの卵子が、このように女が躓いたために、何千回となく殺されたことでしょう。きみの知人たちだけに話をさせても、二、三日のうちに、この種の出来事がどっさり見つかるでしょう。その上、もしきみが、人びとのあいだでめったに見られないもの、まず努力して得なければならないもの、すなわち信頼を女友達から得たならば、「こうなってよかった」という言葉を聞かされるでしょう。もっと深くはいってゆけば、妊娠をいやがる否定しがたい理由があることに気づくでしょう。ころんだのは、もちろん意識的にではないが、無意識的に意図された結果であることにきみは気づくでしょう。とびあがること、そしてぶつかられることさえもそうですし、そのほか何でもそうです。きみが信じようと信じまいと、エスが意図しなければ、決して流産は起こりません。その動機はたやすく見つかります。憎しみが勝ちを占めているときには、エスは女を駆り立てて、ダンス、乗馬、旅行をやらせ、あるいは、安全ピンやさぐり針や毒を使っている人のもとに赴かせ、あるいは、ころんだり、ぶつかられたり、いじめられたり、病気になったりさせます。無意識自身が、自分は何をしているのかわからないといった喜劇的な例もあります。たとえば、下半身とは関係のない高貴な生活を送っている敬虔な女性が、罪にならない堕胎をやろうとして、足の温浴をやります。ところが、温浴は、胎児にとっては好ましいものでしかなく、その成育をうながします。ときどき、エスはおのれ自身を笑いものにするのです。

さて、手紙はもうすぐおわりますが、ぼくは、いやらしい変な考えから今日、これまで書いてきたこと以上にはなかなか進めません。でもやってみます。まあ、聞いてください。子どもは憎しみから生まれるとぼくは確信しています。母親は、何ポンドもの荷物を抱えて大きなお腹をしているのに飽き飽きしており、必要以上に手荒く子どもを体外に放り出します。もし母親が飽き飽きしていなかったとしたら、子どもは体内にとどまって、石になってしまいます。これはあり得ることです。

念のため申し添えておきますが、子どもも、暗い牢獄のなかに閉じこめられているのにはもういやになっていて、分娩に協力します。だけど、これはまた別の問題です。

ここでは、母親と子どもがともに別れたがっていなければ、出産は起こらないことを、確認するだけにしておきます。

今日はこれまで。ぼくはいつもきみのものです。

パトリック・トロール

4

愛する友よ。きみの言うことはもっともです。ぼくは、母性愛について書こうとして、母親の憎しみについて書いてしまいました。でも、愛と憎しみはいつも同時に存在していま す。この二つのものは持ちつ持たれつの関係にあります。母性愛については多くのことが語られ、誰でもそれをわかりきったことだと思っていますから、たまには、ソーセージを別の端から切ってみるのも面白かろうと思います。その上、ぼくは疑っているのですが、きみが母性愛の問題を考えたことがあると言っても、ただそれを感じたり、それに関する叙情的または悲劇的表現を聞いたり、言ったりしただけではないでしょうか。

母性愛は自明のことで、すべての母親にはじめから具わっており、女の生まれつきの聖なる感情だと言われます。そうかもしれません。でも、もし自然が、何もしないでこの女らしい感情だけを当てにしているとしたら、あるいは、ぼくたち人間が聖なるものと呼んでいる感情だけで事を運ぼうとしているとしたら、それこそ驚くべきことでしょう。もっと近寄って見れば、この原感情の源流を、すべてではないにしてもいくつかは発見できるでしょう。それは、かの有名な生殖本能とほとんど関係がないように思われます。母性愛について語られてきたことをすべていったんきみの心から追い出し、母親と子どもというこの二人の人間のあいだでどういうことが起こるかを、きみ自身よく考えてごらんなさい。

まず、受胎の瞬間があります。至福の瞬間の意識的または無意識的記憶があります。この真に崇高な感情——崇高なというのは、最後に辿り着く至福の天国への信仰と密接な関係があるからです——がなければ、受胎は起こりません。きみは疑うでしょう。いやな夫との関係、強姦などによる妊娠、または、失神状態のときの妊娠の例をたくさん挙げるでしょう。だけど、そうした例は、このような陶酔状態にあっては意識が参加する必要がないことを証明しているに過ぎません。エスについては、無意識については、何ものをも証明していません。エスがどう感じているかを確かめるためには、エスがそれを通じて語るところの肉体器官、女の快感器官に眼を向けねばなりません。膣壁、陰唇、クリトリス、または乳頭が、意識的嫌悪といかにわずかしか関係がないかに、きみは驚くでしょう。意識的思考にとって性行為が快いかどうかには全然関係なく、それらの器官は、それ独自に摩擦や適切な刺激に反応します。女医、裁判官または犯罪者にたずねてごらんなさい。ぼくの意見を承認するでしょう。快感なくして、強姦されて、あるいは、失神していたときいたずらされて妊娠した女からも同じ答えが聞けるでしょう。ただ、どのように質問するか、いやむしろ、どのようにして信頼を得るかを知らねばなりません。質問をする人が、軽蔑などに囚われておらず、「裁くなかれ」という戒めを真に忠実に実践することを確信できたときにはじめて、人びとは、胸襟をわずかながら開くのです。あるいはまた、男の情欲の犠牲になっている冷感症の女の夢を調べてごらんなさい。夢は無意識が語る言葉であって、そこからいろいろなことを読み取ることができます。だけど、もっとも簡単な方法は、きみ自身に正直に――きみはいつも正直ですが――相談することです。きみの愛する男が、ときおり不能だったというようなことはありませんでしたか。きみのことを思っているとき、彼の男は雄々しく猛り立って、きみと結ばれようとするのですが、きみのそばに近づくと、萎えてしまいます。これは注目すべき現象です。つまり、男というものは、相当不利な条件のもとでも勃起できるのですが、この勃起を望んでいない女の前では絶対だめなのです。これは、女の最大の秘密兵器です。男を侮辱したいとき、ためらうことなく女はこれを使います。いやむしろ、女の無意識が使うのだと思います。いくら何でも女がこのような悪意を意識的にもつことができるとは思いたくありませんし、また、男を阻喪させる作用は、女の心の無意識過程から発しているというほうが本当らしいからです。いずれにせよ、男は、女が何らかの意味で同意していなければ、女をわがものにすることができないのです。妻の冷感症は、額面通りに受け取らないで、むしろそこに、妻の復讐欲、想像を絶するほど陰険な意図を見るほうが、真実に近いでしょう。

きみは強姦されることを空想したことはありませんか。そんなことはないという答えがすぐはね返ってくるでしょうが、ぼくは信じません。たぶん、きみは、多くの女、とくに冷感症だと称している女のように、ひとりぼっちで森のなかを、または闇夜のなかを歩くことに不安を感じていないのでしょう。以前にも言いましたが、不安とは願望のことです。強姦を恐れている女はそれを望んでいるのです。ぼくだって知っていますが、たぶんきみは、ベッドの下や戸棚のなかを見たりする習慣はないでしょう。でも、どれほどたくさんの女がそうすることでしょう。つねにそれは、法律なんか恐れないほどの強い男を見つける不安と願望があるからです。きみだって、ベッドの下に男を見つけて、「やっと見つけたわ。二〇年も待っていたの」と叫んだ女の話を知っているでしょう。彼女は、男に抜身のナイフを膣に突き刺されるのを空想していたということは、何と意味深長なことでしょう。今では、きみはこうしたことをすべて卒業しています。でも、かつてはきみも若かった。その頃のことを考えてごらんなさい。背後に足音を聞いたような気がしてぞっとしたとか、どこかの宿屋で夜中に突然目覚め、ドアに鍵をしたかどうか不安になった一瞬——いや一瞬ではなく、数分間——のことを思い出すでしょう。悪寒にふるえながら夜具の下に這い込んだことを思い出すでしょう。ふるえていたのは、焼き尽されないように内部の熱をさますためです。きみは、愛する男に抵抗するふりをして、強姦される場面を演じてみたことは一度もありませんか。ないのですか。ああ、愛の歓びを避けて通るなんて、きみは何とばかでしょう。ぼくがきみの言うことを信じていると思っているなんて、きみは何とばかでしょう。ぼくが信じているのは、きみの記憶力が悪いことと、きみが自分を知るのを卑怯にも避けていることだけです。女が、この愛の最高の、いや唯一と言ってもいい証しを求めないということはあり得ないことだからです。美しくあること、魅惑的であること、男がほかのすべてを忘れてただひたすらに愛してくれること、これはすべての女が求めることであって、これを否定するのは、思い違いをしているか、わざと嘘をついているかです。きみに一つ忠告を与えるのをお許しください。こうした空想を甦らせなさい。ひとりで隠れんぼをするのはよくありません。きみは何を賭けますか。眼を閉じ、たくらみや先入観を捨てて自由に夢を見なさい。数秒すれば、きみは夢のイメージに捉えられ、心を奪われて、考えようとも呼吸しようともほとんどしなくなります。樹の枝のきしみが聞こえてきます。誰かがにわかにとびかかってきて、のどを摑みます。きみは投げ倒され、きみの服はめちゃめちゃに引き裂かれ、狂おしい不安に襲われます。上に乗ってきた男が、間違いなくはっきりときみの眼にはいってきます。男は、背が高いか低いか、黒髪か金髪か、ひげがあるかないか。呪われた名前。ああ、ぼくにはわかっていました。きみはその男を前から知っています。きみは、彼を、昨日、一昨日あるいは数年前、街で、列車のなかで、あるいは馬に乗って疾駆しているところを、あるいはダンス・パーティで見かけたことがあります。彼の名前がきみの頭をつらぬき、きみは震えます。きみの情欲をかき立てたのがまさしくこの男だったとは思ってみたこともなかったからです。だけど、きみは彼に無関心だったでしょうか。彼を嫌っていましたか。彼に吐き気を催していましたか。まあ、聞きなさい。きみのエスはきみのことをクスクス笑っています。起きてはいけません。時計や鍵束のことを気にしてはいけません。夢を見つづけなさい。受難、恥辱、からだのなかの子ども、裁判、きびしい裁判官の面前での犯人との再会、罰せられる犯人の行為は自分が望んだことであるのを知る苦しみを夢見つづけなさい。想像を絶する、恐ろしい、しかもたまらなく魅惑的な光景です。あるいはまた別の光景といきましょうか。子どもが生まれ、きみは働きます。子どもが無心にきみの足もとで遊んでいるあいだ、きみは針で指のあちこちに突き傷をつくります。きみは、どうやってこの子を食べさせていったらいいかわからない。貧乏、苦悩、悲惨。そのとき、高貴で、立派で、心根のやさしい王子が現れ、きみに愛を打ち明けます。きみも彼を愛します。でも、きみは彼のことをあきらめます。聞いてごらん。エスがこの美しいふるまいをいかに笑っているかを。また別の光景に移りましょう。きみのからだのなかの子どもが大きくなり、それとともに、きみの不安も大きくなります。子どもが生まれます。きみは子どもをしめ殺し、池に沈めます。今度はきみ自身が、人殺しとして恐ろしい裁判官の前に立ちます。突然、お伽の世界がひらけ、薪が積み重ねられ、嬰児殺しは柱に縛りつけられ、炎がきみの足を舐めます。聞いてごらん。エスが柱とメラメラ燃える火は何を意味するかとささやくのを。きみの心の奥底の存在が炎のなかに突き落したこの足は誰の足かとささやくのを。それはきみの母ではないでしょうか。無意識は不可思議です。そこには、天使と悪魔がまどろんでいます。

次に失神状態について。もしも、機会があったら、ヒステリーの痙攣《けいれん》発作を観察してごらんなさい。肉欲の快感を得るために、みずから失神状態に陥る人がいかに多いかがはっきりするでしょう。たしかにそれは愚かな方法ですが、しかし、結局、あらゆる偽善は愚かです。または、外科病院へいって、麻酔をかけられた人を一〇人あまり観察してごらんなさい。人間は失神状態のときでも快感を感ずる能力を失っていないことを眼と耳でたしかめることができます。もう一度言いますが、夢に注意してください。人間の夢は、魂のすばらしい通訳です。

問題をもとに戻しますが、ぼくは、母性愛の根源の一つは受胎の快感にあると思います。その重要性を低く見るつもりは全然ないのですが、次に、子どもに転移される夫への愛とか、成功の誇りなどの一連の複雑な感情に移ります。ぼくたちの高度の知性にとってもきわめて奇妙なことですが、妊娠のように、エスのみによって支配され、美や世襲財産や偉大な精神的才能と同じく、普通ぼくたちが高貴と認めるものとはまず関係のない事柄について、人間は己惚《うぬぼ》れます。女は、夜中に好色なことをして生命ある存在を創造したことに誇りをもつのです。近所の人の驚嘆と羨望が母性愛の成長をどれほど促すか、生命ある一個の存在の責任がもっぱら自分一人にあるという感情――母親は、すべてがうまくいっているときは喜んでその責任を引き受け、うまくいっていないときに嫌々ながら罪悪感に強いられてその責任を認めます――自分および、他の人びとによって培われた、自分が重要だという感情が、生まれてくる子どもへの愛をどれほど高めるか、あるいはまた、無力な赤ちゃんを保護し、おのれの血で養っているという考え――これは、のちに、子どもに対してしばしば好んで使われる言い回しです。女は、そこに嘘を感じ取っていながら、信じているふりをします――が、どれほど、母親に一種の神々しさを与え、聖母の子どもへの敬虔な気持ちを注ぎ込むかについては、話さないことにしましょう。

ぼくはむしろ、まったく単純な、一見つまらないようなこと、すなわち、女の肉体にはかなりの空洞があって、それは、妊娠によって、子どもによって満たされるということにきみの注意を向けてもらいたいと思います。空虚感がいかに不安なものであるか、その空虚が満たされればどれほどぼくたちが「別人」になってしまうかを理解すれば、その点において妊娠が女にどういう意味をもっているかがおぼろげながらわかるでしょう。おぼろげながらであって、全面的にではありません。女の下半身には、空虚感だけでなく、何にもましてまず、欠如感があって、それが子どものときからずっとつづき、ときによって程度の差はありますが、女の自尊心を傷つけるのです。あるとき、いずれにせよ非常に幼いとき、女の子は、観察またはそのほかの方法によって、男の子、おとなの男にあるものが自分にはないのに気づきます。ついでながら言うと、子どもが男と女の違いをいつ、どのようにして知るようになるのかを誰も知らないのは、驚くべきことではないでしょうか。この発見は、人生のもっとも重大な出来事だと言ってもいいくらいなのに……。女の子は、人間の不可欠の一部分が自分に欠けているのに気づき、それを自分の本質の欠陥と見なします。恥と罪の刻印をつけた、特異な思考過程がそこから生じます。それについては、あとで折にふれて話すでしょう。はじめのうちは、まだ希望があります。成長すればこの欠陥は埋め合わせられるだろうとの希望が、ある程度、劣等感と相殺になります。だけど、この希望は裏切られます。ますますその源泉がはっきりしなくなってゆく罪悪感と、漠然とした憧憬が残ります。この二つの感情は、明瞭さを減じてゆきますが、強さは増してゆきます。女の心の奥深くには、長年にわたって、刺すような痛みが絶えません。そういうとき、受胎が起こります。満足感の栄光、空虚の、焼き尽すような羨望と羞恥の消失。新しい希望が湧いてきます。自分のからだのなかに、新しい自分が、子どもが成長している。その子どもは、欠陥をもっていないであろう、男の子であろう……。

実際、妊婦が男の子を欲しがることは、証拠を挙げるまでもないことです。女の子を欲しがる事例を研究すれば、その母親について多くの秘密がわかってくるでしょうが、女は男の子を欲しがるという一般法則は確認されるでしょう。しかし、ぼくがぼくの個人的体験を語るのは、ある例がちょうどうまく心に浮かんできたからです。それは、たぶん、あなたを笑いへと、明るく神々しい笑いへと誘うでしょう。深い真理がこっけいな形で言い表されるのを聞いたときのような笑いへと誘うでしょう。ある日、ぼくは、子どものない、知り合いの女たちに、男の子と女の子のどっちが欲しいかとたずねました。もちろん、彼女たちは多くはなく、一五人から二〇人ぐらいでした。男の子が欲しいとみんな答えました。それから奇妙なことが起こりました。さらにつづけてぼくは、その男の子を何歳ぐらいと想像しているか、今この瞬間その子が何をしている姿が心に浮かんでくるかとたずねました。三人を除いて、同じ答えをしました。その男の子は二歳ぐらいで、おむつ台に寝ており、無頓着に水柱を空中高く弓状に噴出させている、と。残りの三人のうち、一人は、歩きはじめたばかりの男の子、一人は、仔羊と遊んでいる男の子、最後の一人は、立小便している三歳の男の子を想像しました。

敬愛するわが友よ。わかりますか。これは、人間の心の奥底をのぞく機会、笑ってばかりいないでしばらくのあいだ、何が人間を動かしているかを知る機会です。これを忘れないでください。そして、ここに、さらに探究する機会があるのではないかとお考えください。子どもの受胎、胎内での成長、重さの増加は、さらに別の意味で女の心をとりこにします。これらのことは、根強い習慣とからみ合い、女を子どもに縛りつけるために、無意識の隠れた層から人間の心と生活を支配している傾向を利用します。きみも観察したことがあるかもしれませんが、子どもは、便器にまたがらせられても、もはやそういうことに歓びをもってはいないおとなが、はじめはやさしく、そのうちますます強く要求するものを、なかなか出そうとしません。もしきみが、たしかにめずらしい興味ですが、この故意の便秘への奇妙な傾向——これが、生涯にわたる習慣となるのはまれなことではありません——を跡づけることに興味を持っているのでしたら、言っておきたいのですが、直腸と膀胱のあたりの下腹部には、快感に敏感な繊細な神経が走っており、それが刺激されると、いい気持ちになります。ぼくがこう言えば、きみは、椅子に腰掛けて遊んだり、勉強したりしているとき、いかに子どもがソワソワとお尻を動かすかを思い出すでしょう。たぶん、きみは、きみ自身の子ども時代の無邪気な日々のことを思い出したかもしれません。お尻をモジモジゆり動かしていて、ついに、母親に「ハンス（またはリーゼル）、お手洗いにゆきなさい」とどなられた日々のことを。どうしてこういうことになるのでしょうか。ママが自分自身の長いあいだ忘れていた気持ちを思い出して言うように、男の子や女の子は本当に遊びに夢中になっているのでしょうか。そうではありません。それとも、学校の勉強にあまりにも強く縛りつけられているのでしょうか。

それは、排泄を遅らせることによって、もたらされる快感のためです。この快感は、自慰の特異な一形式であって、子どものときから実行され、のちに、便秘となって完結します。ただ、残念なことには、肉体はもう快感でもって反応しなくなり、自慰の罪悪感にとりつかれ、頭痛、めまい、腹痛を起こし、そのほか、性神経に持続的に圧迫をかける習慣からいろいろな結果が生じてきます。また、きみも知っているでしょうが、前もって便所にゆかないで外出する習慣の人がいます。街のなかで便意を催し、四苦八苦することになるわけですが、そのとき、それがいかに甘美な苦しみであるかを意識しません。人間は、まったくその必要がないのに、このように懲りもせず肛門との闘争を繰り返しており、このことを知って奇異な感じを持った者だけが、この場合、無意識が罪のない自慰をやっているのだ、という結論に徐々に辿り着くのです。さて妊娠は、いっそう度の強いこうした罪のない自慰でして、この場合、罪は神聖なものとなっております。でも、どれほど母性が神聖であると言っても、そういうこととは関係なく、妊娠した子宮は神経を刺激し、エロティックな快感をもたらすのです。

意識が自覚しなければ快感は存在しないときみは考えるでしょう。それは間違っています。もちろん、そう考えるのはご自由ですが、ぼくが笑い出しても怒ってはいけません。

さて、快感という厄介な問題にぶつかりました。快感とは、未知の、秘密めいたもので、はっきりと名指されたことは一度もありません。ここですぐ、母親にとって胎児の運動とは何かの問題をお話ししたいと思います。詩人は、この体験を飾り立て、バラ色に描き、かぐわしい芳香で包んでいます。実のところ、そのときの感覚は、ひと皮むいてみれば、かつて何ものかが膣のなかであちこち動いたときに感じた感覚と同じものです。ただ、この場合は、罪悪感にわずらわされず、非難の代わりに、賞讃を受けるといった違いがあるだけです。そんなことを言って恥ずかしくないか、ときみはたずねるでしょう。

ええ、ぼくは恥ずかしくありません。少しも恥ずかしくないのできみに質問を突き返します。きみは恥ずかしくありませんか。男と女の結合という人生の最高に価値あるものを、汚辱のなかに突き落した人間性に悲しみと恥ずかしさを全然感じませんか。二人で味わうこの快感が、どのような意味をもっているか、どれほど結婚、家族、国家をつくってきたか、家屋敷の基盤となったか。無のなかから学問、芸術、宗教をつくりあげたか、きみが尊敬しているすべてのもの、本当にすべてのものをきずいてきたかを、ほんの一瞬か二瞬考えてごらんなさい。それでもなお、きみは、子宮のなかの子どもの運動と性交との比較をいやらしいと思いますか。

そんなことはないと思います。ぼくの言は、道徳にこり固まった子守女には禁句かもしれませんが、きみは、賢明ですから、しばらくよく考えたあとなら、ぼくの言に腹を立てないでしょう。分娩そのものが最高の快感であり、その印象は、子どもへの母性愛に生きつづけるとぼくは思っているのですが、神経過敏で教養を鼻にかける人にはさらにがまんのならないこのような見方も、きみなら心からわかってくれるでしょう。

それとも、きみの好意もそれほどではなくて、そこまでは、ぼくを信じてくれないのでしょうか。たしかにそれはあらゆる経験、数千年来の経験と矛盾しています。だけど、ある一つの経験、ぼくに言わせれば、われわれがそこから出発しなければならない基本的経験とは矛盾していません。つまり、子どもは次々と生まれてくるということ、太古以来語りつづけられてきた恐れと苦しみも、快感を、少なくとも何らかの快い気持ちを押し切れるほど強くはないということです。

きみは分娩を見たことがありますか。それはすばらしい事件です。産婦はうめき、叫びますが、その顔は熱病のような興奮に燃え、その眼は、ひとたび女の眼のなかにそれを見た男なら決して忘れられない、あやしい輝きを放ちます。それは奇異な眼です。恍惚を物語っている奇異な眼、ベールに覆われた眼です。苦痛が快楽に、最高の快楽になり得るということに、驚くべき点、信じがたい点があるでしょうか。最高の快楽は苦痛に憧れるということを知らないのは、あるいは知らないふりをするのは、倒錯や不自然な行為を嗅ぎ回る人だけです。産婦の苦しそうな叫び声や、嫉妬深いおばさん連のくだらぬ話から受けた印象をふり払いなさい。正直になりなさい。メンドリだって、卵を産んだあとはコッコッコと鳴きます。だがオンドリは、ふたたびこのかわいい妻に乗っかることしか考えません。卵を産む苦しみに対するメンドリの恐れは、鶏小屋の主のオンドリに嬉しそうに身を屈するその姿に奇妙にも表現されているのです。

女の膣は飽くことを知らないモロッホ〔一神教以前のセム族の神。非常に残忍で人間の生贄を要求する――訳注〕です。子どもの腕ほど大きいものをわがものにできるのに、小指ほの小さなペニスで満足する膣がどこにあるでしょうか。女の空想はいつも巨大なペニスの周りをめぐっています。以前したことは、これからもするでしょう。ペニスが大きければ大きいほど、快感も大きいのです。分娩のあいだ、子どもはその大きな頭でもって、女の快感の座である膣のなかで、男のペニスと同じような運動をします。固く、力強く、前後上下に動きます。この最高の、忘れがたい、つねに新たに希求される性行為は、たしかに苦痛ですが、女の歓びの頂点なのです。

でも、お産が本当に官能的快感だとしたら、どうしてお産の時間はこれまで、忘れがたい苦痛とされてきたのでしょうか。ぼくには、わかりません。女の人にたずねてください。ぼくに言えることは、ただ次のように言う母親にときどき会ったということだけです。「わたしの子どものお産は、苦しかったけれど、いや、苦しかったからこそ、わたしの生涯のもっとも美しい経験でした」。たぶん、次のことだけは言っていいでしょう。女は昔から自分を偽るよう強いられてきたので、自分の気持ちに正直になれないのです。女は生涯を通じて罪を恐れる宿命にあるからです。だけど、どうして性の快感と罪とが結びつけられるに至ったのかは、決して解明し尽せないでしょう。

このむずかしい問題の迷路をたどってゆく手引きとなる考え方もあります。お産は恐ろしくて、危険で、苦しいと、四六時中、宗教さえ持ち出されて教えこまれた者が、自分自身の経験にすら反してそう信じこんでしまうのは、無理からぬことだと思います。このようなおどしの多くは、未婚の処女に、不純な性交への恐れを吹きこむために考え出されたことは明らかです。子どもを産んだことのない女のねたみ、なかでも、自分がとっくの昔失ったものを今や手にしている娘に対する母親のねたみも、一枚嚙んでいます。夫をおどかして、夫が最愛の妻にどれほど苦しみを与えているか、いかに大きな犠牲を妻は払っているか、いかに妻は英雄的であるかを悟らせたい願望、また、夫が実際におどかしに乗って、少なくともしばらくのあいだは気むずかしい暴君から、妻に感謝する父親になったという経験も同じ方向に作用します。なかでも、自分を偉大で高貴な母親だと思いたい内的衝動が、誇張へと、嘘へと誘惑します。嘘は罪です。最後に、無意識の暗闇のなかから、母親像が浮かびあがってきます。あらゆる欲望、あらゆる快感は、母親の胎内に帰りたいという憧憬に貫かれており、母親と性交したい願望に育まれ、毒されています。近親姦、血の恥辱。これだけでわれわれは、充分罪深いと感ずるのではないでしょうか。

しかし、この神秘的な動機は、今のところぼくたち二人とどういうかかわりがあるのでしょうか。

自然は、母親の高尚な感情を信じていないこと、あらゆる女が、母親であるというだけで、自己犠牲的な愛すべき存在——ぼくたちが、その名を呼ぶだけで幸福になるような、かけ替えのない存在、二度とふたたび同じものに出会うことのできない存在——になるとは思っていないこと、このことをきみにわかってもらいたかったのです。自然はいろいろなやり方で火を掻き起こし、その暖かさは一生ぼくたちについて回ること、自然はあらゆる手段——ぼくが語ったのは、母性愛を育む土壌のごく一部にしか過ぎません——を使って母親を子どもから離れさせまいとすること、このことをきみにわかってもらいたかったのです。わかってくれたでしょうか。そうなら、望外の仕合わせです。

きみの古い友より

パトリック・トロール

5

愛する友よ。ぼくは、きみが少しずつ無意識に興味を覚えてくるだろうと思っていたのですが、間違ってはいませんでした。きみは極端に走るぼくの癖を笑います。ぼくは慣れています。だけど、なぜきみは、ぼくの言うお産の快感だけをその例として捜し出すのですか。この点ではぼくは正しいのです。

最近、きみは、ぼくがあちこちにちりばめた話が気に入ったと言いました。「そのため、論旨が生き生きしたものになっています。あなたが確実な事実を持ち出してくるので、信じさせられてしまいそうです」と言いました。でも、そういう話はつくることができますし、つくれないまでも飾り立てることはできます。学界でも、その外でも、そういうことは行なわれています。きみ向きの話をつくってあげましょう。

長いあいだ子どものなかったある女が、二、三年前、女の子を産みました。それは逆子でした。彼女は、産院で、二人の助手と二人の助産婦に助けられ、有名な産科医に麻酔をかけられて人工的に分娩したのでした。二年後に彼女は二度目の妊娠をしましたが、その間にぼくは、彼女に強い影響力を持つようになっていましたので、今度のお産のときはぼくに無断では何もしないという約束を取りつけました。最初の妊娠のときと違って、今度は何ごともなく順調にゆきました。自宅で分娩し、助産婦は一人しか呼ばないことに決めました。分娩の直前、ぼくは助産婦の要請で、今は別の町に住んでいた彼女のもとにかけつけました。「逆子です。どうしたらいいでしょうか」。ぼくが着いたとき、胎児は本当にその通りの姿勢でした。陣痛はまだはじまっていませんでした。妊婦はたいそう不安がり、病院に移りたがっていました。ぼくは、彼女の抑圧されたコンプレックス――それについてぼくはすでにかなりのことを知っていました――にさぐりを入れ、ついに、彼女の顔がお産の快感の燃えるような色に染まるのを見ました。ぼくが成功したかどうか、きみにはわかるでしょう。X夫人は満足し、眼に独特の表情を漂わせました。その表情は、火花が燃えていると語っていました。そこでぼくは、なぜ子どもがまた逆子になったかを知ろうとしました。「固くて大きな頭よりも、小さなお尻のほうが柔らかく、ゆったりと道を広げるから、お産が楽です」と彼女が言いました。ぼくは、だいたいこの前きみに書いた通りに、膣のなかの太くて固いものと、細くてだらけたものとの話をしてやりました。彼女は印象づけられましたが、まだ一抹の不満を残していました。ついに彼女が言いました。あなたを信じたいとは思うけれど、ほかの人はみんな、お産の苦しみについて恐ろしいことばかり言うので、やはり麻酔をしてもらいたい、と。胎児が逆子だと麻酔をかけてもらえることを、彼女は経験から知っていました。これも彼女が逆子を好んだ理由の一端です。そこでぼくは言いました。人生の最高の歓びをみすみす見逃すほどあなたはばかなのか。遠慮することは全然ないではないか。もう辛抱できなくなったときに麻酔をするというのなら、何も反対しないが、そのために子どもを逆子にしておく必要はありません。「子どもが頭から先に出てくるときでも、麻酔をかけたっていいのですよ。麻酔をするかしないか、あなたが決めるのです」。そう言ってぼくは立ち去りましたが、その翌日早々、胎児はぼくが去った半時間後には頭を下にした姿勢になったという報告がありました。お産は安産でした。産婦は手紙でその経過を美しく描いてきました。「あなたは完全に正しかった。それは本当に大きな歓びでした。わたしの近くのテーブルの上に麻酔剤があり、わたしは麻酔を受ける許可を得ていましたから、少しも不安はなく、なりゆきをあますところなく観察し、こだわりなくその価値を認めました。それまでは快い刺激だったことが、ある瞬間、あまりにも苦痛になったので、わたしは、『麻酔して!』と叫びました。でも、すぐつけ加えました。『もういりません』。すでに赤ちゃんは産声をあげていました。もし非常に残念なことがあるとすれば、ただ、わたしが長年にわたってわたしの愚かな不安をぶっつけて苦しめた夫がこの最高の歓びを自分で味わうことができないということだけです」。

もしお疑いなら、それはぼくの暗示がうまくいっただけで、何ものをも証明しないと言ってもかまいません。ぼくにはどうでもいいことです。ぼくは確信していますが、今度子どもを産むとき、あなたも「こだわりなく」観察し、先入観から脱し、これまで愚かさのために恐れて遠ざけていた何ものかを学ぶでしょう。

愛する友よ。きみは、扱いづらい自慰のテーマにびくびくしながらはいってゆきました。

きみはこの秘密の悪徳をどれほど軽蔑しているかをほのめかし、便器にまたがる子ども、便秘している人、妊婦などの罪のないオナニーについてのぼくの忌まわしい理論への不満を表明し、最後に、母性愛についてのぼくの見解をシニックだと言います。「このようにして、あなたはすべてのことを自慰に帰着させる」ときみは言います。

たしかに、きみは、ぼくがすべてではないにしてもかなり多くのことをオナニーから引き出していると考える点で、間違ってはいません。ぼくがどうしてこの見解をもつに至ったかの問題はこの見解そのものよりも、たぶん興味深いでしょうから、ここでお話しすることにします。

ぼくは職業柄、またそのほかのときも、子どもが体を洗われるのに立ち会う機会がよくあったし、きみはきみ自身の経験からぼくの言うことを裏づけてくれるでしょうが、こういうことは、子どもを泣かさずにやれるとはかぎりません。幼い子どものこのようなささいなことに注意を払うのは骨折り損ですし、たぶんきみは知らないでしょうが、子どもはある一定のときに泣きはじめ、ある一定のときに泣きやみます。顔を洗われていたあいだ泣いていた子ども――なぜ泣くかを知りたいのでしたら、誰か好きな人にスポンジまたはタオルできみ自身の顔を洗ってもらってごらんなさい。大きくて、口、鼻、眼を一緒に覆ってしまうようなスポンジまたはタオルで――が、やわらかいスポンジが両脚のあいだをあちこちめぐりはじめると、突然静かになります。子どもは、ほとんど恍惚とした表情を浮かべ、まったくじっとしています。その寸前まで、子どもが不快がるので叱ったりなだめたりしなければならなかった母親も、突然、やさしい、おだやかな――色っぽいと言ってもいいような――声になり、しばしば恍惚状態に陥り、その動作は一変し、やわらかく、やさしくなります。母親は、自分が子どもに性的快感を与えていること、自慰を教えていることを知らないのです。しかし、母親のエスはそれを感じ、それを知っています。エロス的な動作が子どもと母親に満足の表情をもたらしたのです。

そういうことなのです。母親自身が子どもにオナニーのレッスンをやるのです。快感器官のあるところに自然に垢がたまり、洗い落さねばならないのですから、そうせざるを得ないわけです。母親はそうせざるを得ない。ほかにどうしようもありません。信じてください。清潔という名で通っている多くのこと、ビデを熱心に使うこと、排泄後にからだを洗うこと、洗滌などは、母親のこのような楽しいレッスン時間の、無意識に惹き起こされた反復以外の何ものでもありません。

このささやかな観察が正しいことを、きみはいつでも証明することができますが、この観察は愚かな人たちが自慰にまつわりついた恐るべきおどかしを一挙に吹き飛ばします。母親に植えつけられた習慣をどうして悪徳と呼べるのでしょうか。それを教えるために、自然は母親の手を使ったというのに。あるいは、子どもを、その快感を惹き起こさずに清潔にすることがどうしてできるのでしょうか。すべての人がはじめて息をして以来巻き込まれている必然性が不自然なのでしょうか。その典型的な原型が母親によって毎日何回もためらいもなく子どもに教え込まれている習慣に対して、「秘密の悪徳」という表現を用いることに、いかなる正当性があるのでしょうか。人生において自明で不可避とされているオナニーを恥ずべきことと呼ぶことがどうしてできるのでしょうか。もしそうできるなら、歩くことを悪徳と呼び、食べることを不自然と呼び、鼻をかむ人はそのために必ず死ぬと言うことができるでしょう。糞と尿の汚れの悪臭が、性的満足の場所に存在するのだから、人間を自慰へと駆り立てる不可避の必然性が証明しているように、神は、この軽蔑されたいわゆる悪徳の行為を、一定の目的のために、人間の運命として与えたのです。きみがお望みなら、そのうち機会があれば、これらの目的のいくつかを述べ、とにかくぼくたちの人間世界、ぼくたちの文化は、大部分、自慰の上に築かれていることを示してみたいと思います。

きみはたずねるでしょう。この自然で必要な行為が、健康にとっても精神力にとっても同じく有害な恥ずべき悪徳であるという評判、どこでも信じられている評判を得るに至ったのはどうしてなのかと。その答えは、もっと常識のある人たちに求めたほうがいいですが、ぼくが伝えることができることもいくつかあります。まず第一に、オナニーは有害だと普遍的に信じられているわけではありません。ぼくは、ぼく自身の経験から異国の風習について知っているわけではありませんが、いろいろ本を読んで、別の考えをもつようになりました。散歩の途中あちこちで見かけたのですが、若い農夫が鋤の陰に立ち、ひとりであっけらかんと快楽にふけっていましたし、子どものときに押しつけられた禁止のためにこの種の事柄に対して目をつぶっていなければ、田舎娘についても同じことを見ることができます。状況によっては、この種の禁止は長年にわたって、たぶん一生を通じて働きつづけるし、ママに禁止されたためにぼくたちが見ることのできなくなったいろいろな事柄に注目してみるのは、ときには面白いことです。しかし、そもそも出かけてゆく必要はありません。きみ自身の思い出が充分説明してくれるでしょう。それとも、恋人や夫が刺激的な、慣れ親しんだ場所でやるのなら、オナニーは、無害なものとなるのでしょうか。隠された、罪のないオナニーの無数の可能性について、馬に乗ること、からだをゆすぶること、ダンスすること、大便を出さないでおくこと、などについて考える必要はまったくありません。愛撫もありふれたことです。愛撫の深い意味は自慰にあるのです。

そんなのはオナニーではない、ときみは言うでしょう。オナニーでないとも言えるし、オナニーだとも言えるでしょう。それはそうしたことをどう見るかにかかっています。ぼくの意見によれば、自分の手を使おうが、人の手でやってもらおうが、たいして変わりはなく、つまるところ、手なんか必要ですらなく、考えるだけで、とりわけ夢だけで充分です。またしてもきみの前に隠された秘密の不愉快な暴露者が現れました。いや、愛する友よ、もしきみが、われわれ医者が各自——少なくとも権利の見せかけをもって——オナニーに数え入れているものをすべて知ったとすれば、きみはもはやオナニーに害があるなんて言わなくなるでしょう。

オナニーのために害を受けた者を一人でも知っていますか。オナニーの結果についての不安ではなく、オナニーそのもののために。というのは、この不安は本当に有害だからです。まさにこれが有害だからこそ、少なくともいく人かの人たちをこの不安から解放しなければなりません。その上、きみはそういう人を見かけたことがありますか。このことについてはどう思いますか。男の場合なら、ちょっとばかり精液が失われたということ、女の場合なら分泌液で濡れたということでしょうか。大学で使われている生理学の教科書をどれか一冊ひもとき、よく読んでみれば、きみ自身、そんなことは信じないでしょう。少なくとももう信じなくなるでしょう。自然は貯えが豊かで無尽蔵であるように気を配っていますし、その上、乱用はそもそも不可能です。男の場合は勃起と射精が起きなくなりますから、休まざるを得ませんし、女の場合もけだるさが二、三時間か二、三日はつづきます。性欲だって食欲と同じようなものです。食べ過ぎて胃が破裂することがないように、オナニーのせいで性能力が尽きることはありません。わかってください。オナニーのことであって、ぼくはオナニーの不安のことを言っているのではありません。それはまた別のことであって、健康をそこねます。だからこそぼくは、秘密の悪徳について語って人びとを不安に陥れる者がいかにひどい犯罪者であるかを言いたいのです。誰でも、知ってか知らずかオナニーをやっているし、無意識的満足をそれなりに感じているわけですから、それは全人類に対する犯罪、恐るべき犯罪です。またそれは、まっすぐ立って歩けば健康によくないと言うのと同じぐらいばかげています。

いやそれは物質の喪失の問題ではない、ときみは言うでしょう。たしかにそうですが、しかし、たくさんの人がそう信じています。いまだに、精液が脊椎から流出し、脊髄がこの悪評高い乱用によって涸渇し、ついには、脳も涸渇し、当人は精神薄弱になると信じています。

また、オナニーという呼び方は、精液を喪失するという考えが人びとにとって恐ろしいということを示しています。オナンの話はご存じですか。それはもともと自慰とは関係のない話です。ユダヤ人においては、兄が子を残さず死んだ場合、弟はその未亡人と性交しなければならないという掟がありました。そうやって生まれた子は、死者の跡継ぎと認められました。われわれ現代人にはそのやり方はいささか奇妙に思えますが、伝統の保持、家系の存続ということを考えれば、まったくばかげた掟というわけでもありません。われわれの先祖たちも同じような考えをもっていましたし、宗教改革のすぐ前の時代には、ヴェルダンでも同じような掟がありました。さて、オナンは兄が死んだためそういう事態に追い込まれたのですが、嫂《あによめ》にがまんできなかったので、彼女のからだのなかではなく地上に精液を排出しました。この掟違反のため、エホバはオナンを死をもって罰しました。民衆の無意識はこの物語から精液を地上に排出したという点だけを取り出し、同じような行為にすべてオナニーという烙印を押しました。ここから、自慰による死という観念が出てきたのです。

きみが信じなくても、かまいません。でも、淫乱なイメージの空想、これはもっともいけないことなのでしょうか。ああ、愛する友よ、きみは抱かれているとき淫乱なイメージをもたないでしょうか。これまでももったことがないでしょうか。たぶんきみはそういう考えを追っ払うのです。専門用語を用いれば、抑圧するのです。ついでに、抑圧の概念についてお話ししましょう。それでもイメージはやはり存在します。それはやってくるし、やってこざるを得ません。きみだって人間だし、きみの肉体の中心部を除外するわけにはいかないからです。淫乱な考えなんか決してもったことはないと思い込んでいる人たちがいます。彼らは例外なく、清潔を追求し、からだを洗うだけでなく、毎日腸をも洗滌するような人たちです。無邪気な人たち、そうではないでしょうか。彼らは、水で洗い清めた腸のごく一部の上に、同じような汚い長い腸があるということを考えてもみません。はっきり言えば、彼らが灌腸《かんちょう》をするのは、自分では気づいていませんが、灌腸が象徴的性行為だからです。清潔の追求は、無意識が意識を欺くための口実、母親の禁止に違反しないための嘘なのです。好色な空想が抑圧された場合は、いつも同じようなことになります。人間を深くさぐってゆけば、あらゆる形の好色性が明るみに出てきます。

やさしい、空気の精のような、まったく無垢な乙女が心を病んだのを見たことがありますか。ないって？　残念です。きみは、これからの人生で、人びとが清潔と呼んでいるものを信じることから解放されるでしょう。そして、そうした清潔、無垢を、偽善という立派な言葉で呼ぶようになるでしょう。こう言ったからとて、何も非難しているわけではありません。エスはその目的のために偽善すら必要とするのです。そして、この軽蔑されてはいるがよく行なわれる習慣に、その目的を探し出すのは容易です。

なぜオナニーは、親、教師、そのほか立場上権威のある人たちの恐怖を惹き起こすのでしょうか。この恐怖の歴史を調べてみれば、たぶんこの問題に近づけるでしょう。ぼくはそれほどよくは知りませんが、まず一八世紀末に、オナニーへの非難がはじまったように思われます。ラーヴァターとゲーテとの文通を見ると、二人とも、まるで散歩の話でもしているかのように無邪気に精神的オナニーについて語っています。当時は、人びとが心の病に関心をもちはじめた時代でもありました。心を病んだ人、とくに頭の悪い人はオナニーが大変好きです。原因と結果とが取り違えられ、頭の悪い人はオナニーをするのだから、オナニーをすれば頭が悪くなると信じられたということが考えられます。

しかし、結局のところ、生まれてすぐから母親に教え込まれた、何ものかに対するこの著しい嫌悪の理由は、ほかのところに探し求めねばなりません。その答えは先にのばしてよろしいですか。その前にたくさん言いたいことがありますし、手紙はもうずいぶん長くなり過ぎました。手短にぼくは、ほかの点では思慮深い人たちに見出される、事実の奇妙な歪曲に注意してもらいたいだけです。自慰は「正常」な性行為の代理であると言われています。ああ、「正常な」性行為という言葉についてどう言うべきでしょうか。しかし、ここではただ、代理ということを問題にしているだけです。どうしてこんなナンセンスにゆき着いたのでしょうか。自慰は、あれやこれやの形で人間に一生つきまとっていますが、いわゆる正常な性行為は、ある一定の年齢にならないとはじまらないし、オナニーがふたたび性器を意識的に弄ぶという子どものときの形式をとるようになると、やらなくなることもあります。ある行為を、その一五年か二〇年のちにやっとはじまる別の行為の代理と見なすなんてことがどうしてできるのでしょうか。それよりは、正常な性行為こそまさに意識的な自慰であり、その際、相手の膣やペニスは手や指と同じく単なる摩擦の道具であることがいかに多いかを知ることのほうがはるかに有益です。ぼくは注目すべき結論に達しました。この問題をよく考えてみるなら、きみも同じ結論に達するであろうことを、ぼくは信じて疑いません。

さて、母性愛とは？　母性愛はこうした事柄とどうかかわっているのでしょうか。とにかく、何らかのかかわりはあります。すでに言ったように、母親は子どもの性器を洗っているとき、奇妙に変化します。母親は自覚していませんが、まさにこのともに楽しんだ快感こそもっとも強く二人を結びつけるのです。どのような形であれ、子どもに快感を与えることは、おとなの心に愛を呼び覚まします。恋人同士の関心よりさらに前に、母親と子どもとの関係において、与えるということは受け取ることよりも仕合わせなことが多いのです。

自慰の影響についてもう一つつけ加えたいことがあります。それを言えば、きみは首を横にふるでしょう。しかし、言わないでおくわけにはゆきません。それは重要なことであり、無意識の暗闇をのぞき込む機会をもう一度与えてくれます。エス、無意識は象徴的に思考します。なかでも、エスは、あるシンボルに従って子どもと性器とを同一視し、同じ意味に用います。エスにとって、女性器は小さなもの、少女、幼い娘、妹、ガールフレンドで、男性器は男の子、少年、幼い息子、弟です。奇妙に思われるかもしれませんが、本当です。愚かな取り澄ましと偽りの羞恥心を捨てて、人間は誰でも自分の性器をどれほど愛しているか、愛さずにはいられないかをもう一度はっきり認識してください。つまるところ、人間はその快感と生命のすべてを性器に負っているからです。この愛はどれほど大きく見積っても大き過ぎることはありません。エスはこの大いなる愛を子どもに転移し（転移は、エスの特徴の一つです）、いわば性器と子どもとを取り換えます。子どもに対する母親の愛のかなりの部分は、母親が自分の性器に対してもっている愛、オナニーの思い出に由来しています。ご気分を害しましたか。今日のところは、もう一つだけ、ささいなことをつけ加えておきます。たぶん、そのことはなぜ女性が男性より子ども好きかをいささか明らかにするでしょう。ぼくが、からだを洗うときの性器の摩擦について何を語ったか、そこから生ずる快感を、無意識的象徴作用を使って子どもへの愛にどう関係づけたかを憶えていますか。その摩擦が、女の子に対してと同じく男の子に対しても大きな歓びを与えると想像できますか。ぼくはできません。

あなたの忠実な友

パトリック・トロール

6

愛らしくて、そして厳しい女判事よ。きみは気づいていたのですね、ぼくがエロティックなこまかい事柄をいろいろ持ち出して楽しんでいることがぼくの手紙からあまりにも見え見えであることに。きみがそう言うのは間違っていません。しかし、どうしようもありません。ぼくは楽しんでいるし、楽しんでいることを隠すことはできません。隠せば、ぼくはバラバラになってしまうでしょう。

もしある人が、屋外に出れば人びとに叱られ、嘲られるのではないかとの不安だけのために、狭くて薄暗くて息苦しい部屋に長いあいだ閉じこもっていて、やっと自由な屋外に出、自分のことなんか気にする者は一人もいない、せいぜい誰かが自分をちらりと見てすぐ立ち去るだけだということに気づいたとしたら、その人は狂喜するでしょう。

ぼくが末っ子だったことをきみは知っていますが、ぼくの家でどれほど嘲笑と愚弄がはびこっていたかは、気づいていないでしょう。ちょっとばかなことをひとつ言っただけで、それから何日ものあいだ、食事のたびにそのことをバターパンに塗りたくられるのでした。かなり年齢に開きのあった兄弟たちのあいだではいちばん小さい者が、いちばんたくさんばかなことを言うのは、当り前のことです。そこでぼくは、幼いときから意見を言うのを控える癖がつきました。ぼくは自分の意見を抑圧したのです。

この言葉をそのまま受け取ってください。抑圧されたものは消滅しません。その場にとどまっていないだけです。抑圧されたものは、どこかへ移され、存在する権利を失い、握りつぶされ、なおざりにされます。抑圧されたものは、いつもつま先で立っているかのようにそわそわしており、しょっちゅうその全力をあげて、それが本来属していた場所へ押し出ようとしていて、目の前の壁に穴でも見つけると、すぐさまにじり出てきます。それはたぶんうまくゆくでしょう。しかし、前面に出てきたときには、その力をすべて使い切ってしまっていて、何らかの強引な力のちょっとしたひと押しによって押し返されます。これはまさに不愉快な状況であって、このような抑圧され、打ちくだかれ、押しつぶされたものが、ついに解き放たれたとき、どのように跳びはねるかは、きみだって想像がつくでしょう。ただ、がまんしてください。あと二、三回うるさい手紙がつづけば、この酔っ払ったしろものは落ち着き、専門の心理学者がよく考えて書いた論文のようにしっかりしたものになるでしょう。ただ、もちろん、衣服は押し合いのために汚れ、引き裂かれ、ボロボロになっていますし、裸の肌がいたるところにのぞき、いつも清潔であるというわけではなく、群衆のような独特の匂いが周りにたちこめています。でも、それゆえにこそ、このしろものは何かを学んだのであり、そのことについて語ることができるのです。

しかし、このしろものに語らせる前に、ぼくがあちこちでこれから使う二、三の言葉を箇単に説明しておきたいと思います。心配しないでください。ぼくは定義を与えようというのではありません。心乱れたぼくにはそんなことはできません。「抑圧」という言葉について以前やったのと同じようなことを、「象徴」および「連想」という言葉について今やろうというわけです。

以前ぼくは、エスについて語るのはむずかしいと書いたことがあります。エスにかかわると、言葉や概念はすべて揺れ動きます。エスは、その本質からして、あらゆる言葉、あらゆる行為に一連の象徴をもち込み、他の領域からの観念をくっつけ、連想させるので、知性にとっては単純に見えることがエスにとってはきわめて複雑となるからです。エスにとっては他とつながっていない概念は存在しないのです。エスは、象徴化と連想強迫の過程に生じる概念領域、コンプレックスとかかわっています。

きみが尻込みしないように、ぼくの言う象徴化と連想強迫は何を指しているかの例をあげておきましょう。結婚の象徴として指環があります。どうして指環が結婚を表すかについてはっきり知っている人はほんのわずかです。指環は鎖である、あるいははじめもおわりもない永遠の愛を意味しているという言い方は、そのような言い方をする人の気分または経験に合致した結論を許すことはたしかですが、なぜ指環がある未知の力によって結婚を指すために選ばれたかの謎を解明しはしません。しかし、結婚は性的貞節を意味するということから出発すれば、この象徴はたやすく解釈されます。指環は女性器、指は男性器を表しているのです。指環は、言い交わした夫の指以外の指にはめられてはならず、したがって、夫の性器以外の性器を妻の「環」は受け入れないという誓いなのです。

指環と女性器、指と男性器の同一視は、気まぐれに思いつかれたものではなく、エスによって強いられたものです。誰でも、人びとが指に指環をはめて弄んでいるのを観察すれば、いつでもこのことは自分自身においても他の人においても証明できます。容易に推測はつくけれどもほとんど充分には意識されないある種の感情興奮につき動かされて、この遊びがはじまります。指環をはめたり、はずしたり、回したり、ねじったり。会話のさまざまな転回、個々の言葉の聞き方、しゃべり方、絵や人や物をちらっと眺める眺め方、ありとあらゆる感官知覚に際して取られる行動は、同時に隠された心の物語を暴露しており、人間が何を自分でやっているかを知らないこと、無意識に強いられて自分を象徴的に表現していることと、この象徴作用は意識的思考からではなく、エスの知られざる働きからきていることを飽き飽きするほど証明しています。誰が、他の人の眼の前で、性的興奮を見透かされてしまうような動き、つねに隠されている秘密の自慰行為を衆目にさらしてしまうような動きを意識的にやるでしょうか。しかし、この象徴の意味をよく知っている人でさえ、指環を弄びつづけるのです。そうせざるを得ないのです。象徴は考案されるのではありません。そこにあるのです。人間の譲渡し得ない財産なのです。まさにこう言ってもいいでしょう。意識的言動はすべて、無意識的象徴作用の不可避的結果であり、人間は象徴によって生かされている、と。

人間にとっては、象徴の運命と同じく、連想の力も避けることはできないものです。両者は基本的には同じものです。連想によって象徴は結びつけられるのですから。さっきお話しした指環いじりからも明らかなように、夫と妻を指と指環の無意識的象徴で表すことは性交のすばらしい描写になっています。たった一つの例においても、半意識的な印象知覚から指環をはめたりはずしたりする行為へと至る薄暗い道をたどれば、ある考えが稲妻のように心を打つことに気づきます。この同じ考えは別の人においては別の場合に繰り返されます。連想は一定の道を進むのです。結婚のしるしとして指環を象徴的に用いることも、無意識的に強いられた連想からきています。指環いじりと、古代の宗教的な観念や風習との、また同じく個人の重要なコンプレックスとの深いつながりが、こうしたことを考察していると心に浮かんできて、ぼくたちは、自分の意志で目的を決定しているという幻想を捨て、もつれ合った連想の秘密の小路をたどらざるを得なくなります。そうすればただちにわかることですが、結婚指環がはじめもおわりもない結びつきあるいは束縛を表しているという考えは、人類が共有している象徴と連想の財産によって表現された、また表現されざるを得なかった不機嫌またはロマンティックな興奮から説明されます。

ぼくたちはこのような連想強迫に一歩踏み出すごとに（Schritt und Tritt）いたるところで出会います。ただ、眼を開き、耳を傾けるだけでいいのです。すでにもう Schritt und Tritt という言い方にそれがあります。Schritt（歩み）が脚韻の Tritt（歩み）を要求するのです。言葉の世界をちょっとめぐってごらんなさい。Liebe und Lust（愛と快楽）、Liebe und Leid（愛と悲しみ）、Lust und Brust（快楽と乳房）、Herz und Schmerz（心と苦しみ）、Wiege und

Grab（ゆりかごと墓場）、Leben und Tod（生と死）、hin und her（あちこち）、auf und ab（そこかしこ）、Weinen und Lachen（泣きと笑い）、Angst und Schrechen（不安と恐怖）、Sonne und Mond（太陽と月）、Himmel und Hölle（天国と地獄）、など。次々と観念が浮かんできます。このことを考えてみれば、きみはあたかも言葉の建造物が突然きみの眼の前に出現したかのような、あたかも柱、正面、屋根、塔、扉、窓、壁が霧のなかからきみの眼の前に姿を現したかのような気になるでしょう。きみの心は奥底から揺り動かされ、つかみどころのないものがきみに迫り、ほとんど押しつぶすでしょう。

やめましょう。愛する人よ、もうやめましょう。ここに留まっていてはいけません。しかし、いくつかのことは心に留めておいてください。連想強迫がいかに脚韻、リズム、頭韻、感情連鎖を利用するかということを——世界のあらゆる言葉は、父親を指す言葉のはじめに軽蔑されている音であるPを、母親を指す言葉のはじめに称賛されている音であるMをおいています——。また、連想強迫がいかに対立物を利用するかということを。これは重要な事実です。すべてのものはそれ自身のうちに対立物をもっていますから。このことは誰しも忘れてはなりません。これを忘れたりすると、本当に永遠の愛や、裏切られない忠誠や、ゆらぐことのない尊敬が存在すると信じるようになってしまいます。連想だってときには嘘をつきます。しかし、すべての現象はその対立物によって条件づけられているということを知らなければ、人生というものは理解できないでしょう。

どのような状況のもとでも、どこにおいても妥当する連想を見つけるのはむずかしい。人生は多様ですし、連想の選択においては個々の人間とその場その場の状態が関与しているからです。でも、こういうことは言えましょう。すき間風が不快に感じられれば、窓を閉めようという考えが起こりますし、部屋の空気がむっとすれば、窓を開けようという気になりますし、パンとバターが並んでいるのを見れば、バターパンという言葉が浮かんできます。また、他の人が呑んでいるのを見れば、「おれも呑もうか」という考えが頭をかすめます。民衆の口は、もうろうとした論理の力によって無数の中途半端な観察から結論へと導かれて、連想の深い秘密を素朴な諺にはめ込みます。ある牛が小便をすれば、別の牛が小便をする、と。しばらく立ち止まってよく考えてみてください。何らかの根拠から幾千回となく、連想の橋が小便から海へとかけられ、ついに航海が強行され、船のマストが男の能力の象徴となり、舵が性行為の動きのようにリズミカルに動くようになったという事実によって、人間の生活、文化、発達の無限の領域が説明されることを。あるいはまた、鳥（Vogel）から性交（Vögeln）へ至る道を、勃起、重量の消失、最高に快い浮遊感、空中にほとばしる小便と精液から、翼のあるエロスと死神へ、さらに天使の信仰へ、航空機の発明へと至る道を辿ってみてください。人間のエスはすばらしいものです。

　学問的思考の道はまったく変ちくりんです。医学においては長いあいだ連想作用のことが語られてきましたし、心理学は熱心に連想についてあれこれのことを教えました。しかし、フロイトとその周りの人たちが連想に関する観察をまじめに取りあげ、連想を人間の衝動生活に関係づけ、衝動と連想は人間生活の根源的現象であり、あらゆる知識と思考、あらゆる学問の礎石であることを証明すると、憎悪の叫びが津々浦々に沸き起こり、人びとは、あたかもフロイトが学問の建造物を引き倒そうとしているかのように言いました。気の小さい人たち！　学問がいかなる基盤の上に学問が築かれているかを明らかにしたからです。気の小さい人たち！　学問の礎石は花崗岩よりもちがよく、その建造物の壁、部屋、階段は、あちこちつくりの弱いところはちょっと崩れたとしても、おのずから立ち直ります。

ぼくと一度、連想をやってみますか。今日、ぼくは赤い帽子をかぶった女の子に出会いました。彼女は驚いてぼくを見つめました。驚いたのであって、不愉快に思ったのではないと思います。ぼくが防寒用に黒い毛皮の帽子を耳が隠れるほど深くかぶっていたからです。女の子の目つきの何かがぼくに印象を与えたに違いありません。突然、赤い帽子をかぶった六、七歳の子どもになった自分の姿が眼に浮かんできました。赤頭巾ちゃんが思い出され、詩の文句が頭を横切りました。「男の子ひとりぼっちで森の中」。そこから、「こびと」とその帽子《カプーツェ》へ、カプチン修道士へと進みました。そしてついにぼくは、さっきからカプチナー通りを歩いていることに気づきました。連想は輪のようにぐるっと回ってもとへ戻ったのです。でも、なぜそうなったのでしょうか。どうしてそういう順序で進んだのでしょうか。ぼくはカプチナー通りをゆかなければなりませんでした。ほかの道をゆくわけにはいきませんでした。その女の子には偶然出会ったのですが、彼女はぼくの注意を惹き、その目つきがこのような思考過程を喚び起こしたわけです。これはどう説明できるでしょうか。家から出かけるとき、ある女性が両手でぼくに帽子を耳が隠れるほど深くかぶせ、「パトリック、これで寒くないわよ」と言いました。昔、母はこのように言ってぼくに帽子をかぶせてくれたものでした。また母は、赤頭巾ちゃんの話を聞かせてくれました。その姿は鮮やかに憶えています。赤頭巾ちゃんのことは誰でも知っています。小さな赤い頭は、オシッコをするたびに、包皮のマントから出てものめずらしそうにあたりを覗きます。そして、好きな人がくると、草原の花を求めて頭をのばし、きのこのように、赤い帽子をかぶった男の子のように一本足で森のなかに立ちます。狼が彼を食べ、九ヵ月後、その腹が裂けて彼が出てくるわけですが、これは受胎と出産に関する子どもの理論の象徴です。きみ自身、かつてはこのように腹が裂けて赤ちゃんが出てくると信じていたのを思い出すでしょう。もちろん、女も含めてすべての人間は小さな赤い頭のあるこのようなものをもっていたが、それは女からは切り取られ、赤ちゃんをつくるためにそれをどうとかして食べなければならないとかつては固く信じていたことは、忘れているでしょう。ぼくたちのような連想人間においては、この理論は去勢コンプレックスに組み込まれています。このコンプレックスについては、これからもいろいろお話ししましょう。赤頭巾ちゃんとフンペルディンクのきのこから、たやすく「こびと」とその帽子へと移れますし、そこから、修道士とカプチナーへは遠い距離ではありません。この二つの観念には去勢コンプレックスの余韻が残っています。長いひげを生やした年老いた「こびと」は、皺だらけの老年不能症であり、修道士は、自由意志にもとづきかつ反する禁欲を象徴しています。これまでのところはまったくはっきりしているのですが、でも、どうして去勢の観念がぼくの頭に浮かんだのでしょうか。さっき言ったように、全過程の出発点はぼくに母のことを思い出させた場面で、到着点はカプチナー通りでした。このカプチナー通りで、何年か前ぼくは腎臓病で倒れ、死にそうになりました。ぼくの無意識の深層を正しく探究すると、この水腫はオナニー不安の幽霊から生じ、母がぼくにオシッコをさせようとして、ぼくの「こびと」を穴から注意深く取り出したときに起こさせた何らかの興奮と結びついていると思われます。これは推測であって、本当かどうかわかりません。しかし、赤い帽子をかぶり、ひとりぼっちで立っているきのこ、毒のあるはえとり茸はオナニーを指し、赤い帽子は近親姦願望を指しています。

連想を解釈しようとするぼくの探究がたどる曲がりくねった道に驚きましたか。これはほんの序の口です。あえて言わせてもらいますが、お伽話は連想と象徴化の強迫から生まれたのです。生まれざるを得なかったのです。なぜなら、性交、受胎、出産、処女性の謎は、不可解なものが詩的に表現されるまで、人間の心を悩ましつづけるからです。あえてまた言わせてもらいますが、森のなかの「こびと」の歌は、その細部に至るまで、無意識的連想によって恥毛と勃起の現象からきています。また、その存在を信じることも、森と恥毛、萎えることと皺だらけの「こびと」の連想から生まれたに違いありません。修道服を着て修道院生活を送ることは、母親姦からの逃走の無意識的結果です。これまでぼくは、連想と象徴についての考えを話してきました。しかし、これでおわりではありません。

連想強迫の例をもう一つ話してもよろしいでしょうか。この例は、ぼくたち医者にとってたくさんの謎を解決してくれるエスの領域を無意識的言語、夢によって表しているので重要なのです。それは短い夢、ただ一つの言葉、「家」という言葉の夢です。この夢を見た女性は、「家」から「食堂」という言葉へ、それから「食器類」へ、さらに「手術用具類」へと進みました。彼女の夫は、むずかしい手術、タルマ式の肝臓の手術を前にしていました。彼女は夫のことが心配でした。タルマという名前からタルミ（銀メッキ）へと進みました。彼女がもっていた食器類はタルミでした。それは銀ではなく、模造品に過ぎませんでした。彼女の結婚もまたタルミでした。タルマ式の手術を受けようとしていた夫はずっと不能でした。彼女は、治療を担当していたぼくに対してタルミ、すなわち偽っていました、そこからわかったのですが、彼女はぼくに嘘をついており、彼女自身がタルミ、模造品でした。

すべてこれらのことは何ら特別なことではありません。せいぜい、模造品に過ぎない夫と別れ、代わりに本物の銀を手に入れたいという願望が注目に値するぐらいです。しかし、このすみやかな連想の連鎖をすべて説明すると、めざましい結果が生じました。この女性は二日間、ひどい不安に悩まされ、心臓は早鐘のように打ち、腹は空気でふくれあがっていました。「家」という言葉からの連想には二〇分ぐらいしかかかりませんでした。それがおわると、彼女のからだはほぐれ、心臓は平静に戻り、不安は消え去りました。

これをどう考えればいいでしょうか。彼女の不安、急性心臓神経症、腹（食堂）のふくれは、病気の夫についての不安、夫への死の願望についての良心の呵責だったのでしょうか。それは、彼女がこれらをすべて意識から排除し、抑圧したためでしょうか。あるいは、彼女がこれらのことで苦しんだのは、彼女のエスが彼女に連想を強要したからでしょうか。彼女のエスが、子どものときから隠されている深い秘密を暴き出そうとしたからでしょうか。これらがすべてそれぞれ一因となっているでしょうが、しかし、手足が痛風となり、歩けなくなった彼女の重い病気に対する治療の観点からは、この最後の可能性——子どものときからの秘密を連想を介して暴き出そうとしたエスの試み——がもっとも重要であると思われます。それから一年後、彼女はふたたびこの夢を見ました。そのときはじめて彼女が語ってくれたのですが、タルミという言葉は、もちろん、不能と関係があるけれども、それは夫のことではなく、彼女自身の深く感じていた不能のことであり、手術の不安も夫に関するものではなく、彼女の不妊および病気の原因であると思われる彼女自身のオナニー・コンプレックスに関するものだったのです。このことを説明してから、彼女の回復は順調に進みました。健康という言葉を使っていいとすれば、彼女は健康です。

連想についてはこれまで。

愛する友よ。以上のことを言ったあとでなおも、ぼく自身、あいまいな表現を用いる一般的な人間的権利を求めているとわざわざ念を押すのは、エスについて語るのは非常にむずかしいことが、ほぼわかってもらえたと思うからです。理解へと至る唯一の道は、ものごとの中心に跳び込むことであると思います。

今は定義を問題にしているわけですから、ぼくの文章のあちこちに見られる「転移」という言葉を説明してみましょう。

ぼくがぼくに対する父の影響、ぼくが父を意識的にも無意識的にもいかに模倣したかについて説明したのを憶えているでしょう。模倣するためには、模倣の対象である人物および現象に関心を抱いていることが必要です。実際、ぼくのなかには父に対する非常に強い関心がありました。今でもまだ、非常に情熱的な讃美の気持ちがあります。父はぼくが一八歳のとき死にました。しかし、情熱的讃美への傾向はぼくのなかに残っていました。その多くの理由については別に話す機会があるでしょうが、ぼくには死者を崇拝する才能はほとんどありませんので、ぼくは、父から解き放された情熱的讃美の傾向を新しい家長、長兄に向けました。転移したわけです。このようなことが「転移」と呼ばれていることです。しかし、長兄のパーソナリティはぼくの若い心の欲求を満たし得なかったようです。二、三年後、長兄に対する敬愛の念は衰えはしなかったものの、ぼくのなかに医学上の師であるエルンスト・シュヴェニンガーに対するのと同じように烈しい讃美の感情が起こりました。父に向けられていた感情の一部が、その頃自由に浮動していて、シュヴェニンガーに転移されたのです。それが自由に浮動していたということは次のようなことから証明されます。すなわち、父が死んでからシュヴェニンガーを知るようになるまでの期間、ぼくは多くの人に同じような讃美の感情を持ちましたが、それはいつも短いあいだしかつづかず、そのあい間に、ぼくのそのような感情が、一見、対象を欠いていたり、あるいは歴史上の人物、書物、芸術作品、要するに何にでも向けられていた時期がありました。

転移の概念がぼくの考え方にどれほど大きな意味をもっているかが、きみにわかってもらえたかどうか、ぼくは知りません。そこで、別の方向からもう一度問題に迫ってみます。しかし、ぼくがエスについて話しているということ、したがって言語表現がどうであれ、何ごとも明確には限定できないこと、たがいにもつれ合い、人為的にのみ区別できる事柄を扱っているということを忘れてはなりません。エスについての話は、地球の表面を緯度と経度で分割するようなものと考えておけばいいでしょう。縦と横の線が想定され、それに従って分割してあるわけです。しかし、地球の表面それ自体は、東経六〇度に海があるかどうか、西経何度に何があるか、そんなことは知ったことではありません。それは方向定位の手段に過ぎません。そして、地球の内部に関しては、これらの線は非常にかぎられた範囲内で研究目的のために使われるだけです。

このような留保のもとに言いたいのですが、人間はそれ自身のうちにある量の感情能力をもっています。さしあたり、それが愛情の能力か嫌悪の能力かは区別できません。その量がつねに同じかどうかもわかりません。誰だってわからないでしょう。たぶん、今後もわからないでしょう。しかし、手紙を書く人としてのぼくの権威をかさに着て仮定するのですが、人間が使用できる感情の量はつねに同じであるということにしておきます。それを使って人間は何をするでしょうか。

さて、疑い得ないことが一つあります。この感情量の大部分、ほとんど全部は自分自身に対して使われるということです。比較的少量だけれども、人生においてまさに重要な部分は外界へ向けることができます。さて、この外界というのは非常に多種多様です。それは、あらゆる種類の人物、品物、場所、日付、慣習、空想、行為です。要するに、人生に関するすべてのことは人間がその愛情または嫌悪を向ける対象として用いられます。重要なのは、人間はその感情の対象を切り換えることができるということです。いやむしろ、人間は自分でそうできるのではなく、対象を切り換えるようエスに強いられるのです。しかし、あたかも人間の自我がそうしているかのように見えます。乳呑み児を例に取ってみましょう。たぶん彼はミルクが好きでしょう。二、三年経つと、彼にとってミルクはあってもなくてもいいもの、あるいは不快なものになります。彼はスープ、コーヒー、米の粥またはそのほかの何かのほうが好きになります。いや、そんなに長い期間を考える必要はありません。今、彼はがつついてミルクを呑んでいたかと思うと、二分後にはそれに飽き、眠たくなります。あるいは叫びたがったり、遊びたがったりします。彼は、ある対象すなわちミルクから愛情を引きあげ、別の対象すなわち睡眠にそれを向けたわけです。このように彼において、一連の感情がつねに繰り返され、彼はこれらの感情に楽しみを見出し、あれこれの感情をつねに新たに創り出そうとします。ある種の好みは、彼の人生の必要事となり、一生のあいだ彼について回ります。ベッドへの好み、光への好み、そのほか何らかのものへの好みがそれです。さて、子どもを取り囲んでいる人たちのあいだに、少なくとも一人、子どもの感情世界を最高に惹きつける人物がいます。母親です。母親への愛情——それはつねにその対立物、嫌悪に条件づけられています——は自分自身への愛情と同じく変わらないと言っても、間違いないでしょう。いずれにせよ、母親への愛情は最初に決定されます。すでに母胎のなかで形成されるのですから。それともきみは、生まれる前の赤ちゃんは感情の能力を持っていないと思っている奇妙な人たちの一人でしょうか。そうでないことを願っています。

さて、子どもは少なくともしばらくのあいだ、ある一つの存在、すなわち母親にその感情の多大の部分を積みあげるので、他の人たちは考慮に入れられません。しかし、この愛情は、他のすべての愛情と同じく、いやそれ以上に、幻滅に満ちています。きみも知っているように、感情世界は人間と事物を実際とは別な姿に見るものです。愛情の対象についてあるイメージをつくりあげ、対象そのものよりこのイメージを愛するのです。子どももいつか、母親についてこのようなイメージ――多大の努力を払ってこの現象を最初に探究した人たちは、これをイマゴーと呼んでいます――をつくりあげます。たぶん彼は、さまざまなこの種のイメージをつくりあげるでしょう。しかし、事を簡単にするため、ただ一つのイメージを取りあげましょう。そして、慣用に従って、それを母親イマゴーと呼びましょう。人間の感情生活は生涯にわたってこの母親イマゴーを追い求めます。あまりにも強く追い求めるので、たとえば睡眠へのあこがれ、死へのあこがれ、休息、保護へのあこがれは母親イマゴーへのあこがれと見なして間違いないでしょう。このことは、のちの手紙でまた取りあげます。この母親イマゴーは、たとえばぼくが今あげたような一般的特徴をもっています。しかしまた、個々の子どもがつくりあげる特定のイマゴーだけにあるようなまったく個人的な特徴もあります。たとえばあるイマゴーは金髪であったり、アンナという名前だったり、鼻がいくらか赤みがかっていたり、左手にほくろがあったり、乳房が豊かだったり、ある種の匂いがしたり、前かがみに歩いたり、騒々しくくしゃみをする癖があったり、など。この空想の産物に対して、エスはある一定の感情価を保持しています。言ってみれば、貯蔵しているわけです。あるとき、この男──またはこの女、どっちでもいいです──がアンナという名で、金髪で、胸が豊かで、騒々しくくしゃみをする人に出会ったと考えてごらんなさい。母親イマゴーへのまどろんでいた愛情が掻き立てられる可能性がないでしょうか。そして、状況が有利であれば──このことについても、ぼくたちは理解し合えるでしょう──この男は、母親イマゴーに対してもっている感情のすべてを突然取り出し、このアンナという人に転移します。彼のエスがそう強いるのです。彼は転移しなければならないのです。

転移とはどういうことか、わかりましたか。わからないのなら、質問してください。ぼくが自分の考えを明確に言い表していないのなら、これ以上進むのは無駄ですから。きみは転移の意味をよく理解しなければなりません。でないと、さらにエスについて語ることができません。

ぼくの質問に答えてくださるようお願いします。

きみの忠実なパトリック・トロール

7

愛する友よ。この前の手紙は、きみには無味乾燥過ぎたでしょう。ぼくにも同じでした。だけど、文句を言うのはやめてください。きみの聞きたがっていることをぼくに言わせようとしてもだめです。ぼくの手紙のなかにきみの自我の好きなことや喜びそうなことをもう決して探さないと決心してください。ぼくの手紙を旅行案内書か推理小説のように読んでください。人生はもう充分重苦しいのですから、難しい本を読んだり、勉強したり、仕事したりして、わざわざ人生をさらに重苦しくすることはありません。

ぼくの言うことがよくわからないと、きみは非難します。転移も抑圧も、きみが望み、そしてぼくも望んだように、きみにとって実感のある言葉とはなりませんでした。これらの言葉は、まだきみには空疎な言葉です。

その点で、ぼくはきみと同じ意見ではありません。この前のきみの手紙のなかの、逆のことを裏づける個所を指摘してもいいですか。きみはゲスナー家を訪ねたときのことを話し——とにかく楽しかったそうで、羨しいですが——、ある女子学生のことを語りました。彼女は、何でもできる六年生の担任に異議を唱え、ギリシア語の授業なんか役に立たないのではないかとあまりにも熱心に説いたために、教師のゲスナー氏と家族一同の怒りを買ったそうですね。「彼女が年長のご主人に対してまことに不作法だったことは認めなければなりません。でも、どうしてなのかわかりませんが、彼女のことはすべて気に入りました。たぶん、彼女がわたしの亡くなった妹を思い出させたからでしょう。ご存じのように、ズーゼは国家試験を受けている最中に亡くなりました。ズーゼもほとんど粗暴と言っていいくらい苛烈になれる人で、興奮すると、人を傷つけるようなことを言うことがありました。その上、ゲスナー家で会ったこの若い女性も、ちょうど妹のズーゼと同じように、左の眼に傷痕がありました」ときみは言いました。ここできみはもっとも純粋な転移を起こしたのです。誰かがきみの妹さんに似ていると、きみは、何か間違っているという気がしながらも、その人が好きになるのです。ここでもっとも面白いのは、きみが手紙のなかで自分では気づかずに、どのようにして転移が起こったかを知らせる資料を与えていることです。きみはちょっと前、手紙を書くときのいつもの習慣に反して、トパーズの指環をなくしてまた見つけたことをくわしく話しましたが、その指環は妹さんにもらったのではないでしょうか。ぼくは間違っているでしょうか。あの若い女性と会う前に、すでにきみはズーゼのことにすっかり心を奪われていて、転移の準備ができていたのです。

さて、抑圧です。きみは、例の不作法な若い女性が「ちょうど妹のズーゼと同じように」左の眼に傷痕があると手紙のなかで明確に断定したあと、「とにかくズーゼの傷痕は左側だったか右側だったか知りません」と言いました。なぜ、知らないのでしょうか。身近にいて二〇年間毎日会っていた人、きみのせいでその傷痕をもつようになった人のことなのに。その傷痕は、子どものとき、遊んでいて「誤って」鋏で妹さんにつけたものでしょう？　ぼくの考えでは、それは単なる過ちではありません。そのことについてはぼくと話し合ったことがあるのを憶えているでしょう。そのとき、きみはそこにはある意図があったことを認めました。ある叔母さんがズーゼの美しい眼をほめ、きみの眼は飼猫の眼に似ているとからかったのです。ズーゼの傷痕が右側か左側かをきみが知らないというのは、抑圧の働きです。お母さんがびっくりしてきみを叱ったので、妹の美しい眼に対する攻撃は、きみにとって不愉快な思い出となりました。きみはその思い出を追っ払おうとし、抑圧したのです。それは部分的にしか成功しませんでした。傷痕がどこにあるかという記憶だけが意識から追い出されました。しかし、ぼくは知っています。傷痕は左側にあるのです。どうして知っているのかって？　きみが言ったのです。きみが、妹の死以来、妹とまったく同じように、眼からはじまる左側の頭痛に悩まされるようになったと言ったからです。それと、きみの左眼がときどきちょっと――それはきみに似合ったことですが、しかし、本当のことです――ちょっとまともな道すじから逸れ、あたかも助けを求めているかのように外側へやぶにらみになるからです。そしてきみ自身、「過ち」という言葉を見つけることによって、不正（Unrecht）を正(Recht)につくり変えようとし、きみの空想のなかで、傷を、悪い不正な左側から善い正しい側（rechten Seite 右側）へ移したのです。しかし、エスは欺かれませんでした。きみが悪いことをしたしるしとして、エスは一方の眼の筋肉を弱め、そうすることで、きみが二度と正しいこと（右）から逸れないように警告したのです。妹が死んだとき、きみはきみがずっとあんなに怖がっていた彼女の左側の頭痛を罰として相続しました。子どものとき、きみは罰を受けませんでした。たぶん、きみは鞭で打たれはすまいかと怯えてひどく震えていたので、お母さんはかわいそうに思ったのでしょう。しかし、エスは罰せられることを求めます。エスは、苦しめられる快感を取り逃がしたときには、そのうちいつか取り戻します。ずっとあとになることがしばしばありますが、取り戻します。多くの不可解な病気は、子どものときに免れた罰に関してエスに問い質してみれば、その秘密が明らかになります。

きみの手紙のなかの、抑圧の例をもう一つ挙げてもいいですか？　非常に大胆で、無理にこじつけていると思われるかもしれませんが、ぼくは正しいと思っています。この前の手紙のなかで、ぼくは三つのこと、転移、抑圧、象徴について話しました。ご返事のなかで、きみは転移と抑圧には触れましたが、象徴を抜かしました。その象徴とは指環のことです。しかし、よく考えてみてください。きみは手紙のなかで象徴のことに触れないで、その代わりに、トパーズの指環という形を取った象徴を失います。おかしくはないでしょうか。ぼくの計算によると――きみの返事が裏づけていると思いますが――きみは、妹の指環をなくしたのと同じ日に、指環の冗談に触れているぼくの手紙を受け取りました。どうか正直になってください。妹のズーゼは年齢的にきみのすぐ下でしたね。ぼくはほとんどたしかだと思っているのですが、きみたちは一緒にある性的な発見をしたでしょう。そのはじまりについては、誰も知らないし、知りたくもありませんが。ズーゼは、女性の指環の遊び、自慰を覚えたことと何か関係があったのではありませんか。ぼくがそう思うに至ったのは、オナニーについてのぼくの説明にきみがあまりにも短くきつい返答をしたからです。きみはひとえに罪悪意識だけのために、この無害な人間の歓びに対して不公平になっていると思います。考えてみてください。自然は子どもに兄弟姉妹や遊び友達を与え、子どもが彼らから性について学ぶことができるようにしてあるのです。

　このあいだぼくが中断した、注目すべき人間的経験、つまり出産の問題をもう一度取りあげてもいいでしょうか。苦痛は歓喜を高めるというぼくの説をきみが反論もせずに受け入れたのは驚きでした。苦痛を与えたり受けたりするときの人間の快感について、きみと活潑な言い争いをしたことが思い出されます。ベルリンのライプツィヒ通りのことです。辻馬車の馬が転び、群衆が集まってきました。男、女、子ども。立派な身なりの人たち、仕事着の人たち。彼らはみんな、多かれ少なかれ露骨な満足感をあらわにして、立ちあがろうとむなしくあがく馬を見ていました。きみは、そのときぼくのことを野蛮人だと言いました。ぼくがこのような不幸な事件の見物は面白いと言い、あまつさえ、殺人犯に対する陪審裁判所の審理、鉱山の惨事、ものすごい大事故にご婦人がたが興味をもつのは、自然であり理解できると主張したからです。

　もしよろしければ、言い争いを蒸し返しましょう。たぶん、今度は決着がつくでしょう。

　女性の人生の二つの重要な事件、さらに言えばすべての人間にとって重要な事件（この二つのことがなければ、誰もこの世に生まれていないのですから）は、苦痛と結びついています。最初の性行為と分娩です。その点での一致は非常に目立つので、そこに意味を探究する以外のことは思いつきません。出産の痛みに歓びがあるということは、悲鳴を根拠として反論があるかもしれませんが、初夜に快感があることに異論はありません。これこそは、乙女が寝ても醒めても夢見ているもの、子どものときから男が何百回となく心に描くものです。苦痛についていわゆる不安を抱いている乙女がいます。さらに探究してみると、この不安には別の根拠があることがわかります。別の根拠とは、抑圧されたオナニー・コンプレックスや、両親の争い——父の暴力と母の出血する傷——についての深く埋れた子どものときのイメージから成っている良心の苦しみという根拠です。身の毛もよだつ恐怖を以ってしか夫との最初の夜を思い出せない妻がいます。さらに探究してみると、どのようなことも、彼女たちが抱きつづけてきた期待には及ばないという幻滅につき当り、もっと暗い深層においては、性の快感に対する母親の禁止と、夫によって傷つけられる不安がふたたび見出されます。夫が妻の処女を奪うのを怖がって避け、それを奴隷にやらせた時代が、たとえばギリシアのように高度な文明の時代にもありました。でも、こういうことはすべて、人間の心の深いところを刺激する、最初の性行為への願望とは何のかかわりもありません。不安に怯えている乙女に、彼女の罪悪感を取り除き、彼女を恍惚状態に入れることができる才知にたけた恋人をあてがってやれば、彼女は苦痛を大歓びで楽しむでしょう。幻滅した妻に、すでに処女膜は破れているのにもかかわらず、最初の性行為をなお一度経験できるという空想を吹き込むすべを知っている遊び友達をあてがってやれば、彼女は、かつて騙し取られた苦痛を歓びながら味わい、自分を欺くために出血さえ起こしかねません。愛とは奇妙な芸術で、部分的にしか学び取ることはできず、エスに支配されているものがあるとすれば、愛こそはそうです。結婚生活の内面を覗いてみれば、結婚してからもう長くたつ人たちでさえ、どうしてそうなるのか自分でもわからずに、ある日突然、初夜を空想のなかでだけでなく、そのままの歓喜と恐怖をもってもう一度体験することがいかに多いかに驚くでしょう。愛する人に苦痛を与えることを考えるとただただぞっとするだけの男だって、ピッタリした相手にうまく誘惑されれば、喜んでそうするでしょう。

いいかえれば、苦痛は快感の最高の瞬間に属しているのです。この命題に反しているように見えるものはすべて、例外なくすべて、人間の本質の奥深くにまどろんでいる罪悪意識に、不安に根ざしています。不安と罪悪意識は、強ければ強いほど、すべての願望が充足された瞬間に、苦痛への不安に偽装されてますます力強く噴出してきます。実際には、それは長いあいだ延期されている罰への不安なのです。

だから、苦痛が快感の妨げになるというのは嘘であって、苦痛は快感の条件であるというのが真実です。そういうわけで、苦痛を与えたい願望は不自然で倒錯的であるというのは嘘です。サディズムやマゾヒズムについてきみがこれまで読んだこと、学んだことも嘘です。すべての人間に例外なく植えつけられており、皮膚や毛髪と同じように人間の本質に属している、この二つの不可欠の人間的傾向に倒錯という烙印を押すのは、学者のとんでもない愚かさでした。その愚かさが引き継がれてきたというのは理解できることです。何千年にもわたって人間は偽善の教育を受けています。偽善は人間の第二の天性となっています。すべての人間はサディストです。すべての人間はマゾヒストです。すべての人間はその本性によって、苦痛を与え与えられることを望むのです。そうするようエロスに強いられるのです。

さらに第二のことがあります。一方の人間が苦痛を与えたがり、他方が苦痛を受けたがるとか、誰かがサディストで、マゾヒストは別の人だとかいうのは嘘です。すべての人間はどちらでもあります。その証拠が見たいですか。

男性の粗暴さと女性のやさしさについて語るのはごく容易なことです。男性および女性のあらゆるおしゃべりな偽善者がそういうことを語ると、同調者が拍手喝采します。その同調者のなかには、一千時間も偽善のなかにいるぼくたちも全員数え入れなければなりません。どのような女性でも錯乱状態に追い込めば――いや、そんなことはまったく必要ありません、そんなことをするのは女性としてのきみにふさわしくないと言われるでしょう――、いや、彼女にただ、気ままにふるまい、本当に心から愛し、裸の魂を見せる自由と勇気を与えさえすれば、彼女は獣のように咬みつき、引っ掻き、人を傷つけて喜ぶでしょう。

きみの子が生まれたばかりのとき、どう見えたかをまだ憶えていますか。ふくれあがり、圧し潰され、いじめられた幼虫みたいだったことを。「そんなこと、わたしがしたの？」と、きみはこれまで自問したことがありますか。ないでしょう。母親と、母親になりたい人はみんな、自分の痛みを自慢して満足しています。しかし、彼女たちは、無防備で哀れで弱々しい生き物が頭を先に出てくるところを狭い通路を通させて締めつけ、何時間も押さえつづけます。あたかもその生き物には一抹の感覚もないかのようです。そんなことは母親の念頭にありません。母親たちは厚顔無恥にも、子どもには痛覚がないなんてことを言います。ところが、父親か、またはほかの誰かが赤ちゃんを手荒に扱ったりすると、「赤ちゃんが痛がるじゃありませんか！」とか「ぶきっちょな人ねえ！」と金切り声をあげます。生まれた赤ちゃんが呼吸していないと、産婆さんは、赤ちゃんが痛みを感じているしるしとして叫び出すまで、さかさ吊りにして背中をひっぱたきます。女性がやさしい気持ちをもち、粗暴さを軽蔑し、憎むというのは嘘です。他人が粗暴なときにのみ、そうするのであって、おのれの粗暴さは聖なる母性愛と呼んでいます。カリギュラか、またはほかのサディストが、誰かの頭蓋を狭い穴で締めつけるというこの選《え》り抜きの拷問をかくも気軽に無邪気に考え出すということが信じられますか。ぼくは、ある子どもが格子に頭を差し込み、前にも後にも動けなくなっているのを見たことがあります。その子の叫び声は忘れられません。

残酷さ、サディズム――きみがそう呼びたければ――は女性の本性から遠いところにあるのではありません。自分の子を痛めつけるために無情な母親である必要はありません。きみがある友達のことを話したのはそう昔ではありませんね。彼女は、自分の子に乳を吸わせていて、その口から突然、乳首を引っ込めたとき、その子がびっくりして、むっとした顔をするのを見て、実に嬉しそうにしていたそうですね。たしかに、遊びです。それはよくわかります。ぼくたちはみんな、幼い子どもをあれやこれやのやり方でからかうとき、こういう遊びをやります。しかし、これは人の苦痛で遊ぶ遊びです。その象徴を思い出せば、きみ自身でうまくまとめなければならないでしょうが、それが何を意味するかを、ぼくがまず言います。授乳のとき、母親は与える男、子どもは受け取る女です。もっとはっきり言えば、乳を吸っている口は女性器であって、男性器としての乳首を銜《くわ》え込んでいます。乳を吸う行為と性行為とのあいだには象徴的類縁性、きわめて密接な類縁性があります。その象徴性は、母子の結びつきを維持し、強めるために使われます。きみの友達の遊びは――彼女は無意識だと思いますが――エロス的な色彩の濃いものです。

そして、苦しむことがその役割であると言われている女性がみずから進んで苦痛を与えるのと同じように、暴力的な男性は苦痛を探し求めます。男性の快楽は、努力、仕事の苦しみ、危険の誘惑、闘争、そしてもしお望みなら、戦争です。ヘラクレイトスの言う意味での戦争、人間との、物との、思想との戦争、自分をもっとも悩ます敵、自分をほとんど圧し潰さんばかりの仕事、これらが男は好きです。何よりも男は、かぎりなく繰り返し男を傷つける女が好きです。薄情な好色女を追い回す男に驚いてはいけません。そういうことをしない男に驚くべきです。ある男が熱烈な愛に燃えているのを見たら、自信を持って次のように結論してよいでしょう。彼が愛している女は心から残酷であり、奥深いところで残酷であり、やさしく見えて弄び傷つけるというやり方で残酷である、と。

こういうことは、きみには逆説、あるいは、単なる冗談と思われるでしょう。でも、反駁の論拠を探しているあいだに、ぼくの言うことを裏づける幾多のことが、きみの心に浮かんできたでしょう。人間は痛みのなかで受胎され――というのは、本当の受胎は初夜の受胎ですから――、痛みのなかで生まれるのです。もう一つのことを忘れてはならないでしょう。人間は血のなかで受胎され、血のなかで生まれるということです。このことが何の意味ももち得ないでしょうか。

よく考えてみてください。きみにはそうできるだけの賢明さがあります。何よりも先に、生まれたばかりの人間に感覚があるということ、たぶんおとなより深い感覚があるという考えに慣れてください。そのことがわかったなら、出産のときに何が起こるかをもう一度考えてみてください。どう言われているでしょう。子どもは世界の光を見ます。人間はこの光を愛します。夜の暗闇のなかで光を求め、自分自身で光を創り出します。牢獄から自由へと出立します。人間は何よりも自由を愛します。人間ははじめて呼吸し、生命の空気を吸い込む楽しみを味わいます。生涯にわたって人間にとっては、深呼吸は最高のものです。人間は、出産のあいだ、不安、窒息の不安に襲われます。この不安は、生涯にわたって、あらゆる最高の喜びの同伴者でありつづけ、そのたびごとに動悸が打ちます。人間は自由へと押し出されるときに苦痛を感じます。人間はその大きな頭で母親に苦痛を与え、いずれの苦痛をも、永遠に新たに繰り返し求めます。彼の感覚が出会う最初のものは、子宮の奇妙に刺激的な湿り気と入りまざった血の匂いです。鼻は性的領域と密接に結びついた点であることを、きみはすでに学び、知っています。乳児はおとなと同じようによく利く鼻をもっています。自然が子どもの嗅覚をいかに賢明に利用するかは、きみには信じられないでしょう。しかし、人間が生まれたときに流され、その本質を人間が最初の呼吸のときに吸い込み、そのため人間にとって忘れられないものとなる血とは母親の血です。彼はこの母親を愛さないでしょうか。彼は、通常言われているのとは別の意味でもまた、母親の血縁ではないでしょうか。そして、これらすべてのことの背後には、子を神のような強い手で母親に結びつけているさらに何かが、深く埋れて待ち伏せています。罪と死です。人の血を流した者は自分の血も流さなければなりません。

ああ、人間の言葉と人間の思考は、無意識についての知識を伝えるには貧弱な道具です。しかし、母と子という言葉については考え込まざるを得ません。母はゆりかごであり、墓であり、生を与え、死を与えます。無理やりおわらせないと、この手紙はおわりそうにありません。

パトリック・トロール

8

愛する友よ。きみが多くの点でぼくの正しさを認めてくれていることを疑ったことはありません。実際、図々しくもぼくは、きみが、個々のすべての点においてではなくとも主要な点においてますます賛成してくれていると思っています。しかし、今のところまだきみは、ぼくの主張の四分の三はぼくの反抗癖から出てきており、残りのうちの少なくとも二分の一はぼくのサディスティックな精神を解き放つためにやっていると軽く見ています。きみは書いてきています、「あなたに信頼を寄せるためには、不自然な悪徳が存在するという考えを捨て、わたしたちが倒錯と呼び慣らわしているもの、自慰、同性愛、サディズム、ソドミー、あるいは、どういう名で呼ばれようとその種のものは、人間の自明の傾向、わたしたちの魂の共有財産であるという見方を採らなければならないでしょう」と。

「不自然」という言葉についてはすでに一度話し合ったではありませんか。ぼくに言わせれば、それは自分を自然の主人だと思いたがる人間の誇大妄想の表現です。人間は世界を、そのとき気に入った部分と気に入らない部分とに二分し、前者を自然、後者を不自然と呼んでいるわけです。自然の外にあるものなんて、見たことがありますか。不自然という言葉はそういう意味ですから。自分と自然、そのように人間は考えます。僭越にもおのれを神になぞらえて恥じることがないのです。ぼくのことを軽く見る愛する友よ。存在しているものは自然なのです。いかにそれが規則に反しているように見えようとも、自然法則に反していようともです。自然法則というのは人間がつくったものです。このことを忘れてはいけません。何かが自然法則に一致しないなら、それは自然法則が偽りであることの証明です。きみの常用語から、不自然という表示を追放しなさい。そうすれば、きみの言うことのなかから、愚かさが一つ減るでしょう。

さて、倒錯です。ぼくの尊敬しているある研究者が、子どもは考えられ得るあらゆる倒錯傾向をもっていることを証明しました。子どもは多形倒錯者であると彼は言っています。さらに一歩進めて、すべての人間は多形倒錯者であり、すべての人間がすべての倒錯傾向を内に抱え込んでいると、きみが考えてくれるなら、きみはぼくと同じ意見ということになります。しかし、倒錯という表現をこれ以上さらに用いるのは不必要だし、実際的でもありません。なぜなら、そのようなことをすれば、すべての人間に内在するこの不変の、生涯にわたる傾向が何か例外的な、特別の驚くべきものであるかのような印象を与えるからです。もし徹底的に罵りたいのなら、悪徳、汚穢《おわい》、そのほか何でも思いつく表現を用いればよいでしょう。「人間的なものでぼくたちに無縁なものはない」という命題へと向かって努力するなら、さらに結構なことでしょう。これは、もちろん決して到達できませんが、正しい理想であり、医者としてぼくたちが全身全霊をもってその方向へと努力する義務のあるものです。

ぼくたちは、きみが倒錯と呼び、ぼくがすべての人間にあるとするこの傾向について、また、なぜ人間がこれらの事柄に関してかくも自己欺瞞に走るのかについて、これからもたびたび語るでしょう。

きみは一つのすばらしい勝利をぼくに与えてくれました。それをぼくは誇りにしています。この前きみは、ぼくが子どもに対する母親の憎しみを語ったと言って、ぼくを冷酷だと非難しました。そして、今日、きみは若いダールマン夫人のことをみずから満足げに話します。夫人は、新婚旅行のあと生理がやってこないので、嘆きの涙を流したそうですね。きみは、まるで見ていたように彼女の話ができますね！ この小さな社交婦人がコルセットをつけ、若い生命を窒息させるために力の限りを尽してその紐を締めあげたというとき、ぼくは彼女にまさに苦々しい怒りを見ました。たしかに悲しいことです。翌日の新聞に魅力的なダールマン夫人として頭の先から足の先まで描写されると思いながら、主賓の妻としてその日の王者である彼に腕を取られて舞踏場へ入場する瞬間を、婚約期間中ずっと夢見て楽しんでいたのですから。悲しいことです。一匹の精子がすべてをぶち壊し、彼女を不恰好な肉のかたまりに変えてしまったのですから。

人間の虚栄と快楽追求がこれほど強いこと、ダンスの楽しみのために小さな殺人未遂にまで至るということは困ったことだと思いますか。文化を動かしているこの二つの強力な梃子《てこ》がもしなかったとしたら、きみはどうなるでしょうか。たちまち、きみは、虱《しらみ》だらけ、南京虫だらけとなり、間もなく指と歯で肉を喰いちぎり、かぶらを土から引っこ抜いて生《なま》でかじるでしょう。もう手を洗わなくなり、指や舌をハンカチ代わりに使うでしょう。自慰への嗜好——美的感覚や清潔さはその召使いです——にこそ世界はもとづいているというぼくの考えは、きみが思うほどばかげてはいないということを信じてください。

自分の子に対する母親の嫌悪は、ぼくにはよくわかります。現代女性にとって子どもが生まれてくるということは愉快なことではないこと、そのことを最近ぼくはまた体験しました。ぼくは街にいたのですが、ぼくの二〇歩ぐらい前をかなりお腹の大きい中流階級の女性が歩いていました。一二歳から一三歳ぐらいの二人の女生徒が向こうからやってきて、彼女をきつい眼でジロジロ見、すれ違いざま、背の高いほうの娘がもう一人に次のように言って、おてんば娘に特有のばかげたクスクス笑いをしました、「あれ見た？　あの大きなお腹。子どもを孕《はら》んでいるのよ」。もう一人の娘は答えました、「あらいやだ。けがらわしいこと、言わないでよ。そんなこと、知りたくないわ」。その女性はこの言葉を聞いたに違いありません。何か言おうとするかのように振り向きましたが、何も言わないで歩いてゆきました。二、三分後——通りは他に誰もいませんでした——、材木運搬車がやってきました。御者は彼女にニヤニヤ笑いかけ、叫びました、「見せびらかしてるんでしょう。旦那がまだあんたと寝てくれるということを」。彼女にとって、事は楽しくなかったことはたしかです。昔は、子沢山は讃えられたので、子どもの多い女性はその労苦に耐えることができたのですが、もうそんなことはありません。その逆で、女の子は子どもについての不安のなかで大きくなります。よく考えてみれば、ぼくたちの女子教育は、女の子を二つのこと——性病に罹《かか》ることと不義の子を産むこと――から守ることに主眼をおいており、この目的のために女の子に対して性器そのものを罪として、出産を大きな危険として示す以外になすすべを知りません。出産による死の可能性を世界大戦における戦死の可能性とおおまじめに比較する人たちがいます。これは重い良心の不安を抱えている時代のぼくたちの妄想表現の一つで、ますます深く偽善の罪に陥っています。その偽善は、生命を生み出す領域にかかわるものなので、時代はますます急速に破滅へと向かっています。

子どもを持ちたい女の子の願望は強烈なものですが、その強烈さに気づく人はわずかです。しかし、この願望は、婚姻関係と婚外関係とがまだ区別されず、不義の子に向けられたおとなたちの隠された中途半端なほのめかしが子ども一般に関係づけられる――たぶん、知性によってではなくとも、たしかに知性の背後にあるものによって――年齢にすでに芽生えます。しかし、こうしたことは改善の余地のあることで、実際、あちこちの民族があれこれの時代に改善しようとしております。しかし、人間の、女性の本質には子ども憎悪の底流があり、それは変えることができません。そもそも、子どもは女性から美しさの一部を奪います。妊娠中だけではありません。それ以後も、多くのものをぶち壊し、二度とふたたび取り返せません。顔の傷痕は相貌の美しさをいっそう目立たせるかもしれません。きみの妹さんは眼の上の興味深い傷について心の底では感謝していたのではないかと考えることができます。しかし、垂れさがった乳房や、しなびた肉体は醜いと見られます。子どもの多さを評価するためには、文化をそのことに合わせなければなりません。

子どもは辛抱、心配、労働をもたらし、また何よりもまず、人生を価値あらしめる多くのことの断念を求めます。母たることの歓びがこれらの苦労を償い得ることはわかっておりますが、しかし、そこにはまさに秤《はかり》の反対側にかかる錘《おもり》があり、このような事態を理解しようと思ったら、秤の一方の側が重くて底についており、他方の側は動かずに中空に浮いている秤ではなく、むしろ、日々の生活を計る手が荒々しい力で舞踏会への招待、ローマ旅行、楽しい友達を一方の側に投げ込み、その側がときどき沈むという、つねに揺れている秤を考えなければなりません。それは絶え間のない動揺であり、つねに新たに断念が繰り返されて、傷と痛みをもたらします。

それでも、これらの断念、辛抱、心配に対してあらかじめ心構えをし、対抗手段を取ることは可能でしょう。しかし、母親たちがはっきりとは認識しておらず、感じてはいるが公にはしない感情があり、毒を持ったその逆さ釘は、母たることの高貴さを少しも失わせないとしても、母親たちの心にますます深く喰い込みます。

分娩の現場にお連れしたことがありましたね。憶えていますか。ぼくは産科医ではありませんが、この女性がとくにぼくによって分娩することを望んだ特別の理由がありました。以前のときはそれ以上のことは説明しませんでしたが、今、追加して話しましょう。彼女は懐妊中ずっと、ぼくの診察を受けていました。はじめ嘔吐があり、そのあと、めまい、出血、痛み、足の腫れ、そのほか、このような時期にあるいろいろ驚くべきことがありました。その当時、ぼくに印象深かったのは、彼女が、足に障害がある子を産むのではないか、そして自分は死ぬのではないかという恐ろしい不安を持っていたことでした。彼女は五体満足な子を産みましたし、まだ生きていますし、それはきみも知っています。でも、子どもの足に何か起こるのではないかという観念に彼女はそれからも長く囚われていました。彼女は、もっともらしいことはもっともらしいのですが、最初の子どもが生まれて二、三週間後、左の膝の関節にわけのわからない粘液嚢《のう》の化膿が起こり、経過が思わしくなく、手術しなければならなくなり、膝の関節の使用にいくらか邪魔になる深い傷痕を残したことを、証拠としても持ち出しました。この化膿が、ぼくがこれからきみに話すこととかかわりがあるかどうかの判断は、きみに任さなければなりません。ぼくとしては、どのようにしてかは示せないにしても、母親が――もちろん、無意識的に――病気を招き寄せたと信じています。ぼくが話している女性は五人の子どもの長子でした。彼女はすぐ下の二人とはうまくいったのですが、四番目の子に関して、両親の生活事情が苦しかったため、彼女はときどきその世話をさせられました。そこで彼女は、その子にはじめから強い嫌悪を感じ、それはずっと変わらず、今でもあります。五番目の子が母のお腹のなかにいるとき、少女の性格は変わり、父親のほうにこれまで以上に傾き、母親に対しては反抗的になり、末の妹をいじめ、つまりは、まさしく悪餓鬼になりました。ある日、末の妹のお守りを命じられたとき、彼女は怒りを爆発させ、吼《ほ》えて地団駄を踏みました。母親に罰せられ、服従を強いられると、彼女はゆりかごの上にすわり、足で激しく揺り動かしました。そのため、子どもは泣きはじめ、それに対して彼女は叫びました、「呪われた老いぼれ魔女め！　老いぼれ魔女め！」。その一時間後、母親は突然床に就き、彼女に産婆を呼びにやらせました。そのとき、母親がひどく出血しているのを彼女は見ました。その夜、赤ちゃんは生まれましたが、母親は何ヵ月も寝ていなければならず、ふたたび元気にはなりませんでした。少女の心に、自分の呪いによって母親は病気になったのだから、自分に罪があるという考えが芽生え、今も生きつづけています。これは、よくあることですが、そして今の人物の運命、性格形成、病気素質、死の不安を決定するのに充分な重要な経験ですが、しかし、生まれてくる子どもの足に障害があるという不安を説明するにはそれだけでは足りません。地団駄を踏んだこと、妹を振り落そうとする半ば意識的な意図でゆりかごを意地悪く足蹴《あしげ》にしたことは、たしかに関係を示しています。しかし、それだけでは充分ではありません。罪の収支決算は別の面から強められました。ぼくにかかっていた産婦が育った村には、足が悪い知的障害者が住んでいて、太陽が出るとすぐ、両親の小屋の前に椅子を持ち出し、一八歳にもなっているのに三歳の子どものように石と小枝で遊んでいました。彼はそばに松葉杖をおいていましたが、人手を借りないではそれを使うことができず、ただ、彼を元気よくからかう村の子どもたちをおどかすだけのためにそれを持っているようでした。そのとき彼は、野卑なわけのわからない叫び声をあげるのでした。幼いフリーダ——ぼくが分娩に立ち会った女性の名前です——は、ほかの点では行儀のよい子どもの手本でしたが、いたずら心を起こしたときに、彼をからかう子どもたちに二、三度加わりました。ついにある日、母親がうしろからやってきて、ひどく彼女を叱りつけて言いました、「神様はすべてをごらんになっています。おまえは罰を受けるでしょう。いつか、同じように足に障害がある子を産むでしょう」。それから数日後、ぼくが話した事件が起こったのです。

今や関連がはっきりと見て取れます。母親の妊娠に対する腹立ちの根本気分には二つの好ましくない経験がはいり込んでいたのです。不幸な人をからかったことに対する神罰のおどしと、「呪われた老いぼれ魔女め！」と叫んだ結果として招いたと信じられた母の病気です。この二つは、信心深い者――フリーダは厳格なカトリック教徒として育てられました――にとって重い罪です。この二つのことは、心の奥底に沈潜し、彼女自身の妊娠が子どものときの経験との外面的な結びつきを示したときに、不安の形でふたたび現れたのです。この二つの出来事は足が役割を演じている点で共通しており、この付随条件が、よくあるように、罪の意識を取り込み、障害児出産の不安として前面に押し出したのです。他方、それと同時にある死の不安は抑圧されて深層にとどまり、一見、消えたかのように見えました。一見そう見えただけで、それから二、三年後、それは、ふたたび母を呪ったことと結びついて新たに癌の不安として現れてきました。しかし、それはここの問題とは関係ありません。

ぼくがなぜこの話をしたか、どこでそれは子どもに対する母親の憎しみとかかわりがあるかを、きみに理解してもらうためには、ぼくは、以前に言いましたが、たぶんきみの注意を逸れたと思われることをもう一度、言わねばなりません。フリーダは、母親の妊娠中、母親を避けただけでなく、目立つほど父親に近づき、それからもう何年もたつのですが、まだそのままです。これがエディプス・コンプレックスです。きみも聞いたことがあるでしょう。

しかし、確実を期すために、それを二つの言葉で明確にしておくほうがいいでしょう。それは、異性の親に対する子どもの、母親に対する息子、父親に対する娘の情熱と結びついた、同性の親に対する子どもの、父親に対する息子、母親に対する娘の死の願望であると理解されています。人間生活の不可避的な特色であるエディプス・コンプレックスについて、まだかかわらなければなりませんが、ここでは、母親と娘とはつねに例外なくライバルであり、そのため、たがいにライバルとしての憎しみをもっていることだけを述べておきます。「呪われた老いぼれ魔女」という表現は、単に家族が殖えることを言ったのではなく、それよりはるかに深い根拠があります。魔女は愛される者を魔法にかけます。童話ではそうですし、少女の無意識においてもそうです。魔女の概念はエディプス・コンプレックスに由来しており、魔女とは、本来は娘のものである父親を魔法にかけて横取りした母親のことです。いいかえれば、母親と魔女とは、童話を創作する人類の魂のエスにとっては同一の存在です。

おわかりのことと思いますが、ここに母親に対する子どもの驚くべき憎しみの一部が表れています。それと、部分的にでしかありませんがバランスを取っているのは、若くて美しい魔女、神をないがしろにする赤毛の魔女の存在です。このような存在が信じられるのは、火のように情熱的で、メンスが出はじめたばかりの（すなわち、赤毛の）娘を老いつつある母親が憎んでいるからです。このような存在を生み出すのですから、この憎しみは本当に強いに違いありません。フリーダの呪いのなかには、長年にわたる嫉妬の苦しみが圧縮されています。それは、母親に対する彼女の感情の一面を計る尺度です。この感情は母親の妊娠中に憤怒にまで高まりました。なぜなら、妊娠したからには、母親は父親の愛撫を受けたに違いないからです。これこそ娘が望んでいたものです。母親は不当にも魔法によって子どもを手に入れ、娘を欺いたのです。

ぼくがフリーダの話をしたのがなぜなのか、もうわかりましたか。彼女は典型的な例です。どの娘においても、母親の妊娠中は、嫉妬が燃えあがっています。それはいつも公然であるとはかぎりませんが、存在しています。外に表れるにせよ、深く隠されるにせよ、それは、「父母を敬うべし。さもなければ、おまえは命を失うであろう」という道徳的命令の力によってつねに抑えつけられ、抑圧されています。その抑圧は、あるときは強く、あるときは弱いですが、結果はいつも同じです。すなわち、罪悪感が生じてきます。

しかし、罪悪意識とは何でしょうか。罪悪意識は罰を、罪と同じ形の罰を求めます。フリーダは足の障害をからかいました。だから彼女は足に障害のある子を産むのです。彼女は母親を呪い、辱しめました。彼女自身の子どもが彼女に同じことをするでしょう。彼女は母親を憎みました。彼女が今、膝に抱いている子どもがそのしっぺ返しをするでしょう。彼女は父親の愛を母親から奪おうとしました。これから生まれてくる子どもが彼女に同じ運命を用意するでしょう。眼には眼を、歯には歯を。

自分の生活と幸福を子どもに脅かされていると感じたこのフリーダが、この子どもを必ずしも愛していないこと、子ども時代からずっと深層に横たわっている毒が日常の事件によって掻き立てられたとき、彼女が子どもを、若い魔女、花が咲き、未来が約束されている美しい魔女を憎んだこと、そのことを、きみは理解できないでしょうか。母親に対してすべての娘が持っている罪悪意識に強いられて、娘は自分自身の子どもを憎む能力をもたざるを得ないのです。そういうものなのです。

たぶん、きみはここでも、ぼくがゆき過ぎている、いつもの伝でたった一つの例から一般論を引き出していると思っているでしょう。違います。愛しい友よ。これはゆき過ぎではありません。不可避的に不安と嫌悪を強いる罪悪意識のもっとも深い根底を、ぼくはまだ名づけてはいませんが、最近、そのことに触れました。その根底とは、子どもは、生まれてくるとき、生まれてくるということそのことによって、母親の血を流すということです。誰かの血を流した者は、今度は自分の血を流させられます。子どもが生まれるのを待っている女性は、お腹のその子どもを恐れざるを得ません。なぜなら、子どもは復讐者だからです。復讐者をつねに愛することができるほどの善人はいません。

ぼくがこのことを長々と書いたのは、母親と子どものあらゆる関係のもつれ合いについて、きみに一つのイメージを持ってもらいたいからです。きみがそれを理解していないことを望みます。でなければ、きみにぼくはもっとも暗い面を見せていないのではないかと恐れなければなりませんから。しかし、徐々にぼくたちはわかり合えるようになるでしょう。それは、きみがすべてを拒否することによってであるかもしれません。この場合には、ぼくたちは少なくともしばらくは語り合うわけです。またあるいは、きみがぼくと同じようにすべての人間関係に注意深くなり、辛抱強く、すべての事柄には両面があるとの確信をもつようになることによってであるかもしれません。

フリーダの経験に戻って、まだ二、三のことを言ってもいいですか。すでに言いましたが、彼女は、すべての少女と同じように、母親の子どもを彼女自身のものとして欲しがりました。このときのことだけではありません。父親によって子どもをもうけたいというのは、不思議な道すじで女の一生を通じて無意識のなかに存在しつづける願望です。そして、この近親姦願望には、知的障害という言葉がくっついています。知的障害の子を産むのではないか、あるいは生まれた子が知的障害者になるのではないかとの観念にいつかあるとき襲われない女性は一人も見つからないでしょう。なぜなら、父親との性交は出来損ないの子をつくるという観念は現代人に深く根づいているからです。あの足が悪い男が知的障害者でもあったという事実がこれに加わり、当時の抑圧された感情がぼんやりと感じられていた近親姦の願望と不安によって毒を入れられたのです。

事態を全体的に展望するにはまだ何かが足りません。以前、性器のシンボリズムについて話したことがありますね。さて、女性器のもっともはっきりしたシンボルは、すでにGebärmutter（子宮）という言葉が示しているように、母親（Mutter）です。シンボルをつくるエス――すでに言ったように、エスはシンボルをつくる以外のことはできません――にとっては、女性器は産婦、母親なのです。フリーダは、母親を呪ったとき、同時にシンボルを、自分の性器を、子を産む自分の本質を、自分の女性性と母性を呪ったのです。

エスについて語るときは言いよどむしかないと言ったとき、ぼくは正しかったのではないでしょうか。ぼくはそう言わねばなりませんでした。繰り返しまた言わねばなりません。そう言わなければ、きみは結局、ぼくのことをばかだと思いつづけるでしょう。しかし、もしそうでも、そのばかさ加減のなかに少なくとも筋道があることは、きみにわかると思います。

心からきみに

パトリック・トロール

9

わが友よ、きみは間違っています。人生がこんがらがっているのは、ぼくがどうにかできることではありません。もしすべてをすっきりと理解したいのなら、教科書を手に取ることをもう一度おすすめします。そこでは物事がきれいに整理され、明快に説明されています。霧や暗闇はありません。あるいはもしあったとしても、立派な教科書は、「ここは暗闇である」との一言で片づけています。

学校の学問は絨緞《じゅうたん》の店のようなものです。そこには、あらゆる色の撚糸《より》、絹、羊毛、綿の糸玉が並べてあり、それぞれの糸玉は注意深く巻いてあります。糸の端をつかむと、すみやかに何の面倒もなく糸をほどくことができます。しかし、子どものとき、母親が縫ったり編んだりしているものにさわり、糸をもつれさせるとどういうことになったかが思い出されます。もつれ、からみ合い、こんがらがった糸をほぐすのは大変でした。多くの場合、唯一の残された道は鋏でした。鋏なら簡単にもつれたところを切ることができます。ところで、全世界はこのような糸のもつれに満ちていると考えてください。そこで、きみがそういうことを心に描くことができるほどの想像力をもっており、そして、すぐくたびれて「いや、そんなことは考えたくもない」とは言わないことを前提として、きみに仕事場に行ってみることをすすめます。そこには仕事場があって、研究熱心な人が仕事をしています。この仕事場は店の裏手にあり、店からは見えません。強制でもされなければ、誰もそのようなところへはゆかないでしょう。そこでは、一人一人が指のあいだに糸をもち、勤勉に糸を織っています。そこには争いと羨望、助け合いと絶望があり、終点に達した人はただの一人もいません。ただ、ときどき店から若旦那がやってきて、ご婦人――きみかもしれません――が何か小ぎれいなものを編みたがっているから、赤い絹とか黒い羊毛とかを出してくれと言います。すると、自分の仕事の見通しのなさに倦《う》み疲れて手を休めたある男が二、三メートルの糸を指差します。それは、彼が、もつれたかたまりから何年もかけ、苦労してやっと取り出したものです。店員が鋏をもってきて、きれいに揃った糸を切り取り、店先に戻りながら、それを驚くべきたくみさで巻きつけて糸玉にします。そして、きみがそれを買い、人間についてあることを学んだつもりになるわけです。そういうことです。

　さて、その製造所の売り場でぼくは働いています――ぼくは、ずっと一生もつれをほぐして過ごす辛抱強い人たちの一人ではありませんから、糸玉を売っています――。この製造所は照明が悪く、撚糸の撚り方もお粗末で、あちこちのところでもうほどけたり切れたりしています。ぼくはいつも短い糸しか与えられないので、それを結び合わさねばなりません。そこで、あちこちで自分で鋏を使わねばなりません。そして、売る段になると、糸がズタズタになっていたり、あるいは赤や黒、綿や絹が一緒に結び合わされていたりして、要するに、売り物になりません。ぼくはどうすることもできません。でも、おかしなことに、そんなものを買う人たちがいつだっているのです。明らかに子どもじみた人たちで、色とりどりで不規則なところが気に入るのです。そして、もっともおかしなことは、きみもそうした人たちの一人だということです。

さて、今日はどこからはじめましょうか。赤ちゃん、まだ母親のお腹のなかで眠っている赤ちゃんからはじめましょうか。ぼくがきみにお見せするのは、ファンタジーの羊毛だということを忘れないでください。まだ生まれていない子どもの生活で、ぼくにとってこれまでずっととくに注目に値することだったのは、ある一つの事実、すなわち、彼は自分ただ一人であり、自分のために世界があるだけでなく、自分自身、世界であるという事実です。もし彼が興味を持っていれば——彼が興味や理解力をもっていないと仮定する根拠はまったくありません。逆に、解剖学的、生理学的事実から、まだ生まれていない子どもでも思考していると仮定せざるを得ません。母親たちはお腹のなかの子どもについての知覚からこのことを確認しています——、もし、まだ生まれていない子どもが興味をもっていれば、本質的にその興味は自分自身に対する興味でしかあり得ません。彼は自分のことしか考えず、彼のすべての感情は自分の小宇宙に向けられています。はじめから身についたこの習慣、この強いられた習慣が人間の全生涯にわたって残るのは驚くべきことでしょうか。正直な人は、ぼくたちは何でもかんでもつねに自分自身に関係づけること、ぼくたちが何か他のもの、他の人のために生きていると思うのは多かれ少なかれ美しく見える錯誤であるということを知っています。そのようなことを、ぼくたちは決してしません。一瞬たりとも決してしません。自己犠牲、自己否定、隣人愛という、高貴ではありますが、悲しいかな、つくりものの偽りの感情を宣教する人たちが拠りどころにしているキリストはこのことを知っていました。なぜなら、最高の理想として、到達不可能な理想として、キリストは、「汝自身のごとく汝の隣人を愛せよ」という戒律を表明したからです。「汝自身以上に」ではなく、「汝自身を愛しているのと同様に」であることに留意してください。キリストは、この戒律はもう一つの戒律、「全身全霊を以って神を愛せよ」と同じものと呼んでいます。この戒律が、まったく別の意味において、神への愛を説く第二の戒律と似ている、ある程度は同一である（ぼくはそう思っています。このことについては、ぼくたちの考えをそのうちいつか語り合うことができるでしょう）、ということはないかどうかを問題にすることができます。いずれにせよ、キリストは、人間は自分をもっとも愛しているのであり、善人たちのおしゃべりはパリサイ的、偽善的であるとの確信を堅持していました。今日では、人間における自分自身へのこの衝動、母胎内の子どもの孤独なあり方に根を持っているこの衝動を心理学はナルシシズムと呼んでいます。ご存じのように、ナルキッソスは自分に惚れ込み、小川の水面に映った自分の鏡像に引き入れられて溺れ死にました。自己満足衝動のすばらしい詩的表現です。

人間の愛の能力の対象は、最初からもっぱら自分自身であるとぼくが主張したのを憶えているでしょう。出産前の時期に自然が人間に強いる、自分自身との九ヵ月の交流は、この目的に達する注目すべき手段です。

生まれる前の子どもの思考過程の内面に自分を置いてみようとしたことがありますか。自分をごく小さく、ごく小さくしなさい。きみがもといた子宮のなかへと這って帰りなさい。この提案は、きみが思っているほどばかげたことではありません。きみがぼくの要求を拒《しりぞ》けるときに見せた笑いは子どもじみていて親しげでした。それはこの考えがいかにきみになじみ深いかの証拠です。実際、ぼくたちは気づいていないのですが、ぼくたちの全生涯は母のもとへ戻りたい願望に導かれています。「きみのなかへ入りたい」という言葉はいかによく聞くことでしょう！　母胎内へふたたび戻ることができると仮定してみましょう。それは、美しい、あるいは暗い思いや経験に満ち、心配、苦労、仕事、快楽、危険がいっぱいの、いろいろなことがあった一日が過ぎてベッドに横たわり、だんだんと眠くなり、誰にも妨げられなくて安全だという快い感覚で眠りに入るときのような気分に違いないと思います。ただ、それよりは百倍も千倍も美しく、深く、静かな感覚でしょう。たぶん、感性豊かな人が失神について説明するときにあちこちで記述している感覚、あるいは、眠り入るかのように静かに死へと向かう友人にぼくたちが想定する感覚と似ているでしょう。

ベッドは母胎の、母そのもののシンボルであると、まだはっきりと言う必要がありますか。ぼくはさらに主張を進めます。人間のシンボル的思考と行動についてぼくが書いたことを憶えていますか。人間はシンボルの意志に委ねられており、運命の力が望むことをしなければならないということ、人間はシンボルが強いることを発明するのだということです。神に似たぼくたちの見せかけの姿を守るため、ぼくたちは、もちろんこの発明を意識的思考、天才の成果であると賞讃し、クモが発明したクモの巣という道具は、ぼくたちが魚を捕える網と少しも変わらず天才的だということ、鳥がつくる巣はぼくたちの建築物とくらべて遜色がないということをまったく忘れてしまいます。人間の知性を賞讃し、あらゆることの功績をそのおかげとするのは、まさに錯誤です。理解できる錯誤ですが……。というのは、それは人間の全能感にもとづいているからです。実際には、ぼくたちはエスの道具です。エスはエスの欲することをぼくたちを使ってやります。ぼくは人間がベッドを発明したのは母胎への憧れのはムダではありません。簡単に言えば、ぼくは人間がベッドを発明したのは母胎への憧れから逃れられないからだと思っているのです。快適に寝るために、同じように怠惰に身を任せるためにではなく、母親を愛しているからベッドを考え出したのです。人間の怠惰、ベッドにいる歓び、日が高く昇ってもまだ寝ていることは、母親への大きな愛の証拠であり、眠るのが好きな怠け者はもっともよい子であるように、ぼくには思われます。子どもは、母親を愛していればいるほど、母親から解放されるためにますます熱心に努力しなければならないということを考えるなら、きみは、その疲れることを知らぬ勤勉さがひどい怠惰と奇妙なコントラストを成しているビスマルクやフリードリヒ大王のような人たちが理解できるようになるでしょう。彼らの休む間もない活動は、彼らが子どものときから引きずっている愛の呪縛に対する反抗なのです。

この反抗は理解できます。子どもは、母胎のなかで幸福であったならあったほど、生まれてくる恐怖をそれだけ深く感じたに違いないし、自分が休んでいる子宮を心から愛していたに違いなく、また、この怠惰の楽園の恐怖は強かったに違いありません。子どもはこの楽園からもう一度追い出されるかもしれないのです。

最愛の友よ。ぼくとの文通をやめるよう真剣に忠告します。ぼくの言うことを聞いていたら、理性的な人たちの考えから遠く離れたところへ連れてゆかれ、そうなると、正しく健全なものの考え方を取り戻すのがむずかしくなるでしょう。歴史にくわしい多くの学者があらゆる面からビスマルクの精神生活を徹底的に研究し、彼は母親からたいしたものを得ていないという結論に達しました。彼は母親のことにほとんど触れていないし、触れているところでは、彼の言葉に恨みの響きがあります。そこからぼくは、母親は彼の人生の中心点であり、彼がもっとも愛した存在であったと主張します。ぼくがその証拠として挙げるのは次の事実だけです。つまり、彼はつねに休息を欲しがっていたのに無為の生活から逃げ出し、仕事を嫌っていたのにいつも仕事をし、眠るのが好きだったのにあまり眠らなかったという事実です。これは信じてもらうしかないことです。しかし、「ばかげている」という言葉を発する前に、ビスマルクの性格についてさらに二、三のことを取り出してみることをお許しください。まず、細心の観察者が言わなかったことのない奇妙な現象があります。彼は、あのようないい体格の男にはめずらしいことですが、カン高い声でしゃべりました。ぼくたちのような者にとっては、それはこういうことを意味します。この男のなかの何かが子どもに留まっていた、母親に向かう子どものように世界に向かっていた、と。この主張は、実際には子どものような神経をもっていた「鉄血」宰相の性格特徴によって容易に裏づけられます。

しかし、このようなカン高い声の持主について、「彼は子どもじみており、お母さんっ子である」と言うために、個人的な性格特徴は必要ありません。

もうずっと昔のことですが、ぼくたちが一緒に、ロメオを演じるヨゼフ・カインツを見ようとドイツ劇場へ行ったことを憶えていますか。恋愛シーンでの彼の声がキンキン高く、「愛」という言葉が奇妙に子どもじみた響きだったことに、ぼくたちはどれほど驚いたことでしょう。そのあと、ぼくはたびたびこのことを考えざるを得ませんでした。というのは、ほかの点では実に男らしい男なのに、愛という言葉を高く発音する人がたくさんいるからです。なぜでしょうか。その言葉によって、彼らのなかで、彼らが子どものときに母親に感じた最初のもっとも深い不朽の愛が目覚めるからです。彼らは、そう言うつもりはないのですが、そのことによって、「ぼくは、かつて母親を愛したようにきみを愛している、ぼくが与え得る愛のすべては母親への愛の残光です」と言うのだし、言わなければならないのです。母親というものをたやすく卒業できる人は一人もいないでしょう。母親が彼らを墓のなかでその腕に抱きかかえるまでは……。

まだほかの点でも、ビスマルクの「お母さんっ子」は姿を見せています。彼はヘビー・スモーカーでした。ぼくが喫煙を子どもらしさ、母親へのしがみつきの証拠だと言うと、なぜきみはすぐさまおかしいと思うのですか。喫煙が母親の乳房を吸うこととといかに似ているかということを一度も考えたことはないのですか。きみは眼があるのですが、見ていないのです。このような日常的な事柄を注意して見れば、タバコを喫う人がお母さんっ子であるということだけでなく、多くの秘密がきみに明らかになるでしょう。

ぼくには何の疑問もありません。このことについてはまだいくらでもしゃべることがあります。この強い人は、心の奥底では母親イマゴーに支配されています。きみは彼の『思索と回想』をすでに知っているでしょう。この現実家がある夢を語る必要があると考えたことに驚きを感じなかったですか。その夢というのは、行く手を塞いでいる岩を鞭で払い除けるという夢です。この夢そのものが興味深いというのではありません。夢のことを知っている者なら誰にでも、そこには近親姦願望、エディプス・コンプレックスが隠されていることは明らかだからです。ビスマルクがこの夢を語ったということ、このことが注目に値することなのです。墓場に近づいてもなお、彼は母親の支配のもとにあり、人生のこの秘密を自分の偉大な業績の物語のなかに挿入しなければならなかったのです。

わかりますか。愛する友よ。ちょっとその気になれば、どのような人の人生にも母親イマゴーの作用を見出すことができます。その気はぼくにあります。ぼくの考えていることが正しいかどうかは、きみの判断で決めてください。でも、正しいかどうかは、ぼくにはどうでもいいのです。ぼくは、きみの記憶にちょっとした法則を刻みつけたいのです。それは自分自身および他の人たちとの関係で役に立ちます。「誰かが何か（誰か）のことを悪く言うとき、彼はその物（その人）が好きなのである」という法則です。

人が何について悪く言っているか、何を軽蔑しているか、何に吐き気を催すかに注意しなさい。その悪口、軽蔑、吐き気、嫌悪の背後にはつねに例外なくまだ解決されていない重大な葛藤が隠されています。人間は憎んでいるものをかつては深く愛し、今も愛しており、軽蔑しているものをかつては賞讃し、今も賞讃しており、吐き気を感じているものをかつては貪欲に求めたと考えて、決して間違うことはありません。嘘を嫌悪している者は間違いなく自分自身に対する嘘つきであり、汚れに吐き気を催す者にとって汚れは魅惑的な危険であり、ある人を軽蔑している者は彼を賞讃し、羨ましがっているのです。女性──男性も──が蛇を恐れるのは深い意味のあることで、世界を、女性を支配している蛇がいるからです。言いかえれば、抑圧されたコンプレックスがたむろしている心の深層は、どういうことに抵抗するかに姿を見せるのです。エスのことにかかわる者は、二つのこと、転移と抵抗に注意を払わなければなりません。病人を診ようとする者は、外科医であろうと、産科医であろうと、何でも屋の開業医であろうと、病人の転移を利用し、抵抗を克服することができるかぎりにおいてしか病人を助けることはできないのです。

きみがこの法則にもとづいて、きみの変わらぬ忠実な友をどう判断しようと、有罪の判決をくだそうと、文句はありません。

パトリック・トロール

10

愛する友よ。ご忠告、ありがとう。足をしっかりと大地に着けるよう努力します。ただし、今日のことではありません。きみに話さなければならないことがあります。楽しく一人で過ごしているとき、ときどき奇妙な内容の白昼夢がぼくを襲ってきます。ぼくは空想します。ぼくは敵に追っかけられ、切り立った岩壁の上に聳《そび》えています。切株にルーズに巻きついて、長いロープが深淵のほうへ垂れさがっています。ぼくはロープにつかまって滑り落ち、前後に、つまり岩壁に近づいたり離れたりして、体を揺らし、ますます大きく揺れるようにします。深淵の上を、ぼくは前へ後へ、前へ後へと、圧し潰されないように注意深く両足で体を岩壁から突き離します。この揺れには魅惑的な刺激があり、ぼくの空想は長々とそれを引き延ばします。しかしついに、ぼくは目標に達します。自然にできた穴がぼくの前にあります。それは誰の眼からも隠されているのですが、ぼくにだけは見えます。大きなゆったりしたひと揺れで、ぼくはその穴のなかに跳び込み、助かります。敵は高い岩の上から目が眩《くら》むような深淵を見おろし、ぼくが下で砕けて死んでいると確信して帰ってゆきます。

　ぼくはしばしば思うのですが、きみは、もしこの空想の歓びがいかに甘美かを知ったとしたら、ぼくを羨ましがるに違いありません。この空想を解釈してみましょうか。ぼくだけがはいることのできるこの穴は母親の体です。ぼくを追いかけ、ぼくが深淵で砕けていると誤信して憎しみを満足させた敵とは父親です。母親の主人だと思っているが、決して踏み込まれたことのない、踏み込むことのできない彼女のふところの王国を知らない、彼女の夫です。とどのつまり、この白昼夢は、ぼくが子どものとき、「大きくなったら誰と結婚するの？」と聞かれて、いつも答えていたこと以外のことは何も言っていないのです。ぼくが母親以外の誰かと結婚するなんて、想像すらできませんでした。ぼくの存在のこのもっとも深い願望が抑えつけられて、一見それとわからないシンボリックな空想に形を変えたのは、ひとえに学生時代の慰めなき孤独のおかげです。ただ、揺れの筆舌に尽しがたい至福感がその願望の情熱を依然として伝えています。そして、母親と別れて過ごさねばならなかった一二歳から一七歳までの歳月について、ぼくが、ほとんど何も思い出さないという事実は、ぼくのなかでどのような闘いが起こっていたかを示しています。母親からのこのような解放は独特な事柄であって、運命はぼくに恵み深く作用したと言うことができます。

　今日、このことが今一度明らかになりました。ぼくはある男と激烈な争いになりました。彼はぼくに診てもらいたがったのですが、ぼくを見るとたちまち不安に駆られて震え、ほとんど一言も発することができないのでした。彼は彼の父親とぼくとを同一視してしまい、ぼくが診察をはじめようとしても、ぼくがどこかに大きなメスを隠し持っていて、彼を引っ捕え、彼の男のしるしを切り取ろうとしているという意見を変えない——あるいはむしろ、彼のエスが意見を変えない——のでした。これはすべて、とっくに死んでいる彼の母親を熱烈に愛しているからでした。この男のなかには、母親を愛人にしたい、彼女の肉体を所有したいという狂暴な願望が、かつて——長年のあいだ、またはただ一時的に——生きていたし、たぶん今もまだ生きています。この願望、近親姦の情熱から、父に復讐され、すべてを破滅させるメスの刃によって好色な男根を切り取られるという不安が生まれてきたのです。

病人が医者のなかに自分の父親を見ることは説明可能です。父親または母親に対する感情の医者への転移は、あらゆる治療において起こってきます。それによって治療がどの程度成功するかが決定され、病人がその感情生活を父親に向けているか母親に向けているかによって、彼が強い医者を好むかやさしい医者を好むかが左右されます。ぼくたち医者はこの事実を意識にとどめておくとよいでしょう。なぜなら、ぼくたちの成功の四分の三——それ以上ではないにしても——は、ぼくたちが患者の両親と何らかの点で似ているという幸運にもとづいているからです。そして、ぼくたちの不成功の大部分もまた、このような転移に起因します。このことは、ぼくたちの虚栄心が感じる不愉快さをある程度慰めてくれるでしょう。本当の医者は転移であるという認識が慰めを用意してくれます。「おのれの功績と価値はいっさいなしに」というルターの言葉を、自分自身と平和に暮したい者は心に刻みつけておくべきです。

ぼくの患者がぼくに父親を求めるのは何ら不思議ではありません。しかし、母親イマゴーに縛りつけられている彼が父親的な医者を選んだのは驚くべきことで、彼は自分でもわからないで母親にと同じく父親にもしがみついているとの結論が許されます。このことは結果についてよい見通しを与えるでしょう。あるいは、彼のエスがぼくへと駆り立てたのは、何回も何回もかくも多くの教師および医者における治癒の失敗を通じて、父親は憐れむべき劣等な代物であることを証明したいからです。それならもちろん、ぼくが彼を治す希望はほとんどありません。彼にこのことを説明し、母親的な医者を求めさせたほうがいいでしょう。だけど、ぼくは根っからのオプティミストですから、彼は、不安にもかかわらず、心の奥底ではぼくの優位を真剣に信じており、治療にいくらか面倒を持ち込むとしても、ぼくの優位を好んでいるのだと考えています。このような悪ふざけをやる病人はめずらしくありません。とは言っても、事態は曖昧で、病人をまさにぼくのところへ赴かせたものが何であったかを知るのは、治療がおわるときでしかありません。

ぼくは、ぼくに敵対する人の隠された気持ちを、それがそこにある時点で明るみに出す一つの方法を知っています。きみはかわいい愛すべき女性で、不愉快にならずにそういうことを利用できるユーモアをもっているので、きみにそれを打ち明けましょう。その心を知りたいと思っている人の侮辱の言葉を聞き出してごらんなさい。予期していたように、彼が「ガチョウ」と答えたら、それをきみのことだとみなし、腹を立てることなく、彼にきみがおしゃべり〔schnattern「ガチョウがガアガア鳴く」という意味と「人間がべらべらしゃべる」

という意味がある——訳注〕し過ぎていることを確認していいでしょう。しかし、焼きガチョウはおいしいので、それは侮辱であると同じくお世辞であるかもしれないことを忘れないでください。

ところで、ぼくは適当な機会にぼくの患者の侮辱の言葉をたずねました。予期していた通りに、「牡牛（Ochse）」という言葉がすぐ出てきました。それで疑問が解けました。この若い患者はぼくをばか、とんまと見ているのです。でもそれは、移り変わってゆく——と希望するのですが——一時の感情かもしれません。この言葉がぼくの興味を惹いたのは、別の点においてです。暗闇のただなかに突然きらめく光のように、それは、一瞬、病気の暗闇を照らしました。牡牛は去勢されています。礼儀正しい医者にふさわしく、ぼくを宦官に引きずりおろす悪意のこもった嘲笑を聞き逃すとすれば、「牡牛」という言葉にぼくの患者の不安の新しい説明が見出されます。それは、ぼくをきわめて重要な問題の一般的に妥当する解決へと近づけました。その問題とは、ぼくたちが奇妙なドイツ医学用語で「去勢コンプレックス」と呼んでいるものです。もしこの去勢コンプレックスを、その細部において、また全体として把握したとすれば、ぼくは「全知博士」と名乗り、ぼくの金庫に流れ込んでくる何百万かのうちの百万ぐらいは気前よくきみに送ってあげましょう。「牡牛（Ochse）」という言葉は、つまり、ぼくの患者は父親を去勢しようとする、Stier（去勢されていない牡牛）から Ochse（去勢された牡牛）をつくろうとする願望と意図をかつて持ったことがあること、そして、彼はこの放埒な願望のゆえに、「眼には眼を、歯には歯を、男根には男根を」の掟に従って、自分の性器について気に病んでいることを明らかにしたのです。何が彼をこの願望を持つようにさせたのでしょうか。

愛する友よ。きみはすばやく手元にある答えを出します。ぼくはきみの決然たるすばやさを羨ましく思います。きみは言います、「この人は母親を愛人にしたい欲望に支配されていて、他の人――父親――が彼女を所有していることに耐えられず、エディプスがライオスを殺したように父親を殺すか、または去勢して無害なハーレムの奴隷にしなければならない」と。残念ながら、人生におけるものごとはそう単純ではなく、ここできみは、忍耐力を身につけて長い説明を聞かなければなりません。

ぼくの患者は両性的な傾向のある人で、彼の感情は女性に対すると同じく男性に対しても向けられています。彼は、ぼくのお得意の医学用語を使いますと、同性愛的であると同時に異性愛的でもあります。ご存じのように、このような両性性は子どもにおいては一般的です。ぼくの個人的知識をつけ加えますと、おとなにおける両性的傾向は子どもじみたエスの持続を示しており、これは注目に値することです。ぼくの患者の場合は、彼がどちらの性に対しても男または女としての感情を持つことができ、したがって、さまざまな情熱の可能性を持っているということによって、事態はなおさら複雑になっています。ということは、彼が父親を去勢したいのは父親を愛人にしたいからでしかないかもしれないし、父親に性器を切り取られるという彼の不安は父親の女になりたいという抑圧された願望であるかもしれないわけです。

しかし、人間は男性器を切り取ると男から女になるとぼくが言うとき、その意味をきみはまったく理解できないのですね。そのことを、ぼくはすっかり忘れていました。ぼくと一緒に子供部屋にきてください。三歳のグレータが丸裸で洗濯物入れの上にすわり、子守が晩の体洗いのためにお湯を持ってくるのを待っています。彼女の前にハンス少年が立っていて開かれた股を好奇心に満ちた眼つきで見ています。彼は妹の裂けて赤い割れ目に軽くさわり、「切られたの？」と聞きます。「違うわ。ずっとこうだったの」。

引用するのがそれほど嫌いではないとすれば――ぼくの家庭では、母親も兄たちも彼らが憐れな末っ子のぼくよりうまく引用できると言ってぼくとぼくの虚栄心を千回も傷つけました。それに、ぼくが間違った引用をしてひどい恥さらしをみずから招くということもないではなかったのです――、それがぼくにはそうばかげたことと思えないとすれば、ぼくは子どもの遊びの深い意味についてこれから話したいところです。しかし、その代わりに、この切断の話が何を意味するかを冷静にお話ししましょう。ある時期――それがいつのことであったか、ほとんどの人が思い出せないということは注目に値することです――に、そして、さらに注目に値するのは、考えたり書いたりするとき、ぼくの文章がこのようにたびたび途切れることです。そういうわけで、これらのことに立ち入るのはぼくにとっていかにむずかしいか、きみにわかるでしょう。そのことから、ぼくの個人的な去勢コンプレックスについて結論を引き出すのは、きみにお任せします。

とにかく、ある時期に幼い子どもは男女の違いに気づきます。自分、父親そして兄たちには何かがくっついているのが見えます。それは見ていても弄んでも特別なおもしろさがあります。母親と姉たちには、その代わりに穴があり、傷に似た赤い肉が見え隠れしています。そのことから彼は、幼い脳で考えてぼんやりと不明確に、一部の人間は持って生まれた小さな尻尾を取り除かれ、引きちぎられ、中にはめ込まれ、圧し潰され、あるいは切り取られ、それで女の子や女性が存在するのだ、それは神様が子どもをつくるために彼女たちを必要としたからだ、という結論に達します。そしてまたある時期に、この聞いたことのない事柄に対する奇妙なとまどいのなかで、小さな尻尾は切り取られるのだ、なぜならママはときどき、小壺のなかに薄黄色のオシッコではなく赤い血を流すではないか、と自分なりに決着をつけます。ときどき、オシッコ製造器、水が噴出する小さなコックはパパによって夜な夜な切り取られているのだ、というわけです。それ以来、幼い男の子は女性に対する一種の軽蔑、自分の男性性に対する不安、ママの穴、さらにはほかの女の子たちの傷口を自分の小さなコックでふさぎ、彼女たちと一緒に寝たいという同情的な憧れをもつようになるのです。

愛する友よ。ぼくはこれで人生についての永遠に謎に満ちた疑問への答えを見出したと己惚れてはいません。ベールはかかっており、ぼくはそのほんの片隅をまくってみようとしているに過ぎません。その向う側に見えるのは暗闇です。でも、それは少なくとも一つの試みです。またぼくは、男の子がこのような幼児期の性理論——その学問的表現に驚かないでください——を明確に考えているとも思っておりません。そうではなく、彼がまさにそれを明確に考えていないからこそ、あえて明確に考え抜こうとしないからこそ、五分後には別の理論を立て、またふたたびそれを捨てるからこそ、要するに、そのことを意識にとどめておかず、無意識の深層に沈めるからこそ、まさにそれゆえに、この理論は計り知れないほどの大きな影響力を彼に及ぼすのです。なぜなら、ぼくたちの生と本質は単にぼくたちの意識の内容によってではなく、はるかに大きくぼくたちの無意識の内容によって形づくられるからです。両者のあいだ、意識領域と無意識領域とのあいだには篩《ふるい》があって、意識の上には粗いものだけがとどまり、生のモルタルのための砂はエスの深層に落ち、上部には籾殻《もみがら》だけがとどまり、下部に、無意識の下部に生のパンのための小麦粉が集められるのです。

心からの挨拶とすべての善きことを

パトリック・トロール

11

最高の友よ。きみに手紙を書くのは楽しい。ぼくが去勢の話をすると、ほかの人たちは気分を害し、ぼくを罵り、ぼくが人類の罪と呪いの責任者であるかのようにふるまいます。しかしきみは、ただちに創世記との類比を引き出します。きみにとっては、エヴァがつくられた肋骨は男性器です。きみは正しい。ぼくは喜んでいます。

いくつかのこまかい点をさらに指摘してよろしいですか。まず、肋骨は固く硬直していま す。だから、女がつくられたのは単なるペニスからではなく、固くなった、骨っぽい、怒張し勃起した情欲の男根からです。人間の心にとって肉欲は悪い、罰すべきものです。肉欲は去勢によって罰せられます。肉欲が男から女をつくるのです。

ぼくの生徒よ。しばらく読むのをやめて、ちょっとばかり次のことについて夢想に耽ってください。もっとも強い衝動、飼い馴らすことはできず、意志によってただ抑圧されるだけで、決して消滅させ得ない衝動が罪と感じられているということ、勃起のような不可避の自然現象が恥と汚辱に包まれているということ、こうしたことは、人間の性とその発達にとってどのような意味を持っていたのか、また持っているのか。抑圧から、あれやこれやを抑圧しようとする強迫から、ぼくたちが住んでいる世界はできあがったのです。

少し手を貸してよろしいでしょうか。抑圧されるものはその場から追い払われるのです。浪費は下押さえつけられ、ほかの形に変えられ、シンボルの形を取ってふたたび現れます。性行為は舞踏、メロディー、痢に、吝嗇《りんしょく》は便秘に、産みたい欲望は身体痛に変えられます。性行為は舞踏、メロディー、演劇に変えられ、あるいは万人の眼前で、天に突き出す男性的な塔と円天井の神秘的な子宮のある教会として建てられ、あるいは機関車の付属車輛、道路舗装工のリズミカルな地固め作業、樵夫《きこり》が斧を振るリズムになります。声の響きに、抑揚の高低に、言葉の音声の美しさに耳を傾けなさい。いかにそれはひそやかに快さをもたらし、静かに気づかれることなくすべてを刺激することでしょう。きみの心の奥底に耳を傾けなさい。それでもなおきみは、すべての善きことは愛の天国に波打っている人間の肉体のシンボルであることをあえて否定するのでしょうか！　そしてすべての悪しきこともそうなのです！　しかし、去勢の呪いに脅かされている勃起、この上方への努力の抑圧から何が生まれてくるでしょうか。天に向かって、人間は背伸びし、頭を上げ、自分の足で立ち、高く聳え、探究する眼を世界の上にさまよわせ、思考する脳ですべて存在するものを包み込み、成長し、大きくなり、立ちつづけるのです！　愛する人よ。ちょっと考えてみてください。抑圧とシンボルによって人間は人間になり、支配者になったのです。これはすばらしいことではないでしょうか。そして、なぜぼくたちの耳には、悪い（schlecht）ことと性（Geschlecht）は似た響きをもつのでしょうか。

エスの本質とひそかな思考を前にしては、人は恐れるか、茫然として驚嘆するか、あるいは笑うかしかできません。この三つの感情を組み合わせることが肝要です。これらを調和させることができる人はみんなに愛されます。そういう人は愛するに値するからです。

しかし、どうして人間は、勃起の事実を罪と感じるのでしょうか、どうして「きみは女になる。きみの体に穴が掘られる」とぼんやりと感じるのでしょうか。ぼくたちのような者は人間の心について多くのことを知っており、その一部を語ることができます。しかし、その多くはいささかなりと明確に思考されるまでには決して至りません。でもぼくがきみに言えることが二つあります。その一つは、ぼくたちが一緒に体験したことで、その当時ぼくたちを明るく楽しい気持ちにさせたことです。

美しい日でした。太陽は暖かく、森は緑、鳥たちはさえずり、菩提樹の周りで蜂がぶんぶんうなっていました。世界の新鮮さに満たされて、ぼくたちはきみの子どもたちのところへやってきました。それはちょうど、小さな男の子を寝かせる時間でした。ぼくは彼にたずねました、「大きくなったら、誰と結婚するの？」。彼は腕をきみの首に巻きつけ、キスして、言いました、「ママ、ママだけ」。それ以前にもそれ以後にも、ぼくはこのような口調で語られた愛の告白を聞いたことがありません。そして、きみの眼はたちまち、完全な献身の至福を示す感激の涙に溢れました。すべての男の子がそうなのです。彼らは母親を愛しているのです。それは、子どもらしい無垢の純粋な愛ではなく、激しく情熱的な官能性に貫かれた全面的に淫蕩《いんとう》な愛です。というのも、子どもの感情や欲望とくらべて、おとなの官能性はどこが違うというのでしょうか。この灼熱の愛は、母と子の長年にわたる共通の肉体的快楽にもとづいているのですが、法と道徳の影響のもとに、母親の顔に浮かぶ罪の意識、母親の嘘と偽善に光を奪われて、罪悪感と不安に変質します。欲望の背後には、男の子からその武器を切り取ろうとするメスが光っているのです。エディプスです。

兄妹、姉弟の結婚を許す民族はいます。成長した娘が結婚して夫に触れられる前に父親に体を捧げる風習のある民族もいます。しかし、世界のはじめから、そして世界のつづくかぎり、息子が母親と寝ることを許されたことは決してありません。母親姦は、母親殺しより悪い、もっとも重い犯罪、罪のなかの罪、罪そのものです。なぜなのでしょうか。友よ、答えてください。たぶん、このことについては男よりも女のほうがたくさん言うことがあるでしょう。

一つの答えはこうです。勃起はすべて母親への欲望であり、したがって、転移の法則にもとづき、例外なくすべての勃起には去勢不安が伴う、と。きみはきみが罪を犯したその個所で罰せられるでしょう。女は、乳房と下腹部で罪を犯したので乳癌、子宮癌。男は、傷口をいじり、よからぬことを考えたので、傷、血、狂気。そして、すべての男は去勢の幽霊によって罰せられるわけです。

もう一つの答えは経験のなかにあります。勃起のあとには必ず萎縮があります。これは去勢ではないでしょうか。この萎縮は自然な去勢であり、不安の象徴的な源泉です。

好色によって身を滅ぼすということを、人びとがいつも話題にするのは注目に値することではないでしょうか。自然は萎縮というシンボリックな警告によって、あらゆる蕩尽《とうじん》に対する、越えがたい柵を設けたのでしょうか。あるいは、こういう話題は、エディプス・コンプレックス、またはオナニーの幽霊、または人間の心がもつその他の奇妙さから出てくるのでしょうか。あるいは、それはたぶん、羨望ではないでしょうか。不能者、もてない男の羨望、すべての父親が息子に、母親が娘に、年上の者が年下の者にもつ羨望ではないでしょうか。

横道に逸れ過ぎましたが、アダムの肋骨からエヴァがつくられたことについてなお話ししたいと思います。どうか留意してください。アダムはもともと一人だったのです。もし、アダムがのちに女に与えるよりもたくさん柔らかい肉を持っており、その柔らかい肉から固い肋骨ができたとすれば、勃起を呼び起こしたい欲望は自分自身への惚れ込み、己惚れに見合っており、ナルシスティックであるに違いありません。アダムは自分自身で快楽と満足を感じ、自分自身において肉を肋骨に変えたのです。女の創造、肋骨の切断から女の傷口が生じたのです。この去勢は、結局、オナニーに対する罰です。しかし、オナニー行為のあとには必ず無条件的に象徴的な去勢、萎縮がつづくのですから、男が、オナニーは罰に値するという観念をはじめて持ったとき、自分自身を恐れさせるために去勢以外の罰をどのようにして選べばよかったのでしょうか。

これまでのところ、事態は一応明らかです。しかし、なぜ人間はオナニーに罪を見るのかという問題が残っています。少なくとも、答えの半分は容易に見つかります。小さな男の子、乳児を考えてみてください。まずはじめ、彼は自分自身を知り、さわれるものは何でもさわり、耳、鼻、手の指、足の指など、自分にあるものすべてを弄ばなければなりません。彼が、自分自身を知り、弄ぶとき、もって生まれた道徳に従って小さなお腹の下にぶらさがっている小さなふさを除外するでしょうか。そんなはずはありません。しかし、彼がそれを弄ぶと、何が起こるでしょうか。耳、鼻、口、手の指、足の指を摘《つま》んで引っ張ることは、それを見て喜んだ母親にはげまされ、求められ、あらゆる仕方で是認されます。しかし、子どもが例のふさを弄ぶやいなや、大きな手——その手は神話を創る人間の力によって神の手に変えられます——がやってきて、子どもの小さな手を払いのけます。たぶん、いや確実に、この大きな手の持主、つまり母親の顔には真剣で不安に囚われ、罪を意識した表情が浮かんでいるでしょう。つねにこの同じ行為に際して、ただこの行為のときのみに、神の手に妨げられて、子どもの驚きはいかに深く、その印象はいかに恐ろしいことでしょう。こういうことはすべて、子どもがまだ話せない時期、話された言葉を一語も理解できない時期に起こるのです。それは、話すこと、歩くこと、噛むことよりも深く、太陽と月の像、丸いものと角のあるもの、父と母の像より深く心の奥底に刻みつけられます。性器を弄んではいけませんと。同時に、すべての快感は悪であるという観念がそれにつけ加えられます。そしてたぶん、経験も加えられます。性器を弄ぶと、きみは何かを失います、と。必然的にさらに別の観念がつづきます。手だけでなく、小さな尻尾も失います、と。ぼくたちは子どもについて何も知りません。彼がどの程度人格感情をもっているか、手や足が自分のものであるという感情をもって生まれてくるのか、それともあとから獲得しなければならないのか、知りません。彼はそもそものはじめから、自分であるという感覚、周囲の世界から切り離されているという感覚をもっているのでしょうか。ぼくたちは知りません。ぼくたちの知っているのは、ただ、あとになってはじめて、三歳になってはじめて、子どもが「ぼく（わたし）」という言葉を使うということだけです。子どもは元来は、自分自身をしばらくのあいだ他人、別の誰かと見ていると仮定するのは大胆過ぎるでしょうか。というのは、あの幼いハンスは「ぼくは飲みます」ではなく、「ハンスは飲みます」と言うからです。ぼくたち人間は愚かな連中で、そのような質問をあえて提出しようとしません。それはただ、ぼくたちの両親があれこれ質問するのを禁止したからです。

創世記には難点がまだ一つあります。それを手短に説明したいと思います。ぼくたち二人は、肋骨からのエヴァの出現を去勢による、女への男の変化と解釈しています。しかしそれでは、ぼくたちの合理的思考によりますと、アダムのままでいる者とエヴァになる者との二人のアダムが必要だということになります。しかし、これは愚かな合理主義的反論でしかありません。伝説が一人の人物から二人の人物をつくったり、二人の人物から一人の人物をつくったりすることで行き詰まったことがいつあったでしょうか。演劇の本質は劇作家が自分を二人に、いや二〇人に分割することにあります。夢も同じことをします。すべての人間は同じことをしています。人間は周囲の世界のなかで彼自身であるところのもののみを真実と見なし、彼自身を絶えず、ものごとのなかに投影します。それが人生ですし、そうならざるを得ないのです。エスがぼくたちをそのように強いるのです。

ごめんなさい。きみはこのような哲学的思弁は好きではありませんでした。たぶん、きみが正しいでしょう。いわゆる事実の領域に戻りましょう！

主なる神は、人間が一人でいるのはよくない、助力者を与えましょう、と言い、ある存在をつくりました。その存在は、男が突き出ているところが引っ込んでおり、男が平らなところで二つの乳房が盛りあがっています。それが彼女が助力者たることの本質的な点です。子どもが考えることも同じことです。生まれるためには、アダムから肋骨を取ってエヴァができる必要がある、と。民衆の心と子どもの心とのこのような一致は注目に値することではないでしょうか。もしきみにその気があるのなら、ぼくたち自身で、さまざまな民族の童話、神話、建築様式、技術製品を探究してみようではありませんか。たぶん、ぼくたちはあらゆる種類の幼児的なものをそこに見出すでしょう。それは価値のないことではないでしょう。それによってぼくたちは、小さな子どもに対して寛大になるでしょう。子どもについて、キリストは「天国は彼らのものである」と言いました。そしてたぶん、ぼくたちは長いあいだ見失っていた驚く心と、子どもへの崇拝をふたたび見出すでしょう。とにかくそれは、ぼくたちのマルサス的世紀にあっては意義ある何かになるでしょう。

しかし、助力者という言葉に注意してください。男がそのあらゆる本性と志向において変わるなんてことはあり得ません。男は、去勢にもかかわらず、同じです。以前のままです。自分自身を中心とし、自分自身を愛し、自分自身の快楽を追求し、発見する存在です。ただ、そのことで彼を助ける人、彼が彼自身の肉体以外のどこかに彼の快楽の一部を位置づけることを可能にする人が現れたのです。自分自身との性交を求める衝動は残っており、ペニスは消失しておらず、彼はそこにいます。アダムは変わっていません。彼は以前と同じように、自分自身で快楽を手に入れようとする強迫のもとにあります。これは奇妙なことです。

どのように？　賢者も愚者も言っていること、つまり、オナニーは性行為の代用であり、対象の欠如から生じるということ、男の欲望が手近に女がいないために自分の手を借りたのだということ、そういうことはあり得ないのではないでしょうか。これはすべて偽りではないでしょうか。事実を見てください。小さい子ども、新生児は自慰を追い求めます。伸び盛りの思春期の青年もまた自慰をします。そして、考えるのも変ですが、老人も老女もまた新たに自慰をやります。児童期と老年期とのあいだに、オナニーはしばしば消失し、他の人との性交が現れます。もしや、性交こそオナニーの代用ではないでしょうか。実際、聖書が語っているように、性交は助力者でしかないというのは本当でしょうか。

最高の友よ。そうなのです。自慰は、恋愛と結婚にもかかわらず、恋愛と結婚のかたわらにずっと静かに存在しつづけるのです。自慰は決しておわらず、つねにそこにあり、死ぬまでつづきます。きみ自身のことを思い出してみてください。数多くの日、数多くの夜、夫との愛の戯れ、きみの空想生活のなかにその証拠が見つかるでしょう。その証拠が見つかれば、きみの眼は、自慰へのつながり、寄りかかりを、はっきりとにせよぼんやりとにせよ示す無数の現象に対して開かれるでしょう。そしてきみは、オナニーを善きものの創造者と感じないまでも、将来それを不自然な悪徳と呼ぶのを差し控えるでしょう。オナニーを善きもののの創造者と感じることができるようになるためには、かつてきみの快楽の遊びを中断させた神の手、母の手に打ち克《か》たねば、内面的に打ち克たねばなりません。しかし、そのようなことは誰にもできません。

心から

パトリック・トロール

12

愛する友よ。きみのなかにどのような悪魔が棲んでいるのか、理解できません。ついこの前、きみは明るく楽しそうに、人間における去勢の観念はますます明白であるとの確信を書いてきて、そして、今日は反対論を書いてきました。しかし、なぜぼくは驚くのでしょうか。これらのことは、すべての人間においては、深い暗闇に抑圧されています。ずっと誇り高かったし、今も誇り高いきみにおいては、なおさらそうでしょう。去勢観念の重荷は男においてよりも女においていっそう重いでしょう。男においては、自分はとにかく男であり、男たること、主人たることの王笏《おうしゃく》を体につけているということで、去勢の重荷はある程度埋め合わせられます。男は願望と不安をもっていますが、不安に感じている当の男根をまだもっていることを自分の眼で確かめることができます。しかし、女の子は自分の欠けているところを見て、独り言を言います。「わたしはすでに去勢されたのだ。わたしの希望は、傷がふさがり、そこから、主人たる肉体の新しい先端が生えてくることにしかないのだ」と。きみが成し遂げたように、この希望を断念し、劣等感と和解し、さらにこの感情を女たることへの誠実な認識、女たることへの誇りと愛に変えることは、はげしい闘いを必要とします。そして、そのあと抑圧されるのです。すべては深く沈められ、埋められなければなりません。埋められた塊がちょっとでも揺れ動けば、男たちは知り得ない転覆が起きます。そういうことはよく見られますし、きみ自身、生理のたびに感じるでしょう。毎月の出血は、女のカインの烙印であり、去勢コンプレックスを掻き立て、無意識の泥沼のなかから、抑圧された毒素を立ち昇らせ、その他の多くのことと一緒になって人間の清冽な素朴さを穢すのです。ヨーロッパ人がPeriode〔元来は「周期」を意味する――訳註〕、Menstruation（「月のもの」）、Regel（「規則」）という言葉でただちに出血を思い浮かべるのは、注目に値することではないでしょうか。一般的に言えば、血に対するこのような狭い興味すら、粗野な思考にとっては、汚れ、悪臭、秘められた恥辱、苦痛、子づくりと結びついているのです。しかしそれでもなお、人生の価値の世界はこのリズミカルな興奮の現象にもとづいているのです。

ここが重要な点です。女性の興奮、情欲、性的快感は、出血のあいだ、高度に高まり、獣のように――獣が人間より劣っているわけではないですが――、この時期には何らかの仕方で男を誘惑します。出血のときの性交は、最高に熱烈で最高に幸福です。もし道徳の禁止がなかったら、それ以上でしょう。それが本当であることは、奇妙な事実が証明しています。強姦事件の四分の三以上は生理のときに起こっているのです。出血している女性の何かが、もはや犯罪を前にして尻込みしない狂暴さに男を駆り立てるのです。エヴァはアダムを誘惑します。そうであるし、そうであったし、これからもずっとそうでしょう。エヴァがアダムを誘惑するのは、彼女が出血し、さかりがついているからであり、彼女自身求めているからです。母親たちは娘たちに、生理は子どもをつくるためにあるのだと説明します。それは奇妙な間違いであり、不吉な欺瞞です。エロスの現象を生殖本能に還元しようとするのは、ぼくたちの世紀の大いなる愚行です。花開くすべてのリンゴの樹、すべての花、すべての人間の営為が神なる自然の目的についてのこの狭い解釈を覆します。女の子がもって生まれた二万個の受胎可能な卵子のうち、彼女が年頃になったときには、二、三百個しか残っていませんし、そのなかで、高く見積っても一ダースしか受胎しません。男性の数百万、数千万の精子のうち、無数の群れが女性の子宮に達することすらなく死にます。人びとはたあいのないことをたくさんしゃべり散らしています。ぼくもまたそうした人びとの一人に入れていいでしょう。

あるコンプレックスから別のコンプレックスへと走るもつれた糸、へんてこなつながりが見えないですか。愛情生活の中心には、血があり、血の快楽があります。人間の生活と思考のなかを覗き込んだとき、どうしたらいいでしょうか。笑うべきでしょうか。軽蔑すべきでしょうか。罵るべきでしょうか。たぶん、おのれの愚かさを意識にとどめ、収税吏になり、「神よ、罪人のわれを許し給え」と祈るほうがいいでしょう。しかし、まだ言いたいことがあります。残酷さが倒錯的であるというのは嘘です。毎年、キリスト教は聖金曜日を祝います。喜びの日です。人間が苦しむ神をつくったのは、苦しみが天国への道であると感じていたからであり、人間の感性にとって、苦しみ、血の苦しみは神々しいからです。きみの唇は傷つくまでキスされたことがないですか。きみの肌は口で激しく吸われて血の痣《あざ》ができたことがないですか。きみは抱きしめてくる腕を咬んだことはないですか。体を圧迫されて気持ちがよくなかったですか。きみは、子どもをぶってはいけないというばかなことを言います。ああ、最愛の友よ。子どもはぶたれたがっているのです。ぶたれることに憧れているのです。ぼくの父が言ったように、殴られることを渇望しているのです。幾百もの策略を用いて罰を招き寄せようとするのです。母親は子どもを腕に抱えてやさしくたたきます。すると子どもはほほえみます。母親は子どもを盥《たらい》で洗ってやり、さっきまで汚れていたばら色の小さなお尻にキスし、最後の楽しみとして、手足をばたばたさせる子どもをぴしゃりとたたきます。たたかれて子どもは歓びの叫びをあげます。

きみは恋人と喧嘩したことがないですか。何のためにそうしたか、それでどうなったかを考えてごらんなさい。あっちでチクリと刺し、こっちで傷つける言葉を吐き、ますますとげとげしくなり、いらいらして、そして、冷笑、立腹、憤怒。男にわざわざ鎧を着けさせて、きみは何がしたかったのですか。彼は、実際にしたように、頭に帽子をかぶり、手にステッキをもち、ドアをパタンと閉めるべきだったでしょうか。いや、そうではありません。彼は、きみの肉体の部屋へと至るドアを開け、彼の小さな息子をそこに入れ、それに子宮の帽子をかぶらせ、きみの処女の肉体の花環と王冠でそれを飾るべきだったのです。自然は彼にステッキをくっつけており、彼はそのステッキをきみのために使い、きみをぶち、残酷に愛すべきだったのです。あらゆる言語において、鞭は男のしるしです。残酷さは愛とわかちがたく結びついており、赤い血は赤の愛のもっとも深い魅力です。

生理がなければ、女への愛はありません。少なくとも、女は男の助力者としてつくられたという言葉を真実のものとするような愛はありません。ここが問題の核心です。きみは驚き怒るでしょうが、人生のすべてではないにしても多くは愛から生まれます。エヴァが子どもを産むためでなく、アダムに伴侶として与えられたという事実によってぼくは、聖書を知らない連中のわめきに対して少なくとも一矢報いることができます。事態はぼくにはこのように見えます。つまりぼくは、女の生理、とくにまた出血は、男に対する誘惑手段であると考えているのです。これは、ぼくがあちこちで行なった観察と一致します。長いあいだ夫と別れて暮していた妻の多くは、再会の日に生理になります。彼女たちは、空間的別離がたぶん、疎遠さをもたらしたのだと考えます。それを克服するために、彼女たちのエスが、夫を彼女たちの腕のなかへ引き寄せる愛の飲物の魔法を用意したのです。

ご存じのように、ぼくはものごとをさかさまに見るのが好きです。ここでは、そうやってうまくいったと思います。しかし、公正を期すために、この奇妙な方法を用いるときのエスのさらに別の二つの意図をきみに明かしたいと思います。きみはそれにあまり反対しないでしょう。女性は、生理だと妊娠していません。エスは出血によって夫に、彼の妻の貞潔の声高な雄弁な証拠を示すわけです。エスは語ります、「見てください。子どもができれば、あなたの子どもです。あなたがきたとき、血が出たのですから」。さて、もしぼくに悪意があって、男たちをけしかけたがっているとすれば——しかし、この手紙はきみの眼にしかふれませんから、ぼくはぼくのささやかな悪意を、夫の不信を招くことなく伝えることができます——、無罪の強調はつねに疑わしく、その背後に罪の認識を隠しています。実際、このようなケースを追跡調査すると、赤い血によって覆い隠さねばならなかった不実が見出されました。もちろん、ほかの男と実際に寝たというのではありません。そのようなことは、かつて経験した記憶はありません。しかし、頭の中の不実、なかば抑圧された罪、それは二重に深く作用します。なぜなら、それは、行為になる手前で心の泥沼にはまり込んだままになるからです。最愛の友よ。このような考察からどのような秘密の戯れが出てくるか、きみは決して信じないでしょう。人生は独特のコントラストを引き出します。人生はまさに巧みに、同じ言葉で無罪を宣言し、罪を告白することを知っています。

エスの第二の意図もまったく同じです。それについてはすでに話しましたが、二重の戯れをやるわけです。「男を誘惑しなさい」とエスは女に語りかけます。「あなたの肉体の血で男を誘惑しなさい」。女はこの声に耳を傾けますが、躊躇してたずねます、「もし失敗したら？」。エスは「おやまあ」と言ってちょっと笑います。「そのときは、あなたはあなたの虚栄心のための最高の言い訳ができるわけです。どうして男は不潔な女にさわることができようか、と」。実際、何千年来禁止されていることを、どうして男が望むでしょうか。そういうわけで、嵐のような愛撫を受ければ、道徳によって禁止されているにもかかわらず、そうしてもらえたのだから二重にすばらしいことであり、愛撫されなければ、道徳によって禁止されているのだから、仕方がないと思うことができます。

エスは、このような逃げ道を用意しておいてから事を図り、それでうまくゆくわけです。たとえば、キスされたがっている、愛する口に、エスは醜い湿疹を生じさせます。それでもキスされれば非常に仕合わせだし、キスしてもらえなくても、それは愛されていないからではなく、湿疹が嫌われただけですから。思春期の男の子が額に小さな膿疱をつけるのも、舞踏会に行く女の子が裸の肩や乳房の上部に吹出物を出すのも——これは、ついでにそこに眼を引きつけることができるからでもあります——、愛人のほうに差し出したとき、手が冷たくなり、湿ってくるのも、キスしてもらいたい口に嫌な匂いがするのも、病的分泌物が性器から出てくるのも、女が突然不機嫌になり、憎たらしくなるのも、男がぎこちなくなり、子どものように狼狽するのも、すべて同じことに理由の一つがあります。

ここで、ぼくはあの大きな謎のごく近くにきているわけです。生理が快楽への要求であるとしたら、なぜ、人類の風習——ぼくの知るかぎり、民族、時代を問わず——はまさに出血のあいだの性交を禁止するのでしょうか。

ぼくが手紙のなかで禁止について語るのはすでに三回目です。一回目はオナニーの禁止、次は母親との性交の禁止、今回は生理のあいだの性交の禁止です。自己愛、産んだ者とその者によって生まれた者との愛、そして、性交そのものという強い衝動に対して厚い障壁が設けられているとしたら、そのことが及ぼす影響を予想することができます。実際、これらの三つの禁止から生じる結果の及ぶ範囲は到底計り知れません。お許しが得られるなら、このことについてちょっと戯れてみます。

まず、もっとも古い、もっとも早くからの禁止、オナニーの禁止があります。いったん味わった快楽は新たな快楽を求めます。自己快楽の道が塞がれると、衝動は全力を挙げて似たような快楽に突進します。それは、他者の手、母親の手による快楽で、体を洗ってもらったり、お風呂に入れてもらったり、オシッコをさせてもらったり、そのほかどんなことに際しても、必要性と、母性愛というすべてを許す神聖な愛とを根拠として許されます。母親とのエロス的な結びつきは、オナニーの禁止によって強まり、母親への情熱が高まります。母親への情熱が高まれば高まるほど、この純粋に肉体的な性愛に対する抵抗もまた強くなり、ついにこの抵抗は、母親との近親姦への明確な禁止となって頂点に達します。新たな出口が探し求められ、母親（Mutter）＝子宮（Gebärmutter）のシンボル方程式にもとづいて、誰か女性との結合への渇望となります。その結合に適する時期は、子宮の発情期、生理のときです。しかし、まさにこのときに、欲望とその満足とのあいだに「ダメ」が介入してきます。この「ダメ」は、多くの文化においてと同じく、ヘブライ文化においても、掟の力をもっています。明らかに、神なる自然は、必要に応じてあれこれの形を取るこのような禁止を利用します。たとえば、ぼくたちの時代では、生理中の性交を禁止する代わりに、一定の年代、情熱がもっとも高まる思春期において、刑法によってオナニー以外のあらゆる性行為を追放するという形が選ばれています。たぶん、このような禁止がもたらす結果を考察するのは、きみにとって楽しいことでしょう。

はっきりしていることが一つあります。禁止はたしかに欲望を抑圧し、その方向から逸らせることはできますが、なくすことはできません。欲望に他の方法での満足を求めるよう強いるだけです。欲望は他の方法での満足を幾百もの仕方で、きみが考え得るあらゆる生活活動に見出します。煙突や蒸気船の発明、鋤や鍬の使用、詩作と思索、神や自然への愛、犯罪と英雄的行為、善行と悪業、宗教と瀆神《とくしん》、テーブルクロスを汚すことやコップを割ること、心臓の動悸や発汗、渇きと飢え、疲労と元気、モルヒネ中毒や禁酒、姦通と貞潔の誓い、歩くこと、立つこと、寝ること、苦しみと歓び、幸福と不満。そして最後に、ぼくが医者であることが前面に出てきますが、抑圧された欲望は病気に表れます。器質的であろうが機能的であろうが、肺炎と呼ばれようが鬱病と呼ばれようが、あらゆる種類の病気に表れます。しかし、これは長い章です。今日さらにつづけるにはあまりにも長過ぎる章です。

しかし、小さな釣針を投げますから、きみが食いついてきてくれることを望みます。生理中の女と性交したい男の欲望から何が起こってくるでしょうか。男を興奮させるのは血です。男にもともとある残酷衝動が燃えあがります。男は武器を発明し、手術を考案し、戦争をやり、大量の牛を殺し、山に登り、海を渡り、北極やチベットの奥地を探険し、猟をし、釣をし、子どもを殴り、妻をどなりつけます。女の欲望はどうなるのでしょうか。女は股のあいだにナプキンを括りつけ、清潔さという一般に認められている口実のもとに無意識的オナニーをやります。そして、処女であれば、女は用心のために一日早くナプキンをつけ、同じく用心のために一日長くナプキンをそのままにしておきます。それで満足できないと、出血をより長くつづけさせたり、より頻繁に起こるようにしたりします。自己愛の衝動はより自由な道を見出し、女の欲望を通じてぼくたちの文化の基盤を築きます。清潔さ、そしてそこから、水道設備、浴場、運河、衛生、石鹼、そしてさらに、精神的清潔さ、精神的高貴さの尊重、向上をめざす人間の内的調和。一方、血の崇拝者である男は、世界の秘密の内臓にわけ入り、休むことなく人生に働きかけています。

人生には奇妙なコースがいろいろあります。それは、ときどき、循環コースのように見えます。しかし、結局のところ、ぼくたち死すべき人間には一つのことが残されています。驚くことです。

心からの友より

パトリック・トロール

13

愛する友よ。学術用語と定義をあきらめてくれて、ありがとう。そのようなものがなくても困らないし、少なくともぼくが恥をかく心配はなくなります。というのは、内奥の秘密を打ち明けると、ぼくは、他人がつくったものであろうと自分がつくったものであろうと、定義というものをしばしば理解できないからです。

定義の代わりに、きみの望みに従って、生理中の性交の禁止が及ぼす影響についてもっと語りたいと思います。運命がぼくを医者にしてしまったので、語ることは医学的なことにならざるを得ません。一世紀頃から、非常に男性的であった神話の天使シンボルが女性的なものに変えられて以来、女性に高貴な魂を付与することが流行となっています。女性の高貴な魂はすべてのエロス的なものへの嫌悪に表れ、それを汚いと感じ、とくに、女性の「不潔な」時期——生理はそのなかに入れられています——を恥ずべき秘密扱いにするというわけです。この狂気——なぜなら、あたかも自然が、妊娠の重荷を負う人類の半分に対して、他の半分に対するより少ない欲望しか与えないほど愚かであるかのように見なし、女性の官能性を認めない考え方を、狂気と呼ばないで、他にどう呼べばいいでしょうか——はあまりにも広く蔓延しており、きみも高く評価している教科書がおおまじめに冷感症の女性の存在を語り、時代の風習に強要された女たちの偽善にもとづいているに過ぎない冷感症女性の統計を公表し、そのため、学問のことはよく知らない女性はますます嘘と欺瞞にはまり込んでいます。若い淑女と呼ばれているあの哀れな存在は考えます、「なぜわたしは、お母さんがしつこく望み、お父さんがわかり切っていることと見なし、愛する人がわたしの清らかさを崇拝してくれるのだから、あたかも頭と足とのあいだには何もないかのようにふるまってはいけないのでしょうか」と。彼女は押しつけられた役割を巧妙に演じ、教え込まれたことがあたかも自然なことであるかのように生きようと努力します。ただ、第四週目の混乱だけには勝てません。彼女は助けを必要とします。いわば、仮面を固定するための紐を必要とします。その助けを彼女は、病気に、まずは腰痛に見出します。腰の前後運動は性交のときの女性の運動です。腰痛がこの運動を妨げ、欲情の禁止を強めます。

愛する友よ。このようなちょっとした所見でぼくが何らかの問題を解決するつもりであるなんて思わないでください。ぼくはただ、きみがしばしば理解していないように思われること、すなわち、なぜぼくが病人に関していつも繰り返し彼が病気になった目的をたずねるかということをきみに理解してもらいたいだけです。病気に目的があるかどうかは知りません。そんなことはどうでもいいことです。しかし、このように問題を立てると、病人のエスを何らかの仕方で刺激し、まれならず症状の消失に役立つことがわかるのです。その手続きはかなり粗雑で、もしきみが望むなら不手際だと言ってもいいほどで、ぼく自身、学者先生なら誰でもつまらないと無視することはわかっています。しかし、きみは質問しました。だからぼくは答えます。

ぼくは治療の途中の適当な時期に、病人に次のことを指摘することにしています。すなわち、人間の精子と卵子からはつねに犬や猫でなく人間ができること、その胚珠のなかには鼻や指や脳をつくることができる力が埋め込まれていること、このような驚異的なことをやるこの力は頭痛や下痢や咽喉炎をもつくり出すことができること、したがって、ぼくはこの力が肺炎や痛風や癌をもつくり出すことができると見なしても大胆過ぎるとは思わないこと、などです。ぼくは病人に対して、この力はそういうことを実際に遂行し、好きなように人間を特定の目的のために病気にし、好きなように病気の個所、時期、種類を特定の目的のために選ぶとあえて主張するまでに至っています。ぼくが主張していることをぼく自身が信じているかどうかを、ぼくは全然気にしていません。ただ単に主張しているだけです。そこでぼくは病人にたずねます、「きみは何のために鼻を持っているのですか」と。彼は答えます、「嗅ぐためです」。ぼくはつづけます、「きみのエスはきみが何かを嗅がないようにするためにきみに鼻かぜを与えたのだ。きみが嗅いではいけないものを探しなさい」。しばしば病人は、自分が避けたがっている匂いを実際に発見します。そして——きみは信じなくてもいいですが、ぼくは信じています——彼がそれを発見すると、鼻かぜは消失します。

生理のときの腰痛は女性がよりたやすく自分の欲情に抵抗できるようにする、とぼくは主張しています。しかしだからと言って、そのような痛みがこの目的にしか役立たないと言ってはいけません。このKreuz（腰、十字）という言葉にはキリスト教の神秘が含まれており、この仙骨（os sacrum）、この聖なる骨〔os sacrumを字句通りドイツ語に訳せば、heilige Knochen聖なる骨となる――訳注〕には母親の問題が隠されていることを忘れないでください。このことやその他のことについて、ここでは書きません。むしろ、少しばかり先に進みたいと思います。ときには腰痛だけで充分でなく、そのときには警告として、下腹部の繰り返される痛みや痙攣がつけ加わります。それでも充分でないと、エスは思考を停止させるために頭痛、偏頭痛、吐き気、嘔吐に訴えます。つまり、奇妙なシンボルに取り囲まれるわけです。吐き気、嘔吐、頭が割れるような感じは、病的な形の出産のイメージです。

すべてがこのように多様なのですから、明快な説明は不可能だということがおわかりでしょう。しかし、一つのことは言うことができます。人間の内的葛藤がひどければひどいほど、その葛藤を象徴的に表現している病気は重く、そして逆に、病気が重ければ重いほど、欲望とその欲望に対する抵抗ははげしいのです。このことは、生理の病気だけでなく、すべての病気に妥当します。軽い形の不健康では、葛藤を解消し、または抑圧するのに充分でないと、エスはより重い病気、人を家に釘づけにする発熱、人をベッドに押し込め、欲望を強く刺激する知覚の範囲を狭める肺炎や骨折、すべての印象を締め出す失神、慢性病、麻痺、癌、ゆっくりと力を奪ってゆく肺結核、そして最後に死に訴えます。死を望む者、人生が耐えがたい者のみが死ぬのですから。

さっき言ったことを繰り返していいですか。病気には目的があります。病気は葛藤を解決し、抑圧し、または抑圧されたものが意識化されるのを防止しなければなりません。病気は禁止への違反を罰しなければなりません。まさにそうなので、病気の種類、個所、時期から罰すべき罪の種類、個所、時期に遡ることができるほどです。腕を骨折した者は、腕で罪を犯したか犯そうとした、たぶん殺そうとしたか、盗もうとしたか、オナニーをしようとしたかです。盲目になった者は、もはや見たくないのであり、眼で罪を犯したか犯そうとしたかです。声が嗄《か》れた者は秘密を抱えており、それを声高く言いたくないのです。しかしまた、病気はシンボル、内的過程の表現、エスが口で言えないことを告げる演劇でもあります。言いかえれば、病気は、すべての病気は、神経的と呼ばれようと器質的と呼ばれようと、そして死もまた、ピアノを演奏することや、マッチの火をつけることや、両足を組むことと同じく意味のあることなのです。それらのことは、言語で可能な以上に、意識生活のすべてで可能な以上に、はっきりと徹底的にエスの何かを言い表しているのです。Tat tvam asi（私は私であるところのものである）。

そして、エスはどれほど奇妙にふざけることでしょう！　さっきぼくは、肺結核(Schwindsucht)、消滅（Schwinden）への傾向（Sucht）のことに触れました。欲望は消滅すべきだ、呼吸に象徴される、エロスの前へ後へ入れたり出したりしたい欲望は消滅すべきだというわけです。そして、欲望と一緒に、妊娠と出産のシンボルを表している肺も消滅、男根のシンボルである肉体も消滅すべきです。なぜなら、病気になると欲望が強くなるからです。痰を吐くという精液浪費のシンボルをいつも繰り返して罪がますます深くなるからです。消滅への傾向は意識へはいってこようとするこれらのシンボルの抑圧からつねに新たに生じてくるからです。エスが肺の病気によって美しい眼と歯、この魅力的な毒をつくり出すからです。そして、エスの残酷な死の遊びは、誤謬にもとづいているだけに、なおさらへんてこです。というのは、Sucht（病気、病的執着）は、siech（病気の）に関係があるのであって、Sehnsucht（憧れ）とは何の関係もないからです。しかし、エスは語源については何も知らないかのようにふるまい、素朴なギリシア人のように単語の響きにこだわり、病気を生じさせ、持続させるためにそれを利用するのです。医学界の有名な人たちがあまり利口でなく、より鈍重な考え方をし、より子どものように推論したとしても、全然ばかげたことではありません。そのほうが、肺結核療養所や相談所を建てるよりましでしょう。

癌についてもきみは明確なことを聞く耳をもっていると考えるのは、正しいでしょうか。ぼくたちは、解剖学、生理学、細菌学、統計学の見解を熱心に仰いできたおかげで、徐々に進歩し、何を癌と呼ぶべきで何を呼ぶべきでないかがもはや誰にもわからなくなりました。その結果、癌という言葉は、梅毒という言葉と同じく、毎日何千回となく印刷され、語られています。人間が幽霊物語よりも聞きたいものがあるでしょうか。幽霊はもはや信じられないので、多くの学問にもかかわらず、あるいはそれゆえにいまだに定義できないこの二つの名称は、連想の近さによって身の毛もよだつグロテスクな印象をつくり出し、身の毛もよだつ幽霊の後釜になっています。今やエスの生活のなかにある現象が起きます。すなわち、不安です。この不安は、記憶の彼方にある時期に由来しているので、この二つの言葉に取り憑き、高い知性に悪ふざけを仕掛け、知性の愚かさに向けて不安の出現を説明してみせます。オナニー不安も勘定に入れるなら、もつれ合った大量の不安があることになります。人生の半分は不安です。

しかし、ぼくはきみにぼくの癌観を説明したかったのですが、怒りのために横道に逸れてしまったことに気づいています。きみの隣人か友達のところへ行って、癌のことを話題にしてごらんなさい——彼女たちは飛びついてくるでしょう。なぜなら、すべての女性と同じように癌不安をもっていますから——、そして、癌（Krebs＝蟹）という言葉の響きから何が心に浮かんでくるかをたずねてごらんなさい。彼女たちはただちに「蟹（Krebs）は後に歩く」と答え、少しためらったのちに「蟹（Krebs）には鋏がある」と答えるでしょう。もしきみが、ぼくと同じように、学問の神秘のベールを無遠慮に引き剝がしたとすれば、きみはそこから「癌（Krebs）不安を醸成している表面的なコンプレックスは何か後退運動と関係があり、より深いところには、切断するという観念とつながっている何かがある」と結論するでしょう。このことは容易に説明できます。癌を患った人は体力と生きる勇気の点で後退するし、医者は「初期段階」の癌を見ると切断するからです。しかし、この問題にもっと深く立ち入るなら、きみは、後退運動が、早い時期に抑圧されて無意識のなかで作用しつづけている子ども時代の観察と強迫的に結びついていることを知るでしょう。少女という小さな天使は、人びとが思いたがっているような無垢な存在では決してなく、高潔な人びとが主張するような純真な存在では決してありません。これは、純真さと無垢のシンボルとされている鳩——ギリシア人は愛の女神のお伴にしていましたが——の場合とまったく同じです。この小さな天使は、雄犬と雌犬、雄鶏と雌鶏の奇妙な運動を観察します。そして、ばかではありませんから、女教師と母親の愚かなふるまいから、ここに性愛の秘密があるのだと結論し、そのことを彼女にとってもっと重大な、両親の寝室の秘密と結びつけます。

この小さな天使は考えます。この動物たちがしていることをパパとママは、わたしがベッドの変な震動を感じているとき、二人が一緒に汽車ポッポ遊びをしているのを聞いていると き、やっているのだ、と。言いかえれば、子どもはうしろで性交が行なわれているという観念に達し、この観念を深層に沈め、そしてその観念は後に歩くことと癌（Krebs＝蟹）との連想回路を通って不安としてふたたび浮かびあがってくるのです。しかし、ほとんど言う必要もないことですが、鋏は、直接間接に、去勢——元来は男と考えられていた女が、ペニスを切断され、両脚のあいだにときどき出血する穴をあけられ、女らしい女に変わること——へと導きます。この観念もまた、人生の最初の経験の一つとして臍の緒を切断されたことにもとづいています。

癌について唱えられたすべての理論のうち、時の流れのなかで一つだけがぼくに残りました。すなわち、癌は一定の諸現象を経て死に至るという理論です。それは、死に至らないものは癌ではないという意味です。そのことからきみに、ぼくが癌を治す新しい方法に何の希望も持っていないと思われてもかまいません。しかし、いわゆる癌と呼ばれている多くのケースについて、一度でもいいから人間のエスを問題にしてみる価値はあります。
いつまでもきみのもの

パトリック・トロール

14

愛する友よ。きみはエディプス・コンプレックスが人生を支配していることを正しく理解しました。しかし、このことについてもっと聞きたいというきみの望みをどのようにして叶えてあげればいいか、よくわかりません。エディプスが罪なく父を殴り殺し、母と近親姦を行なって禍《わざわい》の子を産んだという神話そのものは、きみはよく知っていますし、どの神話の本にもすぐ見つかります。この神話の内容——母親に対する息子の激しい情欲と、父親に対する殺人的憎悪——は典型的であって、あらゆる時代のあらゆる人間に当てはまるということ、この神話には人間存在の深い秘密が半ば隠され半ば現れているということ、それはすでに述べました。これをきみ自身の人生、あるいはぼくの、またはほかの誰かの人生にどう当てはめるかは、きみがやるべきことです。ぼくにできることはせいぜい、二、三の物語を語ることで、きみがそこから何かを読み取ってください。しかし、短気にならないでください。無意識の生命の謎は解きがたく、ご存じのように、ぼくは少々の間違いを犯しても気にしません。

二〇年以上前——当時、ぼくはまだ若い医者で、向う見ずにも自分には何も欠けていないという固い確信をもっていました——、ある男の子がぼくのところに連れてこられました。この子は、皮膚硬化症という、めずらしい皮膚の病気に罹っていました。病気が腹、胸、腕、脚の大部分に拡がったため、彼は権威によって、もはや助からないと匙を投げられました。ぼくは、シュヴェニンガーから学んだ基本原則にもとづいて、意気揚々と治療に取りかかり、ほぼ一年後、病気は小康状態にはいり、ぼくは、自分を神に比し、ぼくの——あえて言いますが——多大の努力によって快癒に至ったと見なしても強引ではないと思いました。何を快癒と呼ぶかに関して、ぼくたち医者は、ぼくたち自身の成果の判断が問題になるときは、鷹揚なのです。まだ望むべきことはたくさんありました。治療処置が残した傷痕は、きみがほとんど想像できないほど大きかったし、肘《ひじ》の関節は収縮していて、腕を充分に伸ばすことができなかったし、片方の脚はステッキのように細かったし、また、心臓は興奮しやすく、ときどき狂ったように早鐘を打ち、不安状態に陥り、ほとんど絶え間のない頭痛と一連の神経症的な苦悶を除去できませんでした。それでも、その男の子は生命を保ち、ギムナジウムを修了し、何年かのあいだ陸軍士官をつとめ、それから、研究職に移りました。ときどき彼は、二、三週間ぼくのもとに現れ、元気を回復してゆくのでした。そのあいだ彼は、多くの障害のためにあれこれの医者に診てもらったのですが、最終的に、その名を聞けばきみもぼくも尊敬の念を起こすある有名なベルリンの医者のもとにとどまりました。二、三年、ぼくは彼の噂を聞かなかったのですが、そのとき戦争が起こり、彼はふたたび、ぼくのところに姿を見せました。

今度は病像は奇妙に見えました。戦争が勃発して間もなく、D氏――彼の名をそう呼んでおきます――はひどい悪寒と、四〇度にもなる熱に襲われました。それはしばらくつづきましたが、そもそも何がどうなっているのか、わかりませんでした。ついに、事態が明らかになるように思われました。体温は、朝、三六度以下になり、夕方頃、三九―四〇度にあがるのでした。マラリアではないかと、血が検査されました。一回、六回、二四回。マラリア原虫は発見されませんでした。念のため投与したキニーネと砒素《ひそ》は効果がありませんでした。そのあいだ、結核の検査もしましたが、何も出ませんでした。彼は何年か前、梅毒と診断されて「抗梅毒」(antiluetisch)――何という美しい響きでしょう――の治療を受けたことがありますが、梅毒の診断がふたたび取りあげられました。有名な「ワッセルマン」――それが何かはよくご存じでしょう――の結果は疑わしく、結局、新しいことは何もわかりませんでした。突然、熱がさがり、まったくだめになっていた身体は回復しはじめ、軍服は手入れされ、すべてうまくゆくように思われました。D氏は外出するようになり、彼がいないと困ると言っていた勤め先のお役所に、志願兵としての従軍を許可してくれるよう嘆願書を書きました。彼は許可を得ると、その同じ日に熱と喉の痛みに襲われました。呼ばれた医者たちは彼の口の中を見て、扁桃腺、ノドチンコ、咽喉壁に膿腫を発見しました。熱はさがりましたが、膿腫はさらに四方八方に拡がり、疑わしい発疹が現れ、いくつかの腺はつき合いのないことに腫れあがっていました。彼らは昔治ったとされている梅毒の再発だと確定しました。彼らを責めることはできません。ワッセルマン反応はもちろん陰性で、ずっとそうでしたが、しかし——要するに、サルヴァルサンと水銀が投与されました。結果は絶望的でした。よくなるどころか、新たに不可解な熱が出てき、ときとして完全な意識喪失を伴い、患者はますます衰弱し、ついに、最後の力をふりしぼって、ぼくのところへ運ばれてきました。

当時ぼくは、器質的疾患がエスに依存していることに関して今ほど確信がなかったし、その上、ぼくの無意識の何らかの悪意のために誤った方向へと導かれて、一五年間もの長いあいだぼくが一定の方向で扱ってきた者を別の方向で扱えば、彼の信頼を失うと思ってしまったのです。つまり、ぼくはこれまで通りに局部の熱湯浴、マッサージ、注意深いダイエットなどを施行しました。だからと言って、心理的な面をおろそかにしたわけではありませんが、その面での試みは権威的な暗示によって病人を助けようという以前の方向だけにとどまりました。まずぼくは、完全な確信を以って、そしていかなる反対も許さない断乎とした態度で、梅毒の問題ではあり得ないと説明し、次に病人の苦しみは戦場へ行きたいという彼の願望と関係があると指摘しました。彼はしばらくのあいだこの見方に抵抗しましたが、ほどなく、そうかもしれないと認め、ここ何ヵ月かのあいだのいくつかのこまかいことをぼくに話しました。それはぼくの見方を裏づけました。

病状はよくなっていっているように見え、D氏は、力をつけ、近隣を歩き回りはじめ、軍務に志願したいとまたもや言いました。この点で彼は真剣でした。彼は古い軍人の家柄の出で、彼自身、情熱に燃えた士官だったわけです。ある日、ふたたび熱が出てき、以前と同じように、朝はさがって夕方に急激にあがるようになり、明らかに梅毒の特徴を示す目立った症状がそれと同時にまた新たに現れました。膿腫が肘にでき、それが治ると、下腿にでき、次は首にでき、またふたたび肘と下腿にでき、ついにはペニスにできました。そのあいだに、ばら疹のようなできものも吹き出してきて、要するに、いろいろなものが現れて、やはり梅毒ではないかとぼくは動揺しました。大学の診療所でワッセルマン反応を調べましたが、矛盾する結果が出て、ときには診断は決定的に陰性で、ときには不確定でした。そういうふうに三ヵ月が過ぎました。突然、なぜなのかぼくにはどうしてもわからなかったのですが、病状はまったくなくなりました。D氏は元気を回復し、日々、体力と体重を増し、すべてよくなりました。ぼくは天然痘、コレラ、チフスに対する処方通りの接種を行ない、彼は背中にリュックサックを背負って、ぼくに別れを告げ、シュヴァルツヴァルト〔ドイツ西南部の山脈——訳註〕を三日間走破して、ただちに徴兵司令部に出頭しようとしました。ところが、走破の三日目に熱が新たに出てきて、D氏はぼくのところに戻って二、三日いましたが、しかしそのあと、ベルリンへゆきました。そこで、別の医者の指導のもとに今一度、健康かどうかを調べてもらうためです。

一九一六年の夏、ほぼ一六ヵ月後、彼はまたやってきました。彼は長いあいだベルリンで治療を受け、それからアーヘンに送られてそこで温泉療法をためしてみ、ジルトへゆき、山へゆき、ネンドルフへゆき、最後に、ふたたびベルリンで何週間も何ヵ月も重篤状態がつづきました。彼の病状は以前と同じで、頻繁な猛烈な発熱、膿腫、失神、心臓病などでした。

昔の病気の皮膚硬化症がいくつかの個所にふたたび現れ、神経症的症状が悪化していることに、ぼくは驚きました。

他方、ぼく自身も大きく変わりました。野戦病院で仕事をしていたあいだ、ぼくは負傷や器質的疾患の治療に精神分析が効果をあげたことをしばしば見ましたし、開業医としてもかなりの成果をあげたので、ぼく独自の技術を身につけました。要するに、D氏の治療に、診断や、物理的・薬物的療法をいっさい気にせず、彼を分析しようという固い決意で取りかかりました。うまくゆきました。症状が次々に消え失せ、半年後、D氏は歩兵士官として前線に出、二ヵ月後、戦死しました。彼の治癒が永続的なものだったかどうかは、彼が死んでしまったので、決定できません。ぼくの現在の知識から判断すれば、治療期間は短か過ぎたし、彼は、長く生きたとすれば、たぶん再発しただろうと思います。しかしぼくは、彼の完全な治癒は可能であったと確信しています。この問題は、結局、どうでもいいことです。ぼくがきみにこの話をしたのは、その結果のことを言いたかったのではなく、エディプス・コンプレックスの作用についてきみにあるイメージを与えるためですから。

治療に関しては、容易ではなかったと言えるだけです。いつも新たに抵抗が現れました。ときには、ぼくの名のパトリックを嘘つきのあるアイルランド人の名に結びつけたり、ときには、ぼくのゴム靴やだらしなく結んだネクタイを口実にします。彼にとっては、ネクタイは、かつて年老いた彼の父親において見たことのあるような、だらりと下にさがったふぐりであり、ゴム靴は子どものときの古い不満を掻き立てるというわけでした。それからまた彼は、ぼくのミドルネーム、ゲオルクを楯にとりました。それは誘惑者にして泥棒である『見習い船員、ロベルト』の小説中の人物を思い起こさせるのでした。このように一群のゲオルクが次から次へと現れ、その全員が悪い奴で、ついに、根っからの悪人が、Dがギムナジウムの生徒だったとき釈明を求めもしないで彼の横っ面を張りとばしたある男の形で現れました。ぼくの当時のある口癖について、彼とぼくはもっとも長くこだわりました。ぼくはよく「打ち明けて言うと」とか「率直に言わねばならないのですが……」とか言ったものですが、そこからDは、ぼくが嘘をついているという結論を引き出しました。それはあながちばかげた結論ではありませんでした。

　医者に対する病人の抵抗はすべての治療の対象です。病気が病人をどれほど苦しめているとしても、エスはそもそも健康になることを決して望んでいません。逆に、病気の存在は、意識的人間のいっさいの保証、嘆き、努力にもかかわらず、その人間が病気であることを望んでいることを示しています。愛する人よ、ここが重要な点です。病人は病気であることを望んでおり、治ることに抵抗します。それは、甘やかされて育てられた娘が、心から舞踏会へゆきたいと思っていながら、あれこれいろいろなことをしてゆこうとしないのに似ています。医者に対するこのような抵抗が言わせる異議申し立ては充分に検討する価値があります。それはいろいろと病人自身について明らかにします。Dの場合もそうでした。女々しい男のだらりとしたふぐりとゴム靴が彼に衝撃を与えたのは、彼自身が強度のインポテンツの感情をもっていたからです。「パトリック」と「打ち明けて言うと」のなかに彼が攻撃したような嘘を、彼は、すべての正直な人たちと同じように嫌悪しましたが、しかし、彼自身がすべての正直な人たちと同じように絶えず自分に――したがって、他の人たちに――嘘をつくいているのです。彼がぼくの名にいら立ったのは、彼が彼自身の名「ハインリヒ」を嫌っていたからです。彼が、その代わりに、親しい人たちに自分を「ハンス」と呼ばせたのは、彼の英雄的な先祖の一人がこの名を持っていたからです。その点においても彼は嘘を感じ取っていました。というのは、彼のエスの漠然とした感情が、彼は全然英雄ではないこと、彼の病気は彼の小心な無意識の産物であることを教えたからです。最後に「ゲオルク」が彼に耐えがたかったのは、かつて彼は『見習い船員、ロベルト』のなかの泥棒のように――この記憶は重病の症状の発熱のあいだ、浮かんできました――、父親の Medaille（メダル）を二つ、くすねたことがあったからです。しかし、Medaille は彼を Medaillon（肖像入りペンダント）という言葉のほうへ連れてゆきました。彼の父親は母親の写真入りの Medaillon を身に着けており、本当はそれが彼の盗みの狙いだったのです。彼は父から母を盗みたかったのです。エディプスです。

もう一つ奇妙なことに触れておかねばなりません。Dは、とどのつまりはエディプス・コンプレックスとインポテンツ観念にかかわりのある一連のおおがかりなコンプレックスを持っていました。治療中、何らかの感じやすい点でエディプス・コンプレックスに触れられると、熱があがり、インポテンツの問題に近づくと、梅毒症状が現れるのでした。Dはぼくにこれについて次のように説明しました。「歳月が経つうち、ぼくは母がどうでもよくなりました。ぼくはそのことを恥じ、必要のあるかぎり、母のことを緊張して考え、昔の熱情をふたたび燃え立たせようとします。精神的にそのことに失敗するので、身体に熱が出てくるのです。父は、ぼくが生まれたときは老いていました。ぼくの見方によれば、老い過ぎていました。ぼくは父に、ぼくのインポテンツの全責任があると思っています。父はもうとっくの昔に亡くなったので、個人的に父を罰することはできないから、ぼくは、イメージのなかの父、生殖者、生殖するもの、ぼく自身の性器のなかの父を罰するのです。それはぼく自身の嘘も一緒に罰することになるという利点があります。父ではなく、ぼく自身にぼくのインポテンツの責めがあるからです。最後に、梅毒患者はインポテンツであるべきです。それが患者自身にとっても、女たちにとってもいいことです」。きみもおわかりのように、Dにはちょっとトロール家の人のようなところがありました。そのことでぼくは彼が好きでした。

さて、エディプス・コンプレックスの問題です。前面に出ているのは母親への情熱です。たくさんのこまかいことは省きます。例として、象徴的に母親を奪うことを意味するメダル盗みをあげましょう。ささいな点ではなく、きみにエスの深い作用を示す二、三の点を選びます。まず、Dの持続的な病弱があり、それは、ときどき、長患いの重病へと悪化します。病人は世話を必要としており、自分が世話されるように仕向けます。すべての病気は乳児の状態の反復であり、母親への憧れに対応しています。すべての病人は子どもであり、病人の世話をする人は母親になります。病弱、病気の頻度と期間は、病人が母親イマゴーにまだどれほど深く縛られているかの証拠です。きみは間違いを犯す危険なく、きみの結論をさらに

推し進めることができます。誰かが病気になったとすると、何らかの仕方で、彼は発病のす
ぐあとに、母親イマゴー、生まれてお乳を呑んだ最初の週のイマゴーをことのほか強く思い
出させられるようです。いや、ここで、「つねに」という言葉を用いることをぼくはためら
いません。つねにそうなのです。母親に対する情熱、エディプス・コンプレックスへの依存
に関して、長引く病弱ほど強い証拠は簡単に見つかりません。
　Dの場合、この情熱は、まれならず観察できる、その他の結果をもたらしました。主人、母親の所有者は父親です。母親の主人、所有者、愛人になりたいなら、息子は父親に似なければなりません。Dのケースがそこです。ぼくは彼の子どものときの写真を持っていますが、彼は父親に似ていることなど、もともと問題になりませんでしたし、母親の言によると、彼の性質はどこも父親と共通なところはありませんでした。ぼくが彼と接した二〇年間、彼が身振り、態度、習慣、顔つき、体格、思考、性質においていかに徐々に父親に近づいていったかを毎年毎年観察することができました。エスが変化したのではなく、その表面が変化したのです。その結果、本来の人間の核は折にふれてしか現れなくなり、きみの好みの言い方をすれば、表面的な新しいエスが形成され、この新しいエスは——このことが証拠となるわけですが——治療が進歩するにつれて消失してゆきました。本当のDがふたたび現れました。父親に似てくるということがもっともはっきり示されたのは、Dが早めに老いたことでした。三〇歳のとき、すでに彼の髪は完全に白髪でした。ぼくは、このように父親に似ようとして髪が白くなるケースをいくつも見ましたし、ふたたび元へ戻るケースを見まし

た。Dの場合はどうなったでしょう。それはわかりません。彼は早く死に過ぎました。

母親イマゴーへの彼の情熱の第三のメルクマールはインポテンツです。男の不能に関して、第一の質問はつねに、その人は母親に対してどのような関係にあるかということでなければなりません。Dは、フロイトが記述したようなインポテンツの特徴的な形態をもっていました。彼は女性を貴婦人と娼婦にわけていました。貴婦人、すなわち母親に対してはインポで、娼婦とは性交できるのでした。しかし、母親像は彼に非常に強く作用し、そのため、彼のエスは、あらゆる近親姦から、売春婦との関係という形の近親姦からさえ、彼を完全に守るために、梅毒感染を発明しました。エディプス・コンプレックスの圧迫のもとにある者はどのような女からでも感染するということを、ぼくはしばしば観察しました。しかし、感染がエスによって発明され、長年にわたって梅毒または淋病の症状のドラマが演じられたということは、めずらしいことと思われます。そういう例はこれまで、Dとある女性との二回しか見たことがありません。

さらに、病気のはじまり――最初の症状はつねに注目すべきです。エスの意図について多くのことを明らかにします――は、左脚の皮膚硬化症でした。そのあと、それは右脚に移行しました。左脚に起こっていることは、そのばかげた言語で、ぼくが言い直すと、ぼくに「この人は悪い、正しくない、誤った（link＝左の）道を行こうとしているが、エスが防いでいる」と言っているのです。右腕が何らかの病気になれば、それは「この右腕はエスの気持ちに逆らう何かをしようとしているため、その動きが麻痺したのだ」という意味です。要するに、脚の病気がはじまる前に、重大なことが起こったのです。Dの母親が妊娠しました。当時、彼は一五歳でしたが、この妊娠について何も気づかなかったと言うのです。このことは、彼の存在の深いところに動揺があったために抑圧せざるを得なかったことを確実に示しています。抑圧しようとするこの闘いはこの子の性発達の最中に行なわれ、性的な面での第二の抑圧の葛藤と結びついています。というのは、この患者は、弟の出産にまったく驚いたと言うのですが、それと同じように、当時は性交について何の知識ももっていなかったとも言うからです。この二つのことはともにあり得ないことです。第二のことがあり得ないのは、この男の子はまさにその頃、ウサギを飼っていて何時間もこの動物たちの性的遊戯を観察したことがあるからです。第一のことがあり得ないとは、ただちに彼は、妊娠のあいだすでに、殺人の考え——これについてはすぐあとで話します——を持っていたことに気づいていたからです。遅く生まれたこの弟を亡きものにしようとするこの考えを一因として、右腕への皮膚硬化症の移行が生じたのです。邪魔な者を殺そうとする考えは、ぼくたちみんなにおいて全生涯にわたってつづき、不運な状況のもとでは、殺したい願望と殺すことへの嫌悪が非常に強くなるので、エスは人間の殺人道具、すなわち右腕を麻痺させる決心をするのです。すでに説明したと思いますが、なぜこの殺人の考えがこれほど一般的かについて、きみのために繰り返しましょう。子どもは遊びを通じて死の観念を学びます。子どもはおとなを撃ったり刺したりします。おとなは倒れ、死んだふりをしますが、すぐ生き返ります。エスが、どのようにしてこのもっとも重大な問題をつまらぬこととして、戯れとして子どもの心に提示することができるのか、どのようにして死ぬということを子どもにとって遊びに仕立てあげることができるのか、奇妙ではないでしょうか。また、子ども時代のもっとも美しい体験と織り合わされた、すばやく生き返るという明るい死の印象が気持ちのなかに刻み込まれ、不都合な考えとしてのちのために用意されるというのは、驚異ではないでしょうか。結論を言えば、脚と腕の病気は、母と子のエロスの領域における性的葛藤から生じたのです。

さて、この奇妙な病気のもっとも奇妙な点を問題にしなければなりません。どのようにして母親コンプレックスから梅毒観念が生じたか、どのようにしてこの観念が、この起源ゆえに、非常に強くなり、ますます多くの梅毒症状をつくり出し得たのか、しかもそれが、ぼくをも含めて彼を扱った医者の全員が欺かれるほどの症状になり得たのか、という問題です。ぼくはDに「誰にうつされたか、わかっているのですか」と尋ねました。彼は答えました、「うつされたかどうかもわかりません。そう推測するのです」。「なぜそう推測したのですか」。「一度、ベールをした女の子とセックスしたことがあるからです」。ぼくの顔に疑いが浮かんだのを読み取って、彼はつけ加えました、「ベールをした街娼はみんな梅毒です」。そのようなことは聞いたことがありませんでしたが、その考えは理由のないことでもないと思ったので、ぼくはさらに尋ねました。「だから、その娘さんにうつされたと思うのですか」。彼は「そうです」と言った。ですが、ただちにつづけました。「うつされたかどうか、わかりません。まったくわかりません。それ以後でないことは確かです。それ以後は女と一度も寝ていないのですから。ある朝、ぼくは不安に駆られ、医者のところへ行って検査してもらいました。彼はぼくを送り出し、二、三日うちにまたくるように言いました。ぼくはそうしました。ふたたび彼はまたくるように言いました。そうしてしばらく経ったとき、彼は半分笑い、半分荒々しく、ぼくは完全に健康で、感染なんかしていないと言いました。それ以来、ぼくはいろいろな医者に何回も何回も調べてもらいましたが、何かを見つけた人は一人もいません」。ぼくは言いました、「でもきみは、戦争中に病気がはじまる以前に、梅毒の治療を受けましたね」。「はい。ぼくが頼んだのです。ぼくは、頭痛、脚、腕の病気などすべては梅毒のせいでしかあり得ないと思いました。皮膚硬化症について書いてあるものをみんな読みましたが、それを梅毒と関係があるとしているものが二、三ありました」。「しかし、病気がはじまったとき、きみは一五歳だったでしょう」。彼はぼくを遮りました、「遺伝梅毒です。まじめな話、ぼくは感染したと思ったことはありません。でも、父が梅毒だったかもしれないと考えたのです」。彼は、しばらく沈黙してから言いました、「よく思い出してみると、さっき話した女の子はベールをかぶってはいませんでした。ぼくはちゃんと知っていますが、それどころか彼女は、全身に一点の傷もありませんでした。ぼくは彼女を裸にし、一晩中電灯をつけ、鏡の前で彼女の裸を見ました。健康証明書も見ました。要するに、彼女が病気だったはずはありません。ぼくが梅毒を遺伝しているのではないかという恐るべき不安をもっていたということです。そのためぼくは医者へゆき、ベールをしていた女の子の嘘の話をしたのです。父に対する疑いを打ち明けることはできなかったからです。この話をあまりにもたびたびしたので、ついにはぼく自身が信じてしまいました。だけど、今、この分析によってはっきりしたのですが、ぼくはあの女の子を梅毒だと思ったことは決してありませんし、また、彼女はベールをかぶってはいませんでした」。

このケースは、きみにも奇妙に見えたでしょうが、ぼくにとっても同じでした。ぼくは事態をはっきりさせたいと思って、またそうできると考えて、D氏に「ベール」という言葉から何が心に浮かんでくるかとたずねました。すぐ、一つではなく二つの答えが返ってきました。「未亡人のベールと、ラファエルの『ベールをつけたマドンナ』」。この二つの連想から何週間にもわたって長い連想の列がつづいたのですが、きみには簡単な結果だけを言いましょう。

未亡人のベールはすぐさま、父の死と母の喪服へと進みました。そこで明らかになったのですが、Dは近親姦願望に対する抑圧の闘いの途上で、母親を娼婦と同一視するようになり、例の女の子が黒いベールをかぶっていると空想し、空想のなかで彼女を梅毒にしました。なぜなら、彼の無意識は、そうすることによって近親姦願望を遂げるのが容易になると信じたからです。母親は彼のエロスの対象から除外しなければなりません。梅毒もちの女を男は求めないから、したがって母親は梅毒もちでなければならない、というわけです。しかし、これはうまくゆきませんでした――そのわけは、すぐあとで話します――ので、代理人を見つけなければなりませんでした。これはベールの連想の助けを借りて行なわれ、そして、防衛を強化するためにこの観念が練りあげられ、父親が梅毒だったということになりました。

この患者が母親の梅毒という考えを信じなかったということは、容易に理解できます。しかし、Dの場合、別の観念が加わってきました。それは、ベールをつけたマドンナの連想に表れた観念です。この連想によってDは、母親を近づきがたい無垢の存在にし、父親を完全に除外しました。これには、自分を処女から生まれた神の子と見なせるという利点もあります。無意識は恐るべき手段を用います。無意識は、近親姦願望を抑圧するために、母親を梅毒の売春婦に引きずりおろしたのと同じ一息で、母親を神格化するのです。

ここできみは、もしその気があるのなら、ぼくがこれまで何度もきみに信じさせようとしたこと、すなわち、ぼくたちは神の子であり、ぼくたちにとって父は父なる神であり、母は母なる神であるということの確証を見出すでしょう。人間はそのようにつくられており、それ以外になりようがないのです。人間はときには、そう信じなければならないのです。今日、もしカトリック教が処女マリアと神の子キリストとともに消え失せ、その記憶が全然残らなかったとしても、明日には、同じように神の子が誕生する新しい神話が生まれるでしょう。宗教はエスの産物であり、そして、子どものエスは父親と母親との愛の交わりという考えに耐えることができないし、近親姦願望に対する闘いにおいて、母親を聖化するという武器を放棄することもできないし、最後に——フェレンツィが教えてくれたように——、母胎内にいるときから自分を全能と感じているのだから、神と同じようになろうとする考えを持たないでいることもできません。

宗教はエスの産物です。十字架と、その拡げた両腕をよく見てごらんなさい。そうすれば、きみはぼくに賛成するでしょう。神の子はその上に吊され、その上で死にました。十字架とは母であり、ぼくたちはみんな母の上で死ぬのです。エディプス、エディプス。しかし、気をつけてください。十字架が母だとすれば、息子を母に打ちつけている釘は母の肉体のなかへも喰い込み、母は息子と同じ痛み、同じ苦しみを感じ、その強い母の腕のなかに息子の苦しみ、息子の死を抱え、それらを息子とともにするのです。母と息子、そのなかには、世界のあらゆる悲しみ、あらゆる涙と嘆きが集まっているのです。そして、母が得る感謝は、「女よ、おれはおまえと何のかかわりがあるのか」という厳しい言葉です。それが人間の運命なのです。息子に拒絶されたからと言って怒るのは母ではありません。そうでなければならないのです。

エディプス・コンプレックスに根をもつ、人間に共通な、さらに深い葛藤がDの病歴に見出されます。同性愛の問題です。彼が語ったことですが、彼は、酔ったときに男色家を捕えようと、ベルリンの街を歩き回り、どこで誰を見つけたのであろうとおかまいなく、その男を殴り半殺しにしたそうです。これは一つの表明です。In vino veritas（酒のなかに真実あり）。この表明は、二、三週間あとの別の表明と関連づけるとはじめて理解できます。ある日、この患者に会ったとき、彼は高熱を出していました。彼の話によると、前日の夕方、森のなかを歩いていると、突然、ある観念が浮かんできました。浮浪人の男に襲われて、猿轡をはめられ、肛門を使われ、辱められたお尻丸出しで樹に縛りつけられるという観念です。

これは彼がしばしばもつ空想で、そのあとにはいつも熱が出るのでした。不安とは願望です。何の疑いもありません。彼が酔っ払って男色家を迫害したときの憎しみは抑圧された同性愛です。不安の空想も同じです。熱の高さはこの同性愛的願望がいかに情熱的であるかを測らせてくれます。同性愛の問題は別のときにまた取りあげます。ここではただ、同性愛へと向かわせるさまざまな原因のうち、見過ごしてはならない一つは、母親姦の抑圧であるとだけ言っておきます。人間は母親のエロスから解放されようとして激烈な闘いをします。だから、この闘いにおいて、女性へのすべての意識的傾向も一緒に抑圧へと引きずり込まれ、結局、あの人やこの人において女性がすべて性から排除されるということになるのは不思議ではありません。D氏の場合、男色家の強姦の餌食になるという不安を持っており、彼が抑圧している、同性愛の第二の原因、すなわち父親への愛情がはっきりと見えています。というのは、Dが生涯のある時期に女になりたい、父の女になりたいという熱烈な願望を持っていたということからのみ、この不安は生じ得たのであろうからです。愛する友よ。倒錯的悪習がどこから生じるかを考えてみてください。そうすれば、それほど厳しい見方をしなくなるでしょう。

ここで、エディプス・コンプレックスのもう一つの側面、父親に対するDの関係に到達したわけです。まず、多くの人間の特徴である何ものかに注意を喚起しなければなりません。Dは、父より高貴で、尊敬に値し、愛されるべき人はいないと固く確信していました。他方、彼は母に対してあることないこと責め立て、二、三時間以上長く母と一緒にいることはできませんでした。もちろん、彼の父は死んでおり、母は生きていたので、死者を神格化するのは容易です。何はともあれ、Dは父を力のかぎり愛していると思っており、父への憎しみを生涯にわたって抑圧していました。しかしまた、彼がこの父を本当に熱烈に愛していたことも争えません。彼の同性愛コンプレックスと、父に似てきたことが、そのことをあまりにもはっきりと証明していました。しかし、同じように強く父を憎んでもいたのであり、とりわけ、病気のはじまりのときは、愛着と反撥との生々しい葛藤がありました。

分析によって抑圧の力から解放された、当時の記憶のうち、二つを取り出してみましょう。一つは、Dが前述の母親の妊娠中、下水溝の出口のところに何時間も待ち伏せ、そこから出てくるネズミを撃ち殺したことです。男の子の遊びだと、きみは考えるでしょう。たしかにそうですが、なぜこの子は撃ち殺すことをそんなに楽しんだのでしょうか。なぜDは下水溝から出てくるネズミを撃ち殺したのでしょうか。撃つことは、ほとんど言うまでもないことですが、思春期の圧倒的な性衝動であり、象徴的行為に捌け口を見出すのです。Dが撃ったネズミは彼の父の性器であり、彼は、それが下水溝から、母親の膣から出てきた瞬間に死を以って罰したのです。これはぼくの解釈ではなく、Dが言い出したことです。ぼくはそれを正しいと思っただけです。Dの第二の指摘にもぼくは賛成でした。ここでも下水溝は母親の膣ですが、しかし、ネズミは、母親が生まれてくるのを待っている子どもです。父親を去勢したい願望――これがネズミ殺しの意味ですから――と並んで、生まれてこようとしている子どもに対する殺人願望が出てきており、この二つの考えは、抑圧の力によって象徴的な形に変えられたのです。そして、ぼんやりとしか感じられていないこの厳しい地下の闘いは運命を引っ捕え、生まれたばかりの弟は二、三週間で死にました。今や、人生の無気味な同伴者である罪悪感は弟殺しという対象を持つことになりました。最愛の友よ。抑圧する力にとってこのような重大な罪を見出すことがいかに好都合であるかを、きみは信じないでしょう。その背後にすべてを隠すことができ、実際、その背後にすべてが隠されるのです。Dはこのばかげた弟殺しの物語を自己欺瞞のために大いに利用しました。そして、自分の罪をほかの人間において罰するのは人間性でありますから、Dは、弟が死んでから、ネズミを撃ち殺すのをやめ、猫を、彼の母の象徴を撃ち殺すようになりました。エスは奇妙な道を辿るものです。

Dが父親への去勢願望を弟殺しの観念で完全には覆い隠すことができなかったことは、第二の記憶が示しています。すでに言いましたが、彼はこの葛藤の頃、ウサギの飼育をしていました。この動物のなかには雪のように白い雄がいて、彼はその雄と奇妙なドラマを演じました。ほかの雄ウサギには彼は雌と交尾することを許し、眺めて楽しみましたが、ただ、この白い雄ウサギにだけは雌のところへゆくことを許しませんでした。それでもその雄ウサギが交尾すると、Dはその耳を引っ摑み、縛りあげ、梁に吊して乗馬用の鞭で腕が動くかぎり殴りつけました。それは右腕、最初に悪くなった腕でした。そして、それが悪くなったのはまさにそのときでした。この記憶が思い出されたのは、きわめて強い抵抗のもとにおいてでした。いつも繰り返し、この患者はそれを回避し、一連の重い器質性の症状を呈しました。

そのなかの一つはとくに特徴的でした。右肘の皮膚硬化の個所がなおさら悪くなりました。あの記憶が無意識から浮かびあがってきた日、それは治りました。根本的に治ったので、患者はそれ以後、右肘の関節を完全に曲げたり伸ばしたりできるようになりました。それは彼が二〇年来、あらゆる治療処置にもかかわらず、できなかったことでした。しかも彼は痛みなしにそうできるのでした。

もっとも重要なことを忘れるところでした。あらゆる性的快楽から遠ざけられ、がまんしないと鞭を喰らったあの白い毛の雄ウサギは父親を表していました。あるいはたぶん、きみはもう推定していましたか。

お疲れになりましたか。もうちょっとの辛抱です。あと、二、三行でスケッチは完了します。父親憎悪には、きみがフロイトから聞いて知っているように、まだほかの特徴がありま す。Dの話にはフロイトのネズミ男の話と似ているところがたくさんあります。Dは信心深い、いやほとんど聖書を字句通り信じると言える人でしたが、息子なる神よりはむしろ父なる神に重きをおき、毎日、父親イマゴーから創りあげたこの神に彼なりのやり方で祈っていました。しかし、この祈りの最中に、突然、罵詈雑言、呪い、ぞっとするような瀆神の言葉が飛び出してくるのでした。父親への憎しみが吹き出したのです。フロイトを読み返しなさい。ぼくがつけ加える新しいことは何もなく、ぼくが何か言えば、古いことをぼくのこざかしい言葉で混乱させるだけです。

ウサギの話にはさらに何かつけ加えなければなりません。Dはこの白い雄ウサギにハンスという名をつけていました。ご存じのように、これは彼が自分に望んだ名です。白い毛のウサギのなかの父親を殴っているとき、同時に彼は自分自身をも殴っていたのです。いや、彼を生み出した者、彼のハンス、彼が腹の下にぶらさげているハンスを殴っていたと言ったほうがいいでしょう。きみは知らないですか。ハンスという名が若い人にも老人にも好まれるのは、この名が Schwanz（男根）と韻が合うからであり、また、ハンスは洗礼者ヨハネ——この人は明らかに、洗礼と処刑において男性器の特徴を示しています——と一緒にされているからだということを。これが本当かどうかは知りませんが、あるイギリス人に聞いた話によると、彼の地では性器のことを聖ヨハネと呼ぶそうですし、フランス人の場合も似たようなものだそうです。しかし、こういうことは問題とは何の関係もありません。いずれにせよDは、雄ウサギをハンスと名づけたとき、男根のことを考えていたのであり、この動物を殴ったとき、それはオナニーを罰していたのです。オナニーですよ。これはちょっと妙です。おわりに近づいてきました。ということは、言うべき重要なことはもうないということです。お気づきになるかもしれませんが、もっとも重要なこと、早期の幼児記憶のことに触れませんでした。それはぼくがこのことについてはほんの少ししか知らないからです。それと、Dは、もし生きつづけていたら、たぶん病気が再発したであろうという、さっきのぼくの意見は関係があります。分析は完全からはほど遠いのです。

最後に、Dが戦争にゆくのに憧れながら恐れていたのはなぜかについて、少なくとも一つの理由を述べてみたいと思います。彼は両眼を撃ち抜かれるという観念を持っていました。

他の兵士たちとの経験から、ぼくはこの結論を引き出したのですが、ぼくによれば、このことは彼が母親の裸を見たことがあり、しかも、そのときはそうすることの罪を意識していたことを示しています。母親の裸を見た者は盲目になるという諺があります。エディプスはみずから両眼を突き刺しました。

挨拶を送ります。愛する友よ。いつまでもきみのものです。

パトリック・トロール

15

愛する友よ。たしかに、D氏のに似たような話はいっぱいあり、エディプス・コンプレックスの範囲から説明できますし、そうしましょうと、きみに約束しましたが、でも、何のために？　もしきみが、この物語に影響されなかったとしたら、たくさんの物語をしたところで、すみやかな効果があるというわけでもないでしょう。それに、この種の物語は精神分析の文献のなかに掃いて捨てるほどあります。むしろぼくは、きみの異論に答えたいと思います。そうしないと、きみのなかにいろいろな先入観が根を張り、ぼくたちの文通が無意味になります。

ぼくが説明したような過程によって、どのようにして人間に身体的変化が生じ得るのか、どうして人間はそのために器質的な病気にならざるを得ないのか、そこがわからないときみは言います。それよりもさらにわからないのは、つながりが発見されると、どうして病気が治るのかということだと、きみは言います。愛する友よ。こうしたことはみんな、ぼくだってわかりません。しかし、ぼくはそういうことをこの眼で見ているのです。もちろん、この問題についてはあれこれいろいろと考えていますが、ただ、それを伝えるのはむずかしい。

しかし、一つお願いしたいことがあります。ぼくたちの語り合いのなかで、「精神的」と「器質的」を区別するのはやめてください。これは、生命の何らかの特定の現象を理解しやすくするための言い回しであって、根本においてこの二つは同じもので、同じ生命法則に従い、同じ生命過程を表しています。たしかに、ワイングラスは水呑みコップやランプのほやとは違う何ものかですが、やはりガラスはガラスで、これらのガラス製品はすべて人間が製造したものです。木の家は石の家とは違います。しかし、ある建築家が木の家を建てるか石の家を建てるかは、単に目的の問題であって能力の問題ではないこと、きみだってそれを疑わないでしょう。器質的、機能的、精神的疾患についても同じです。エスは、病気として何を惹き起こすかについてきわめて独断的に選択し、ぼくたちの命名には従いません。ぼくたちは今やついに理解し合えるようになった、または少なくとも、きみがぼくとぼくの明快な主張を理解するようになったと思います。ぼくの主張というのは、エスにおいては、器質的と精神的とのあいだに区別はなく、したがって、分析によってエスに影響を与えることができる場合、器質的疾患も精神分析によって扱えるし、状況によっては扱わなければならないということです。

身体的とか心的とか、言葉はどれほどか力をもっていることでしょう！　かつて人は考えていました——たぶん、多くの人がまだ考えています——人間の身体があり、そのなかに、家のなかに住むように魂が住んでいる、と。しかし、もしそうだとしても、身体そのものは病気になりません。魂がなければ、身体は死んでいるのですから。死んだものは病気になりません。せいぜい壊れるだけです。生きているものだけが病気になります。同時に肉体と魂であある存在だけが生きていると言えることを疑う人はいません。しかし、ここにあらゆる愚かさがあることをお許しください。言葉について争いたくはありません。きみがぼくの意見を聞きたい問題について、ぼくがぼくの思っていることをわかりやすく表現することが必要なだけです。きみにはぼくの意見をはっきりと言いました。ぼくにとっては、エスしか存在しません。肉体とか魂とかの言葉を使うとしても、それはエスの現象形態、あるいはこう言ったほうがいいなら、エスの作用を意味しています。ぼくにとっては、この二つは独立したことでも対立していることでもありません。何千年も縺《もつ》れているこのおもしろくもないテーマはおいておきましょう。ほかにしゃべることがあります。

きみは、ぼくが抑圧過程に大きな作用を付与することに反対し、流産や胎児疾患も存在することを指摘し、ぼくがもっとほかの過程に重きをおくよう望みます。それに対してぼくは、「抑圧」という表現は便利だとしか答えられません。それですべてを充分説明できるかどうかの問題には興味がありません。ぼくにとって、今までのところはそれで充分でした。胎児の生活についてのぼくの非常に皮相な知識にとっても充分でした。だから、それに何か新しいことをつけ加える理由も、それを破棄する理由もありません。

このような抑圧の及ぶ範囲についてのイメージをきみが得るために、ちょっと空想してみるのが、たぶん有益でしょう。子どもが二人、男の子と女の子が食堂にいると仮定してください。母親は別の部屋で何か仕事をしているか、眠っているかしています。要するに、子どもたちは安心しています。安心しているので、年上のほうがこのチャンスを利用し、年下の子に、性の違いとそれを観察する楽しみを実際に確かめることによって教えようとします。突然、ドアが開きました。子どもたちはかろうじて体を離す時間はありましたが、罪悪感は隠すことができません。母親は、子どもたちの子どもらしい純真さを確信しており、二人が砂糖入れのそばにいたので、砂糖をつまみ喰いしたと思い込み、そのことで二人を叱り、またやるとひっぱたくと脅かします。子どもたちは、砂糖のつまみ喰いを間違って叱られたことに対して自己弁護するかもしれないし、しないかもしれません。いずれにせよ、彼らが、はるかに重いと思っている本来の罪を白状するとはほとんど考えられません。彼らはそれについては口を閉ざし、抑圧します。午後のお茶のとき、母親の警告が繰り返されます。うしろめたく思っているほうの子どもが顔を赤らめ、自分が誘惑者であったことを認めます。進んで白状したかったことはふたたび抑圧します。二、三日後——母親はとっくにもう許しているのですが、子どもをいじめて喜ぶわけです——ある叔母に対して何らかの冗談を言います。「子どもは砂糖入れがどこにあるか、よく知っているものね」とか、何とか。そのあと、この叔母も何かの当てこすりを言います。そこで、あまりにもよくあることですが、一連の抑圧が形づくられます。今や、子どもたちはそれぞれ違ってきます。ある子は自分の罪を軽く見、次の子は重く見、第三の子にとっては、自分が罪を犯したこと、とりわけ、その罪を懺悔していないことはほとんど耐えられないことです。この第三の子にはどういう道が残されているでしょうか。彼は罪の観念を抑えに抑え、意識から追い出し、無意識のなかへ詰め込みます。その観念は、そこでしばらくはごく表面のところに留まっていますが、だんだんと深く抑えつけられ、ますます深くなり、ついに、意識から記憶が消え失せます。それが二度とふたたび現れてこないようにするため、その上に隠蔽記憶が覆いかぶさります。とくに、母親は間違っていた、子どもは理由なくつまみ喰いの罪をかぶせられ、ひっぱたくと脅かされた、といった隠蔽記憶です。こうなると、事は決定的です。少なくとも決定的になる可能性があります。触れられることに過敏なコンプレックスが形成され、ますます悪化し、そのコンプレックスに近づかれるだけでも恐怖を感じるようになります。このコンプレックスをよく見てください。表面のところに隠蔽記憶があります。砂糖、つまみ喰い、見当違いの叱責、ひっぱたくという脅かし、沈黙、それに伴う嘘、赤面、さらに砂糖入れ、食卓と椅子、部屋とその茶色の壁紙やいろいろな家具や磁器、母親の緑色の服、格子縞の服を着た、グレーチェンという名の五歳の少女、などなど。その下深くに性の領域があります。状況によっては、これでもうすでに抑圧の仕事は困難になります。しかし、その仕事が信じられないほど大変なものになることもあります。砂糖という言葉を取りあげてみましょう。それはコンプレックスの一部で、できるかぎり避けなければなりません。それが何かほかのことでさらに罪を負わされていると、たとえば現実につまみ喰いしたことがあったりすると、抑圧する力はさらにそれだけ強くなります。それにはまた別の観念もくっつきます。甘いとか、白いとか、四角だとか。それはさらに幾重にも他の形の砂糖に広がってゆきます。たとえば、棒砂糖（Zuckerhut）へ、そこからさらに帽子（Hut）そのもの、あるいは青色の包み紙へと、お好み次第で、どこまでも無限に広げることができます。無意識に任せておけば、無意識はあまりにもしばしば、その抑圧の仕事を連想の助けを借りて無限に広げます。甘い砂糖からの逃亡から精神的な苦味（Bitterkeit＝辛辣さ）が生じたり、あるいは甘ったるいセンチメンタリズムが代理として利用されたりします。他人のものを決して要求しないという過度に細心の注意が「つまみ喰い」という言葉と結びつき、あるいはそれと並んで、無害な嘘をつく子どもじみた楽しみ、偽善的な正義感が生まれます。ひっぱたく、殴る（Schläge）、戦い（Schlacht）、鞭（Rute）、ゲルトルート（Gertrud）、ルート（Ruth）、罰、白樺の杖、箒などの言葉がコンプレックスのなかに入り込みます。コンプレックスは追放されていますが、しかし誘惑的です。なぜなら、懺悔していない罪は罰を求めるからです。何十年経ってもなお、ひっぱたいてくれと叫ぶからです。茶色の壁紙、格子縞の緑色の服は耐えがたくなり、グレーチエンという名前は吐き気を起こさせ、事態はそのように進行します。そしてさらに、途方もなく広い性の領域がつけ加わるのです。

たぶんきみは思うでしょう。ぼくが誇張しているか、またはヒステリー患者の異常なめずらしい生活史を語っている、と。違います。ぼくたちみんながこのようなコンプレックスをいっぱい引きずっています。きみの内面を見てください。多くのことを、多くの説明しがたい嫌悪を、その場のきっかけからは理解し得ないほど強い多くの精神的動揺を、多くの心配と不機嫌を見出すでしょう。それらは、コンプレックスに由来しており、そのコンプレックスを考察してはじめて理解できるのです。現在と子ども時代とのあいだに橋を架けることを学んだとき、ぼくたちは子どもであり、子どもでありつづけること、ぼくたちは抑圧しており、絶えず抑圧しつづけていることを把握したとき、いかにきみの眼が開かれることでしょう。ぼくたちが何かを抑圧しており、そしてその何かを決して消滅させることはできないからこそ、ぼくたちは、ある種の生命現象をつねに新たに招き寄せるよう強いられているのです。反復し反復することを強いられているのです。ぼくを信じてください。どれほど頻繁に願望が反復されるかは実に奇妙なほどです。きみの心のなかに、きみを反復へと強制する妖怪が住んでいるのです。

この反復強迫についてはきみにもっと説明しなければならないのですが、今は抑圧のことを話しており、どうしてぼくが抑圧の作用を器質的疾患の原因と考えているかをこれから説明しなければなりません。抑圧からあらゆる種類の心的障害が生じ得ることは、ぼくが解説しなくてもわかるでしょう。これからきみに話すのは、またしても空想のことです。きみはそれをまじめに取ることもできるし、笑うこともできますが、どっちもぼくには関係ありません。どうして器質的疾患が起こるかの問題はぼくには解決できません。ぼくは医者であり、医者として、抑圧が解消すると病気が快方に向かうという事実だけに興味があります。その説明の前にちょっとした実験をしてみることをお許しください。きみが非常に興味をもっている何か、たとえば新しい帽子を買うべきか否かといったことを考えてください。そこで突然、帽子の観念を抑えつけてみてください。もしきみが、その帽子がきみにいかに似合うか、それできみがいかに羨ましがられるかを美しく心に描いたことがあったとすれば、同時に腹筋を引っ張らないではその観念を抑えつけることは不可能でしょう。たぶん、抑えつけようとするきみの努力に、その他の筋肉も関与してくるでしょう。上腹部の筋肉が関与してくることは確実です。この筋肉は、どんなわずかなものであろうとあらゆる緊張の際に使われ、共働します。その結果不可避的に、たとえごくわずかだとしても、循環に乱れが生じます。そして、この乱れは、交感神経を介して、生体の他の領域へ、まずはじめは直接に隣り合っている領域、すなわち腸、胃、肝臓、心臓、呼吸器官へ伝えられます。この乱れは、もしそうしたければ、いくらでも小さく見積ることができますが、それでも存在しています。そして、その乱れが存在しているために、さまざまな器官に波及するために、たちまち多くの化学過程が起こるわけです。それについては、もっとも学識の深い人でさえ全然わからないのです。ただ、この過程が起こるということ、それは知っており、心理学を学べば学ぶほど、いっそうよく知ることになります。ここで、この一見、たいしたことのない過程が一日に一〇回繰り返されると想像してみてください。それでもう、たいしたことです。しかし、もしそれが一時間に二〇回繰り返されるとしたら、それは物理的要因と化学的要因が入り乱れた魔女たちのドンチャン騒ぎであって、もはや見て気持ちのいいものではありません。それから、抑えつけようとする努力の強さと持続時間を増してみてください。そのような努力が何時間も何日もつづき、腹部が緊張から解放されるのはそのあいだに、ほんの束の間しかないと想像してみてください。それでもなお、抑圧と器質的疾患とのつながりを空想するのがきみにはむずかしいでしょうか。

たぶんきみは、裸の人間の腹をまだそんなにたくさん見たことはないでしょうが、ぼくはしばしば見ています。そこにはしばしば、奇妙なことが見出されます。多くの人の上腹部を斜めに横切って線状の皺、長く引いた襞《ひだ》が走っています。それは抑圧からきているのです。または赤い細い血管が見出され、または腹が膨らんでおり、または何かほかのことがあります。階段を昇ることが不安な人が、何年も何十年も走り回っている、と考えてみるだけでもいいです。階段はセックス・シンボルです。階段で倒れるという観念に追っかけられている人は無数にいます。あるいは、帽子、ボタンまたは書く行為がセックス・シンボルだと漠然と感じている人を考えてみてください。そのような人は、ほとんど絶え間なくずっと抑圧しなければなりません。腹、胸、腕、腎臓、心臓、脳髄を循環の乱れによって、化学的不意打ちによって、化学的中毒作用によって、ずっと害しつづけなければなりません。愛する人よ。ぼくは、抑圧――または他の何らかの精神現象――が器質的疾患を惹き起こすのは少しも不思議なことだと思いません。逆に、そのような疾患が比較的まれなことこそ不思議に思います。ぼくは、すべて起こったことを最善の方向に導くことができる人間のエスに対して、驚異に、畏れ多い驚異に満たされます。

眼を取りあげてみましょう。眼が見ているとき、眼のなかにはさまざまな過程が進行しています。しかし、もし見ることを禁じられたとしても、それでも眼は見るわけですが、その印象を脳に伝えまいとします。そのとき、眼のなかにどういうことが起こるでしょうか。こういうことは考えられないでしょうか。すなわち、眼は、眼が見ていることを見過ごすよう毎日千回も強いられると、ついには、そのことに飽き飽きしてつぶやきます、「もっと楽になれる。全然見てはいけないのなら、近視になろう。視軸を引き伸ばそう。それでも充分でないなら、血液を網膜に送り、盲目になろう」と。眼についてはほとんど何もわかっていません。ですから、空想する楽しみをぼくに許してください。

ぼくが書いていることがわかりましたか。それをおおらかな気持ちで読まなければなりません。決して批判的になってはいけません。それどころか、腰を据えて、このような空想の建物を一ダースも二ダースもきみ自身できちんと建てなければなりません。ぼくが提示したのは、一つの例、浮わついた気まぐれのでっちあげに過ぎません。形に注目してはいけません。考えた内容にも注目してはいけません。ぼくにとって重要なのは、思考方法です。きみが知的判断を脇にのけておいて、熱中することです。

病気のはじまりについて話したので、治療についても一言、言わなければなりません。何年か前、虚栄心を舞いあがらせて、ぼくははじめてフロイトに手紙を出しました。彼の返事はだいたい次のようなものでした。「転移と抵抗がどういうものかを把握しておられるのなら、あなたは安心して患者の精神分析治療に取りかかっていいでしょう」と。このように、転移と抵抗は治療の攻撃点です。ぼくが転移として理解していることについては、かなり明確に述べたと思います。医者は、ある程度まで転移を誘い出すことができます。少なくとも、いったん起こった転移を維持し、導こうとすることはできますし、そうしなければなりません。しかし、重要な点は、転移そのものは患者における反応過程であって、その主要なところは医者の影響の埒外にあるということです。そこで結局、治療のおもな仕事は抵抗の除去と克服ということになります。かつてフロイトは、人間の意識を、いろいろな人たちを迎え入れるサロンになぞらえたことがあります。無意識のなかの閉じられたドアのうしろの控えの間には、心的実在の抑圧された群衆がたむろしており、ドアのところに門番が立っていて、サロンに適する者だけを意識に入場させるというわけです。これによれば、抵抗は三つの個所から生じることになります。一つはサロン、すなわち意識から生じるもので、意識はある種のものを入場させません。次は門番からのもので、門番は意識と無意識とのあいだの一種の仲介者で、高度に意識に依存しているけれども、それでも自分自身の意志をもっており、意識が許可しても、あちこちで頑固に入場を妨害します。そして最後に、無意識そのものからのもので、無意識はサロンのいつも退屈な雰囲気のなかに留まる気は毛頭ありません。そういうわけで、治療に際しては抵抗のこの三つの審級に注目することになります。この三つすべてについて、ありとあらゆる奇妙な気まぐれが見られ、驚嘆を味わわされることになることを理解しておかなければなりません。しかし、ぼくの見解によれば、意識も門番も結局のところはエスの意のままになる道具ですから、この区別はわずかな意味しかありません。

D氏の話をした折に、抵抗のいくつかの形を報告しました。実際には、その形は何百何千とあり、決して知り尽すことはできません。ぼくは、不信の代弁者にはほとんど適していないけれども、しかし、医者としては、患者の抵抗をいつもつねに勘定に入れておくべきであると固く確信しております。あらゆる生命形態とあらゆる生命表現の陰に抵抗が潜んでおり、あらゆる言葉、あらゆる身振りが抵抗を隠しているかもしれないし、抵抗の存在をそれとなく示しているかもしれないのです。

どのように抵抗にけりをつけるべきでしょうか。愛する友よ。それを語るのはむずかしい。重要なのは、自分自身からはじめることだと思います。まず、自分自身の片隅、端っこ、地下室、食堂のなかを覗き込むべきです。自分自身を、自分自身の汚さを、あるいはぼくの好みの言い方をすれば、自分自身の人間らしさを見る勇気を持つべきです。自分があらゆる生垣とあらゆるドアのうしろに立っていたことを知らない者、そのような生垣のうしろにはどれほどの汚物がたまっているか、どれほど多くの汚物を自分が捨てたかを言うことができない者、そういう者はどうしようもありません。第一の要請は、正直さ、自分自身に対する正直さです。自分自身においてこそ、もっともよく抵抗のことを知ることができます。そして、他人を分析したときに、自分自身のことをもっとも根本的に知ることができます。ぼくたち医者は仕合わせです。ほかのどのような職業がぼくを惹きつけることができたか、知ったことではありません。ぼくたち医者には二つのことが必要だと思います。注意と忍耐です。とりわけ忍耐、なおも忍耐です。しかし、それは学んで身につけるものです。

したがって、自分自身を分析すること、これが必要です。これは容易なことではありませんが、しかし、ぼくたちの個人的抵抗を教えてくれます。そして、そう長くは経たないうちにぼくたちは、あらゆる階級、あらゆる民族、いや人類全体の抵抗、多くの人たちに、いやすべての人たちに共通な抵抗が存在していることも教えてくれるさまざまな現象に出会います。今日もまたぼくは、ぼくがしばしば見出す形の抵抗、すなわち、ぼくたちがある種の子どもじみた表現、子どものときに慣れ親しんでいた表現を使うことを恥ずかしがるという抵抗に出会いました。子どもたちとつき合うとき、もっと目立った形では愛を交わすとき、ぼくたちは深く考えることなくそうした表現を使います。そういうときぼくたちは安心して、「オシッコ」とか「パカパカ」(馬)とか「ワンワン」(犬)とか「シーシー」(小便)とか「ウンチ」とか「ポポ」(尻)とか言います。しかし、おとなたちのあいだではぼくたち自身もおとなになりたがり、子ども心を忘れて「糞を垂れる」とか「小便をする」とか「尻《ケツ》」とかのほうを使います。気取りです。それ以上の何ものでもありません。

最後に、治療の効果についてなお一言、言わなければなりません。ただ残念なことには、それについてぼくはほとんど知りません。ぼくは、抑圧されたものを抑圧から解き放すことがその際にある程度の重要性をもつと、漠然と考えていますが、しかし、そのことが直接的に治癒をもたらすかどうかは疑っています。たぶん、抑圧されていた何ものかが意識のサロンにはいってくることによって、無意識のなかである動きが起こり、この動きが病気を治したり治さなかったりするのでしょう。もしそうなら、発病のきっかけを与えたこの抑圧されたものが姿を見せる必要は全然ないことになります。抑圧されたものは、無意識のなかに場所がありさえすれば、静かにそこに留まっていることができることになります。このことについて今のところぼくが知っていること——それがきわめてわずかであることは、すでに言いました――によれば、こういうことだと思われます。つまり、門番がドアのところに立っていて、無意識の部屋のほうへ向かって何らかの名前、たとえばヴュルナーとでも叫べば、それだけでいいことが多いのです。近くに立っている人たちのなかに、ヴュルナーという名前の人がいなかったら、彼らはその名前をさらに奥へと伝えます。そして、実際にこの名前がその名前の持主に正しく届かなかったら、たぶん、ミューラーとでも呼ばれる人がいて、彼が呼び出しを意図的にまたは意図せずに誤解し、進み出て意識のなかへ入ってゆくわけです。

この手紙は長くなりました。おしゃべりにはキリがありません。さようなら。最愛の人よ。お休みの時間です。ひどく疲れました。

トロール

16

きみにはあまりにもごちゃごちゃしているように見えますか。ぼくにもです。しかし、仕方がありません。エスはいつも動いており、一秒もじっとしていません。エスは渦巻き、流れ、ときには世界のこの断片を、ときにはあの断片を吹きあげ、表面に近づけます。きみへの手紙を書きはじめたまさにそのときに、ぼくはぼくのなかで起こっていることを取り出そうとしました。ぼくはまだ山場を越えていません。

ぼくが発見したことはこれです。ぼくは右手にペンを持ち、左手で時計の鎖をいじっています。眼差しは向かい側の壁に向けられています。その壁にはオランダの銅版画が掛かっていますが、それは、イエスの割礼を描いたレンブラントの絵の複製です。両足は床についていますが、右足の踵《かかと》で、湯治場の楽隊が下で演奏している行進曲に合わせて拍子を取っています。同時に、耳でフクロウの鳴き声、自動車の警笛、電車のガタンゴトンという音を聞いていますが、はっきりした嗅覚の印象は何もありませんが、右の鼻孔がちょっとつまっている感じです。右の脛骨《けいこつ》あたりが痒く、ぼくは、上唇の右側、口元の五ミリぐらい上のところに赤くて丸いしみがあることを意識しています。気分は不安定で、指先は冷えています。

愛する友よ。おわりからはじめることをお許しください。指先が冷えているので、書きづらいのですが、それは「用心しなさい。さもないと、ばかなことを書いてしまいますよ」という意味です。不安定だというのも同じことです。それは慎重にやらねばならないとの強い警告です。ぼくのエスは、書くこと以外の何かをすべきであるという見解なのです。それが何であるかは、ぼくはまだ知りません。今のところぼくは、指先の血管の収縮と、そして気分の不安定さのなかには、「おまえの読者はおまえが彼女に伝えることを理解しないだろう。彼女に体系的に準備をさせたほうがいいだろう」という感情が表れているのではないかと考えています。そんなことはどうでもいい！　とにかくやってみます。

ぼくが時計の鎖をいじっているのは、きみの笑いを誘うでしょう。きみはこの癖を知っていて、それが何を意味するかに気づかずに、よくぼくをからかいました。それは、このあいだぼくが説明した、指環をいじることと似たようなオナニーのシンボルです。しかし、鎖には特別な点があります。指環は女のシンボルで、時計もまた、あらゆる機械と同じく女のシンボルです。ぼくの考えでは、鎖はそうではありません。むしろ鎖は、性行為そのものの前に、時計いじりの前に存在する何かを象徴しています。ぼくの左手がきみに暴露しているのは、ぼくが男と女の結合の前にあるもの、すなわちキス、さすること、服を脱がせること、弄ぶこと、ひそかに沸き立つ快感、子どもが好むいろいろなことのほうにより大きな歓びを見出すということ、そして、きみがずっと以前から知っているように、ぼくが子どもであるということ、少なくとも、左側、すなわち愛の側、心臓（Herz＝心、心情）がある側においいて子どもであるということです。左側にあるもの、それは愛であり、禁止されていること、おとなに叱られることとです。それは右側（rechts）ではなく、正しくない（unrecht）のです。ここに、ぼくを悩ませている不安定、冷たい指先への新しい手がかりがあります。右手、創り出す手、権威、正義、善の手は、まじめな書く作業を中止し、左手、遊び好きな子どもの手を脅かし、そこで右と左から動揺と不安定が起こってきて、そのことが血行の命令中枢を動かし、指をかじかませたのです。

「しかし」と、エスのある声がぼくのおとなの面を表している不機嫌な右手をなだめます、「子どものしたいようにさせておきなさい。彼は鎖をいじっているのであって、時計をいじっているのではないではありませんか」。この声がそれによって言いたいのは、時計は、レーヴェのバラードによれば、心臓を意味するということです。この声は心臓をいじるのはよくないと見ているのです。その慰めにもかかわらず、ぼくは気分がよくありません。するとすぐさま、右手のエスは、左手の所業がいかに唾棄すべきかをぼくに説明します。「左手がもうちょっと強くいじりさえすれば、時計を引っ張り出し、落っことして、心臓は壊れます」と。

いろいろな思い出が、アンナ、マリアンヌ、リーゼなど、多くの少女の名前の形を取ってぼくの脳裡を走ります。これらの名前の持主みんなについて、かつてぼくは、彼女たちの心（Herz＝心臓）を弄んで彼女たちを傷つけたと思っていました。しかし、突然ぼくは平静になります。乙女心の深層にいささかなりとはいり込むようになってからわかったことですが、彼女たちは遊びそれ自体は楽しんでいて、ただ、ぼくが色事に真剣になり、良心の責めを感じるようになって、そしてそのことが彼女たちにわかるようになってはじめて、遊びは彼女たちにとって苦痛になったのです。女の子は恥ずかしがると男が思っているから、女の子は恥ずかしがらなければならず、実際に恥ずかしがるのです。それは、彼女が悪いことをしているからではなく、自分がもっていない道徳的清らかさを男に期待されているからです。神さまのおかげで、女の子はそのような清らかさをもっていません。しかし、人間を実際以上に高貴と見なすことほど、人間を深く傷つけることはありません。

乙女心を弄んだことについてこの自己弁護にもかかわらず、ぼくがペンを動かすことができないという事実は残っており、ぼくはそのことを理解しようとしています。きみがそう呼びたいのなら、思い出と呼んでもいいですが、いくつかの思い出が浮かんできました。ぼくが扱わねばならなかった書痙《しょけい》の人たちは、おたがいに知らないで、書くということについて次のような説明を何度もしました。「ペンは男性器で、紙は迎え入れる女、インクは精液で、ペンを紙につけたり離したりするとインクが流れ出ます。言いかえると、書くということは性行為のシンボルです。しかしまた同時に、オナニー、空想された性行為のシンボルでもあります」。この説明が正しいことは、患者がこの関連を発見するとただちに書痙が消失することから明らかであるとぼくには思われます。書痙患者にとって、ドイツ字体を書くのはラテン字体を書くよりむずかしいのですが、それは、ペンの上げ下げがよりはっきりしていて、強く、断続的だからです。細いペン軸より太いペン軸のほうが使いやすいのは、細いペン軸は太いペン軸より指またはあまりにも弱いペニスの象徴となりやすいからです。鉛筆は象徴的な精液流出がないという利点、タイプライターは、鍵盤に指を触れたり離したりするエロティシズムは残っているものの、手がじかにペニスを握らないという利点がります。これらのことは、書痙が進む過程と対応しています。書痙患者はいつも使っていたペンから鉛筆へ、ラテン字体へ、タイプライターへ、最後に口述へと進みます。

これまでインク壺の役割には触れませんでしたが、この病気の症状から、それについても情報が得られます。インク壺は、大きな口をあけ、暗黒の底へと導く深淵があり、母親シンボルです。産む女の子宮を表しています。突然、エディプス・コンプレックス、近親姦の禁止がふたたび姿を表します。今、それは、地獄の黒い腹から這いあがり、母親の観念と悪の世界との密接なつながりを予感させる筆記の小悪魔によって、生き生きとしてきます。最高の友よ。きみは信じないでしょう。その気になったら、エスがいかに奇妙な飛躍をするかを、どのようにエスが地と天と地獄を患者の小便とペン軸に結びつけるかを、そして最後に、いかにしてエスが、哀れなほど貧困な医者の脳をおかしくさせ、インク壺と母胎と地獄とが近い親戚だと信じさせるに至るかを。

この話にもつづきがあります。ペンから流れ出たインクが紙を受胎させます。紙に書きおわると、ぼくは紙をたたみ、封筒に入れ、郵便局に送ります。きみは、望むらくは友好的に微笑しながら、手紙を開封し、軽く頭を振って、ぼくがここで妊娠と出産のことを書いているのではないかと推量します。それからきみは、筆不精と非難されている多くの人たちのことを考え、彼らにとって書くことがなぜそんなにむずかしいかを理解します。そうした人たちはみんな、心のなかにシンボリズムに対する無意識的理解をもっており、分娩と子どもに対する不安に悩んでいるのです。ところで、きみはぼくたちの共通の友人、ラロットのことを思い出します。彼は、手紙を書くたびにそれを持って家と郵便ポストのあいだを一〇回行ったり来たりしないと、送り出せないのでした。どのようにしてぼくが、半時間の会話で彼を病気の症状——病気そのものではないにしても——から解放するのに成功したかを、きみは理解できるでしょう。知るということはいいことです。何が善で何が悪かを知れば、神に近づけます。

きみを疲れさせる恐れがなかったなら、筆蹟学の野原にハイキングにゆき、あれやこれやの文字について語りたいところです。またこの話をする機会があるかわかりませんが、今日のところは、ぼくたちが子どもの頃、一時間ばかりaやoやuを描き、それをどうにかこうにかがまんできるものにするために、これらの記号にいろいろな形やシンボルを付与したり読み取ったりしなければならなかったことを思い出すようお願いするだけです。子どもになってみてください。そうすればたぶん、文字の起源についていろいろなことを思いつくでしょうし、それらが果して学識者のものよりばかげているかどうか疑問に思うようになるでしょう。学識だけでは誰もまだエスに近づいた人はいません。そしてもちろん、ぼくは学問をほとんど当てにしていません。

オナニー・コンプレックスにかかわりのある二、三の経験が心に浮かんできます。かつてぼくはある女友達——きみは彼女を知りませんが、彼女はばかではありません——と争ったことがあります。彼女が、病気はエスの産物であり、エスによって望まれ、惹き起こされるということを信じようとしなかったからです。「神経質やヒステリーについては認めますが、器質的な病気も？」。ぼくは「器質的な病気もです」と答えましたが、ぼくが彼女に、ぼくのお得意の説を言い出す前に、すなわち、神経的なものと器質的なものとの区別は医者の自己告発に過ぎず、医者はそれによって自己告発を表現しようとしている——「われわれは神経質の化学的、物理学的、生物学的過程についてたいしたことは知りません。ただ、そのような過程が存在していることは知っていますが、われわれの研究によっては発見できていません。したがってわれわれは、世間に対してわれわれの無知を明示し、われわれの無能の不愉快な証拠を追っ払うために、『神経質』という表現を使っているのです」——という説を言い出す前に、彼女はさらに「不運な事故も？」と質問してきました。「不運な事故もです」。すると彼女は「わたしのエスがわたしの右腕を折らせたとき、その目的は何だったか、聞きたいですね」と言いました。「その事故がどのようにして起こったか、まだ憶えていますか」。「もちろん。ベルリンのライプツィヒ通りで。わたしは植民地物産店に行こうとしていて、すべって転び、右腕を折ったのです」。「そのとき、何を見た可能性があるか、思い出せますか」。「はい。店の前にアスパラガスの籠がありました」。突然、ぼくの論争相手は思案顔になりました。「たぶん、あなたの言う通りだわ」と彼女は言い、ある話をしてくれましたが、それを長々と述べたくはありません。しかし、その話は、アスパラガスとペニスとの類似、骨折事故を起こした者の願望をめぐっています。抑圧されたオナニー空想があったのです。それだけです。腕の骨折は揺れ動く道徳を支えようとした試みが成功したのです。腕を折った者は欲望を失うわけです。

もう一つの体験は、当初、オナニー・コンプレックスから遠く離れているように見えました。ある女性が凍ってスベスベになっていた道ですべって転び、右腕を折りました。彼女は、すべって転ぶ寸前にある幻を見たと主張しました。突然、彼女の眼の前にある婦人の姿が現れました。その姿は、それまで彼女がその婦人をよく見かけたときと同じように、外出着を着ていましたが、帽子の下が生きた額ではなく、髑髏《どくろ》でした。この幻に願望があることは推測しがたいことではありません。この婦人はかつて彼女の親友でしたが、友情は燃えるような憎しみに変わり、その憎しみは、ちょうど事故のときに新しい燃料を注ぎ込まれたところでした。これが殺人願望に対する自己懲罰に関係があることはただちに確認されました。というのは、この患者はぼくに、かつて別の女性に関して似たような幻を見たことがあり、その瞬間にその女性が死んでいたという話をしてくれたからです。したがって腕の骨折は、ぼくのような心の探究者にとってさえ、充分動機があるように見えました。しかし、その後の経過はそれ以上のことをぼくに教えてくれました。腕の骨折は簡単に治りましたが、それにもかかわらず、それから三年間ときどき、ときには天候の変化、ときには過労を理由に痛みが襲ってきました。徐々にはっきりしたオナニー・コンプレックスが現れてき、そのコンプレックスの領域に殺人空想が引き入れられていたのです。オナニー・コンプレックスはあまりにも厭わしいものだったので、この患者は殺人の幻を前面に出し、そうすることで、オナニーを意識することなく自慰衝動からのある程度の自由を得ることを選んだのでした。

ここで重要な点にやってきました。ぼくの時計の鎖には髑髏がぶらさがっています。親愛なるきみの贈物です。たびたびぼくは、オナニー・コンプレックスの始末はつけた、少なくともぼく自身に関するかぎり解決したと思い込みました。しかし、鎖をいじって書くことが妨げられるという今日の出来事のような明白な出来事は、いかに深くぼくがこのことに囚われているかを証明しています。オナニーは死を以って脅かされています。そうなったのは、突然の死のゆえにのみ注目される、まったく別の出来事から変なやり方で名前を引き出してきたからです。鎖にぶらさがった髑髏はぼくに警告します。オナニーに耽ることについての多くの警告を徹底的に繰り返します。この衝動の赴くままにしていたら、人は病気になり、気が変になり、死ぬ、と。

オナニー不安は人間の心に深く喰い入っています。それがなぜかはすでに説明しました。子どもが世界について何かを知る以前に、男女の区別ができるようになる以前に、何が近くて何が遠いかを知る以前に、月に向かって手を伸ばし、自分のウンコをおもちゃにして遊ぶ時期に、母親の手が性器をいじる淫らな手を威嚇的に払いのけたからです。

しかし、死と情欲とのあいだには不安よりも重要な関係がもう一つあり、象徴をつくるというエスの特殊性がそのことをしつこいほど知らせてくれます。

まだ思考に犯されていない無邪気な人間には、死は肉体からの魂の逃亡、自己自身の放棄、世界との別離のように見えます。ところで、この死ぬこと、この世界の外に出ること、この自己自身の放棄は、生きているときにもときどき起こります。人間が情欲に溺れるとき、恍惚のなかで感覚を失い意識を失うとき、俗な表現を用いれば、他者のなかで死ぬときに起こります。言いかえれば、死と愛は同じです。ご存じのように、ギリシア人はエロスに死と同じような特徴を与えました。エロスには、高く掲げた、直立した、燃えさかる松明《たいまつ》を、死には、だらりとさげられた、消えた松明を手に持たせました。これは、ギリシア人が象徴的な同一性、エスに対する同一性を知っていたしるしです。そして、ぼくたちもみな、この同一性を知っています。ぼくたちにとっても、勃起は生であり、生を消費する射精は平和のなかで死ぬことであり、弛緩は死です。女のなかでの死という観念にまつわるぼくたちの感情のあり方如何《いかん》によって、ぼくたちのなかに、天に昇って至福の王国に入るという信仰、または地獄の泥沼のなかに沈むという信仰が生まれます。というのは、天国と地獄は、抱擁のなかで男が死ぬとき、女の子宮のなかに男の魂を預けるとき、それが三ヵ月の三倍経てば子どもとして甦るという希望を持ってであったか、それとも、消えることのない欲望の火に対する不安を持ってであったかによってわかれてくるからです。

死と愛は一つです。何の疑いもありません。しかし、男が女のなかに、女が男のなかに自己を放棄する真の死に達した人間がいたかどうかは、ぼくは知りません。ぼくたちの文化段階では、そういうことはほとんど不可能であると思います。いずれにせよ、非常にまれなことなので、それについて報告することはできません。たぶん、抱擁のときに、死の成りゆきを空想力でもって心に描き出す人がこのような象徴的な死の可能性にもっとも近いところにいるのでしょう。快楽の絶頂の瞬間に実際に死ぬ場合があるのですから、このような場合には、象徴的な愛と死との一体性が体験されたと考えていいでしょう。このことへの憧れは、音楽、詩、言い回しに表現され、普遍的に普及しており、死と愛、墓とゆりかご、母と息子、十字架と復活をつなぐ糸を辿る手がかりとなっています。

ヒステリーの痙攣発作は、見たところ、まさにオナニー空想ですから、この発作を起こす人たちは象徴的な死の近くに達するわけです。

しかし、横道に逸れてしまいました。きみが正しい道を見つけ、忍耐心を持って、次のときにぼくがぼくの話の筋道にふたたび戻るのを許してくれることを望みます。ぼくが書くのをためらっているとき考えているすべてのことを、きみがいつか知ってくれるということを、ぼくは重要なことだと考えています。

心からきみのもの

パトリック・トロール

17

愛する友よ。きみの考えがぼくと違っていても、ちっとも不思議ではありません。前に言ったことがあったでしょう。ぼくの送る手紙は、旅行記のようなつもりでお読みいただきたいと。しかもそれはいつだかトンマなイギリス人が、たまたま二時間ほどカレーにいて、そのとき自分についた給仕が赤毛でそばかすだらけだったからと、フランス人はみんな髪が赤くそばかすがあると書いた、そのたぐいの旅行記以上のものではない、というつもりだったのです。

きみはぼくが、エスは人が足を滑らして骨折してしまうように持ってゆくことがあると言ったのを、滑稽だと思っています。もちろん、これは単なるぼくの思いつきに過ぎません。しかし、ぼくがそんなことを思いついたのは、この思いつきが結構役に立つからなのです。ぼくは人間の考えを二つに分けて考えています。一つは楽しむための、つまり贅沢品に属する考え。もう一つは、道具として使うための考え、つまり作業仮説というやつです。その考えが正しいかどうかは、実はぼくにとってそれほど大切な問題ではありません。ぼくの姿勢は聖書外典に書かれている「真実とは何か」とのピラトの問いに対するキリストの答えと同じであると言っておきましょう。「真実は天にも地にもなく、また天地のあいだにもない」。

これまであれこれ、まあ人間精神の研究のようなことをやってきたわけですが、そのあいだには、めまいの研究もときどきしました。ところで、そのめまいのことを調べたときに、ぼくとしてはむしろ意に反して、すべてのめまいはエスの警告であるという結論に到達せざるを得なかったのです。エスが「気をつけろ、さもないとひっくり返るぞ」と言っていると。自分で考えてみたいと言うのでしたら、次のことだけ忘れないよう忠告します。つまり、ひっくり返るというのには二種類ある。本当に肉体が倒れてしまう場合と、物語などで転落といわれるような道徳的な意味で倒れる場合の二つあるのです。しかし、エスにはどうもこの二種類をキチンと区別することができないらしい。いや、むしろこう言っておきましょう。エスは、一方に出くわすと同時に他方のことを考えるのだと。ですからめまいというのはいつでも、この両方向にわたる警告なのです。肉体の現実的な側面の表現でも、あるいは敷衍した象徴的な意味でもあるのですね。で、エスが、単なるめまい、足の踏み違え、躓き、街灯にぶつかること、魚《うお》の目《め》の痛み、尖った石を踏んづけるといった程度では、とても警告の緊急性に見合わないと判断した場合には、人間を床に叩きつけ、頭に一撃を喰わし、眼を見えなくしたり、骨折させたりするわけです。人間が罪を犯すために使う肢体をね。あるいは、人を病気にすることもあります。たとえば痛風なんていうのはその例ですが、その話にはまたすぐ戻ることにしましょう。

今はっきり言っておきたいのはこういうことです。すなわち、人殺し、姦通、泥棒、あるいは自慰などの空想を罪であると考えるのはぼくではない。そうではなくて、それを思い描いている当人のエスが、それを罪だと決めるのです。ぼくは神父でも裁判官でもなく医者です。善だ悪だというのは、ぼくにはどうでもよい。ただ、人びとのエスが、あれやこれやを罪だと判断し、何だかんだと裁くことだけは否定できません。それは認めざるを得ないのです。ぼく自身としてはできるかぎり「裁くな、汝が裁かれぬように」という教訓に従うべく努めています。ぼくはこの言葉の意味をできるだけ広く取り、自分自身に対しても裁判官になどならぬよう気をつけていますし、ぼくの患者たちにも、自分を裁くことをやめるよう勧めているのです。まあこれは、聞く人のつもりによって、大変立派な言い分のようにも恥知らずな言い草にも取れますね。しかし実は、これは医術なのです。この術を施したからといって、何か悪い結果を生ずるとは思いません。実際にもやっていることですが、たとえばぼくが「何も気にしないで人通りの多い道路にしゃがみ込み、ズボンのボタンをはずして、こんもり一山やらかすことができるくらいにならなくては」と言いますね。そのときには、できるという言葉を強調します。患者が決してそれを実行しないのは、警察としつけと、何百年もかかって植えつけられた恐怖心のためなのです。きみがいくらぼくのことを悪魔だとか良俗紊乱《びんらん》者だとか呼んでも、ぼくはこの点ではまったく何の良心の咎《とが》めも感じません。これは逆から言うと、人間というのは、いくら裁くまいとしてもそれをやめられないものだということです。つねに変わることなく人間は価値判断をくだしつづけます。それはもう眼鼻が顔にあるのと同様どうしようもありません。まったく、眼と鼻があるがために、人間はつねに変わることなく「そいつはいけない」と言いつづけると言ってもいいほどです。自分自身をたいしたものだと思い込むためにこれがどうしても必要なのですからね。キリストでさえ、十字架にかけられたとき、それをやらずにはいられなかったのですか。「神よ、わが神、なにゆえ我を見捨てられたのか」だとか「成就された」とか言って。パリサイ人みたいになって「主よ、私が他の人のようでないのを感謝いたします」と言うのは人間らしいことです。ただし、「神よ罪人なる我をあわれんでください」と言うのも、それに劣らず人間的なのです。人間は、他のすべてのものと同様二つの面をもっています。あるときは一方の面が見え、かと思うと別の面が見えるでしょう。しかし、いつでもその両方の面が確乎として存在しているのです。人間というのは自由意志を信じることになっており、自分の本性のうち決まったある部分を使って仕事をすることになっています。そのためには罪を発明することも必要なのです。自分にも、他人にも、神にもね。

これからぼくが話すことを、きっと信じられないと言うでしょう。しかし、ぼくはこの話が気に入っていますし、それにまだ全然話していないか、あるいはボンヤリとしか話していないことが、この話のなかにはぎっしりつまっています。ですからいやがらないで読んでください。

二、三年前、ある婦人がぼくの診療所にやって来ました。その婦人は長年、慢性の関節炎を病んでいたのです。発病はそれよりはるかに昔のことで、一八年も前でした。当時患者は年頃の娘だったわけですが、そのとき右脚の痛みと腫脹が始まったのです。ぼくが最初に診察したときには、手首、指、肘の関節はまったく役に立たない状態でした。そのため患者は食事も人に食べさせてもらわなければならなかったのです。股関節はほんのわずかしか開かず、両脚は完全に麻痺、首は回すことも曲げることもできず、顎の関節にも異常があって、やっと指一本が入る程度にしか口を開けることができませんでした。腕を肩の高さにもち上げることもできなかったのです。趣味の悪い言い方ですが、つまりこの患者は、たとえ皇帝が騎馬で通りかかっても、万歳を叫んで手を打ち振ることもできない状態だったのです。子どもの頃はちゃんとそうできたのでしょうが、まったく、患者の状態は絶望的でした。二年間寝たきりで、赤ちゃんのように食べさせてもらっていたのですから。長年この患者は結核性関節炎だと言われて、その治療を受けていました。その診断が当っていなかったことはわかりますが、しかしそれにしても、患者の症状がある種の変形性関節炎の重度のものであることは間違いないと思われました。しかし、現在その患者はふたたび自分で立って歩き、ひとりで物を食べ、鋤など使って庭仕事をし、階段をのぼり、ちゃんと脚を曲げることも、自分の思い通り首をかしげることも回すこともできます。気が向けば股を開くことだってできるし、皇帝が通りかかったら、たぶん万歳だって叫べるでしょう。つまり、患者は治ったのです。機能が完全に旧に復したことを治ったと言えるとすればの話ですが。今でもちょっとふつうの人と違うのは、この人の歩き方です。歩いているとき下半身をうんと突き出すようにするものですから、まるでぶってくれと言っているように見えるのです。ところでこの患者の長年にわたる重篤な症状は、患者の父親がフリードリヒ・ヴィルヘルムという名であることと、からかうつもりで誰かが、おまえはお母さんの子じゃなくて垣根の陰に捨てられていたんだよと言って聞かせたために生じたのでした。

この患者は、ぼくの仲間たちがフロイト流に家族物語と呼んでいることを話すのにぴったりなのです。子ども時代を思い出してごらんなさい。自分は本当の両親、身分の高いその両親のところからジプシーにさらわれたのだ。自分が今一緒に住んでいる両親は、養い親に過ぎないなどと空想して、一所懸命そのことを考えたり、ままごとでやってみたりしたでしょう。子どもというのはそういうことを考えるものです。それは結局隠された願望なのです。オムツをした赤ちゃんとして、家じゅうを自分の意に従わせているかぎり、家族はまことにけっこうな人たちです。しかし、しつけがはじまって、当然の、あるいはときには当然ではないことを言いつけられるようになり、のんびりとした日常生活に教育が割り込んでくるようになると、子どもは、自分のような立派な子どもは、こんな両親にはもったいないと感じるようになるのです。ぼくたち子どもは、おもらしをしたり、子どもっぽい弱みを持っているわけですね。しかし、自分の価値の幻想を失ってしまいたくありません。そこで子どもは、両親のほうが継親だ、間抜けだ、魔女だと空想するようになるのです。自分は、そういうくだらない存在に苦しめられている王子さまだというわけですね。伝説や童話をお読みになれば、そういう例はいくらでもありますし、それではくだらな過ぎるというのでしたら、フロイト派の立派な書物もあります。そっちのほうをお読みになっても、同じことが書いてあります。つまり、ぼくたちはみんな最初自分の父親を、もっとも強く、もっとも善い至高の存在だと考えている。しかし、そのうち、その父親が、あっちの人やこっちの人に遠慮したりするのに気づき、自分が最初考えていたような、絶対の支配者ではないことがわかってくるというのです。しかし、自分としては、至高者の子どもであると思いつづけていたい――尊崇というのも、見栄と同じ程度に、ぼくたちから切り離すことのできない感情ですから――で、結局ぼくたちとしては、誘拐とか、取り替え子などという、生きるためのお伽話を発明するわけです。ことのついでに言ってしまえば、人間の偉大な存在を求めてやまぬ性情にはまったくかぎりがないので、最終的には王などという存在でも間に合いません。だからこそぼくたちは、自分を神の子だと言ったり、父なる神などという概念を作り出したりするのです。

ぼくがお話ししようという例の患者の内部にも、この種の家族物語が生きていました。もっとも、本人もそれと意識していたわけではありません。患者のエスは、その物語をこしらえあげるのに、二つの名前を使いました。一つは父親の、フリードリヒ・ヴィルヘルムという名、もう一つは患者自身の名です。患者はアウグスタと言いました。その上さらに、患者のエスは、女の子は男の子が去勢されてできるものだという、子どもの理論をもってきました。患者の考えを順序を追って説明しますと、こういうことです。わたしはフリードリヒ・ヴィルヘルム、当時の皇太子、のちの皇帝フリードリヒの子どもだ。わたしは本当は男の子で、皇太子であり、本来ならばヴィルヘルムと名乗って帝位に就いているはずだった。わたしは誕生直後に誘拐され、わたしの代わりに魔女の子どもが王家のゆりかごに入れられた。

その子が今の皇帝ヴィルヘルム二世だ。しかしこの子は正統の皇太子ではなく、わたしの継ぐべき帝位の簒奪者である。わたしをさらった者は、わたしを垣根の陰に放置し、あらゆる希望を奪うため、性器を切り取ってわたしを女の子にしてしまった。わたしの生まれを示す唯一の名残りとして、アウグスタ、至高者という名だけが残った。

患者の無意識にこのような空想が拡がりはじめたのがいつだったかは、比較的はっきりしています。遅くとも一八八八年にはできていたはずです。つまり、患者が四歳になる前ということです。これは簡単なことなのです。自分はホーエンツォレルン家の生まれなのだと患者が思いついたのは、自分の父親の名がフリードリヒ・ヴィルヘルムだったからでした。ところで、患者が自分の本当の父親と思い込んでしまったその方がフリードリヒ・ヴィルヘルムと名乗っていたのは、皇太子時代だけですからね。その皇太子フリードリヒ・ヴィルヘルムは癌にかかっていたわけですが、ドイツ語で癌と言えば蟹と同じです。きっと四つの子どもとしてはそれを聞いても蟹のことだとしか考えられず、鋏だとか、切断だとかのことを連想したに違いありません。切断という言葉は去勢につながります。ここが重要な点です。子どもはそれまでに、爪を切ったり髪を切られたりしているわけですが、『モジャモジャペーター』の本を見たり、聞かせてもらったりしていれば、爪切りや散髪と去勢コンプレックスの関係が、ますますはっきり感じられたことでしょう。しかも、この永遠のベストセラー『モジャモジャペーター』の本の中には、親指シャブリのコンラートの話まで出ているのですからね。こっちの話は、母親の乳房に対する途絶えることのない憧憬と、離乳、母親から切り離されるこの避けがたい去勢のつらい記憶を思い起こさせるに決まっています。

　こういうことをすべて話したのは、自分でちょっと考えてみてもらうためです。自分で考えてはじめて、あとで患者をあれほどひどい目に遭わせた空想が生まれる素地は、ちょうど三歳から四歳の間にできあがったのだと、納得してもらえるでしょう。いいですか、この患者のエスは、自分は正統な皇帝のエスであると確信していた、ないしはむしろ信じたがっていたと言ったほうがよいでしょう。王冠を戴く者は左右をキョロキョロしたりしないものです。皇帝たるものは傍見することなく裁き、地上のいかなる権力にも頭をさげることはしません。「だから」当然エスとしては、自分の支配している人間の体液や筋力に向かって、こう命じたのです。「わたしの頭をしっかり固め、動かぬようにせよ。顎を閉じて、万歳を叫べないようにせよ。わたしという人間はすでに一度、あの簒奪者、取り替えられた魔女の子どもに向かって万歳を叫び、手を打ち振ったりしてしまった。肩を麻痺させて、二度と偽皇帝に歓呼を送ったりできないようにせよ。脚もこわばったほうがよい、至高の皇帝が、誰かの前に跪《ひざまず》くことなどあってよいはずがない。股も開かないように。男がそのあいだに入ることなど決してあってはならぬ。そのようなことがあっては、かの悪魔のごとき企みが、完全に成就してしまう。いやしむべき憎しみと、哀れむべき羨望によって男から女に変えられたこの肉体が、子どもを産むようなことになってはならない。そんなことが起こってはあらゆる希望が消え去る。心して、下半身を引っ込めておけ、誰にも入口がわからないように。腹部が丸くなったりせぬようにさせよ。十字架を負わされたようにしか歩くことも立つともできぬようになれ。今はまだ、奸計によって奪われた男の象徴が二度と再生しないとあきらめるには早い。女にされてしまったこの皇帝が、まことの男になることができぬとは言えないのだ。体液よ、筋力よ、去勢された者に、見せてやれ。柔らかいものを固くすることができることを。脚をこわばらせ曲がらなくして、勃起、固くなるというのがどういうことなのかを教えてやれ」。

敬うべき友よ、きっときみは腹を立てて「何てばかな!」とおっしゃることでしょう。そしておそらく、ぼくが話したことは気のふれた人間の誇大妄想に過ぎないのだなどと考えるかもしれませんね。そんなふうには思わないでください。この患者の精神は、きみやぼくと同じように健全なのですから。ぼくが話したのは、エスが痛風を起こし、人間を麻痺させるとき、いったい、どんなことを思いついているものかをわかってもらうためのほんの一例なのです。エスという奴はこれ以外にもさまざまなことを考えつきますから。しかし、この話を読んで、精神病の発病とこの話とはやはり関係があるのではないかと考えるかもしれません。でも、そういう場合、きっと納得してもらえますね。精神異常といっても、色眼鏡をはずして見れば、最初感じるほどひどく異常なわけではないのだと。精神病者の固定観念といったって、ぼくたちみんながもっているのと同じようなものなのです。ぼくたちにしたって、固定観念をもたないではいられません。人間というのは固定観念なしでは何もできないのですから。ただ、その同じ固定観念から、エスはどうしてある場合には父なる神の宗教を生み、別の場合には痛風を起こし、他の場合には狂気を生じさせるのでしょう。ある人たちの場合にはそれが王国、錫杖、冠につながる。花嫁の場合には処女の冠につながる。ぼくたちすべてに、完全を求めさせ、英雄的行為や野心を生じさせる。それはいったい、なぜなのか。お暇なときにどうぞ考えてみてください。

ところで、今話した王族の生まれだというお伽話は、患者の心をチョイとのぞいて、そのまま持ち出してきたわけではもちろんありません。すべてはズタズタになって、あるかけらは指に、他のは鼻に、あるいは脚に、また下半身に隠れひそんでいたのです。ぼくと患者は一緒にそれらのかけらを拾ってつづり合わせたのです。わざと拾わなかったかけらもかなりあり、愚かさのゆえに見つけられなかったり拾えなかったかけらは、それよりもたくさんあります。まったくのところ、これだけは正直に言っておかねばならないと思います。実はぼくは、暗闇の部分はすべて、取りあげないでしまいました――実は、それこそ本質なのですが――。つまり――ただし、これから言うことは、すぐに忘れてくださらなければいけませんよ――エスについて何かわかったと思ったとしても、それはすべて結局のところ、条件つきで正しいに過ぎないのです。それが正しいのはただ、エスが言葉、身振り、症状を用いて語っているときだけなのです。ですからその次の瞬間にはその真実はどこかにいってしまい、見つけることなどできなくなるのです。天にも地にも、天地のあいだにも。

パトリック・トロール

18

愛する友よ。きみはとても呑み込みが早いですね。ぼくが時計の鎖を弄んでいたことについての思いつきを話すのをやめて、全然関係ない話をはじめたのはなぜかと尋ねるのですから。これについてはとても珍妙な説明をすることになります。でも、ちゃんと説明はつくのですよ。時計の鎖に関する自己分析をはじめたとき、ぼくはこんなことを書きました。「ぼくは右手にペンを持ち、左手で時計の鎖をいじっています」。これがどちらもオナニー・コンプレックスに関係があると述べてから、次のように書き進めました。「眼差しは向かい側の壁に向けられています。その壁にはオランダの銅版画が掛かっていますが、それは、イエスの割礼を描いたレンブラントの絵の複製です」。実は、これはまったく本当ではないのです。その銅版画は、多くの人びとが見守るなかで、幼いイエスが神殿で公示される場面を描いた絵を写したものなのです。ぼくはそんなこととっくに知っていたはずでしたし、実際に知っていました。それまでに幾度となく観察したことがあったのですから。にもかかわらずぼくのエスは、ぼくにそのことを忘れさせ、公示の場面を割礼の場面にしてしまったのです。なぜでしょうか。ぼくがオナニー・コンプレックスに囚われていたから。オナニーは罰せられるべきもの、それも去勢によって罰せられるものですから。そして割礼は去勢を象徴しているからなのです。ぼくの無意識が、オナニー観念に対する反応として去勢の観念を要求したのです。逆に、幼児イエスが神殿で衆目にさらされるというのは、ぼくの無意識にとってがまんならなかったに違いありません。男の子というものはすべて、男性器の象徴です。この男の子も例外ではありません。それに対して神殿というのは母親の象徴なのです。つまり、銅版画に描かれている通りがぼくの意識に到達したとしますと、そのときぼくがいじっていた時計の鎖やペンと結びついて、全体でこんな意味をもつことになってしまったのでしょう。「お前は象徴である男の子をみんなの前で弄び、しかも、結局このオナニー遊びが母親イマゴーに向けられたものであることさえあからさまにしようとしている。レンブラントは神殿という摩訶不思議な薄明を、母親イマゴーの象徴として描いたのだからな」。しかしこれでは、オナニーの禁止に加えて近親姦の禁止にまで抵触していることになります。ぼくの無意識はとてもそんなことに耐えられず、ただちに象徴的処罰を選んだというわけです。

ぼくは、割礼の儀式は実際に去勢と何らかのかかわりがあるのではないかと思っています。割礼が行なわれるようになったことについては、アブラハムにかかわりがあると言われていますからね。アブラハムの生涯というと、かの奇妙なイサクの生贄の物語が必ず登場します。主がアブラハムに息子を屠れと命じたこと、アブラハムが従順にその命に従おうとしたこと、しかし最後の瞬間に天使によってそれを妨げられたこと、などなど。結局イサクの代わりに雄羊が捧げられたのでした。しかし、ほんの少しそのつもりになって読んでごらんになれば、この物語から次のことがわかるはずです。つまり、息子の生贄というのはペニスの切断を意味しているのであり、息子はその象徴として用いられているのだ、と。この物語が言わんとしているのは、神に仕えるものが自己去勢をする代わりに、いつの時代からか生贄の動物を捧げるようになったということなのです。カトリックの司祭が貞潔の誓いを立てるのは、この自己去勢の流れを汲んでいるのでしょう。この象徴の謎の鍵は雄羊にあります。羊の飼育にあたっては、古来、去勢がごく当り前に行なわれておりましたからね。この事情を踏まえてみますと、エホヴァとアブラハムのあいだで行なわれた割礼の絆の物語も、同じことを別の形で表しているお伽話であることがわかります。聖書にはめずらしくない一つのテーマの繰り返しなのです。以上のように考えてくれれば、割礼は間違いなく神に仕えるための去勢の残存形態でありましょう。しかし、その本来の意味がどういうものであったにせよ、ぼくの無意識にとって──そしてこれは割礼と公示を取り違えた点に関してのみ言えることですが──とにかく割礼と去勢とは非常に近いもの、ほとんどまったく同一としか考えられないのです。多くの人びとがそうであるように、ぼくも、かなり後になるまで去勢されたもの、つまり宦官が、割礼されたものとは違うとは知らなかったものですから。

ところで、この去勢と割礼の関係は、フロイトの理論のなかで特別の役割を果しています。どうぞ、ぜひフロイトの書いた『トーテムとタブー』という本をお読みになってください。ぼくとしては、それまでの座興に、ちょっとした民族心理学に属する空想を一つお話ししておくことにしましょう。これはほんとにつまらない話ですから、まともに取る必要はありません。ぼくが思うに、昔、まだ非常に若くして結婚するのがふつうだった頃、長男というのは父親にとってかなり歓迎されざる同居人ではなかったでしょうか。親子の年齢差は非常に小さく、長男はありとあらゆる面で父親の対抗者でした。とりわけ、若い母親をめぐる恋敵として、長男は大変危険な存在だったに違いありません。現代にあってさえ、父親と息子は生まれついての競争者であり、敵です。かつてと同じように双方は母親をめぐって争います。同じ人を一方は妻として所有しており、もう一方は心からの熱愛を捧げて愛しているわけですから。しかし、かつて、歳の差が現代ほどは大きくなく、情熱と衝動とがはるかに熱く、縛られぬ形であった時代、父親は不愉快な息子を亡き者にしようと考えがちでした。むろん、このような思いはすぐさま抑圧されるのですが、しばしばはっきりとさまざまな人間関係や病状として現れてきます。父性愛などというものは、よく見ると、母性愛に優るとも劣らぬけったいなものなのですから。で、このようなことが考えられはしないかと思うのです。すなわち、もともとは長男を殺すのが習慣であった。しかし、人間というものは芝居をしたがり、かつ偽善者でもありますから、長男殺害という犯罪を神への奉仕にすり替えてしまい、息子を生贄として神に供えるようになった。こうすれば、殺人にけっこうな名目が立つばかりか、殺した子どもをあとで食べることもでき、それで、無意識の有する子どもらしい観念、すなわち、妊娠はペニス、息子の象徴を食べることによって生ずるという観念を表現できたのですから。徐々に、この憎しみの衝動は抑圧されるようになり、それと同時に息子の生贄も他の形に移行することになりました。労働力が不足しがちになって、単純に人殺しをしていたのでは自分たちも困るようになってきたのです。そこで行なわれたのが、恋敵である息子の去勢でした。それによってみずからの優位を絶対のものにし、恐れる必要をなくすると同時に、労せずして奴隷まで手に入れられたわけです。人口が殖え過ぎると、長子を追い出しました。これは初穂祭（春の祭典）として歴史にも記されています。耕作がはじまり、部族が集まって民族となり、すべての男子の力が求められるようになって後、殺人は象徴化され、割礼が発明されたのです。

この空想の連環を完全にするためには、問題を息子の側からも考える必要があります。息子にしたって、父親が息子を憎んでいるのに劣らず、父親を憎んでいることをお忘れなく。父親に対する殺害願望は、同じく去勢観念に姿を変えます。たとえばゼウスとクロノスの神話に登場するのがそれです。この願望が結局、祭司が神に仕えるために去勢されることにつながります。ペニスはたしかに息子の象徴ですが、同時にこれは産むもの、つまり父親でもあり、ペニスを切り取ることは父親殺害の喩《たと》えなのです。

うんざりするかもしれませんが、もう一度、時計の鎖の話に戻ります。この鎖には髑髏のほかに小さな地球儀がぶらさげてあるのです。考えがあちこちしているうちに思いついたのですが、地球は母親の象徴でしたね。ですから、それを弄ぶということは、近親姦を表徴しているということになります。地球儀のかたわらには髑髏がいて、こちらをにらんでいるわけですから、ぼくの筆がとまってしまったのも不思議ではありません。オナニーと近親姦という死に値する罪を二つながら身に引き受けたがる者がどこにいるでしょう。

さて、それではぼくがあのとき話していた聴覚印象はどういう意味をもっているでしょう。窓から行進曲、フクロウの叫び、そして自動車と電車の音が聞こえると言ったのでした。行進曲と言えば拍子とリズムが特徴です。そしてリズムという言葉は、あらゆる行動は正しく拍子を取ってやるほうがうまくゆく、という観察につながります。そんなことはどんな子どもでも知っています。もしかするとその同じ子どもは、なぜそうなのか、教えてくれるかもしれません。おそらく拍子とリズムというのは、古いおなじみ、母胎内以来の、欠くべからざる生活習慣なのでしょう。まだ生まれていない子どもが受け取る感覚印象はごくかぎられたものだと思われます。そのなかでもリズムと拍子の印象は、もっとも重要なものでしょう。母親の胎内で子どもは揺すられます。母親自身の動き、そして歩みによって、あるいは弱く、あるいは強く。さらに、子ども自身の内部では休むことなく心臓が不思議な音楽を打ち出しています。拍子とリズムに乗って。子どもは、もしかすると耳を使っているかもしれませんが、たしかに身体の共通感覚で以ってその音楽を聴き取ります。とにかく揺れを感じ取り、無意識のなかで加工します。

人間とリズムの深い関係を示す例をいくつか挙げてみるのもおもしろいに違いありません。人間の意識的行動、仕事、技術、歩み、動作などがリズムに支配されているだけではありません。眠りも目覚めも、呼吸も消化も成長も衰弱も、まさにありとあらゆることがリズムに支配されているのです。エスは象徴のなかに姿を表すと同様、リズムのなかにも姿を見せるように思われます。リズムはエスの欠くべからざる性質の一つなのではないか、でなければ少なくとも、ぼくたちがエスとその生態を観察するためには、エスにリズム的性格を与えないわけにゆかないのだろうと思うのです。しかし、そんな話をはじめてしまうとキリがありません。ここでは、行進曲がぼくに妊娠のことを考えさせたことだけを言っておきましょう。妊娠というのはすでに話した、時計の鎖につけてある地球儀の話のところでも、ちょっと出てきました。この地球儀は——ほとんど言うまでもないことですが——母なる大地などという言い方や球の丸みから、当然、妊娠中の母体を暗示しているのですからね。

今になってみますと、あのときぼくが爪先ではなくて踵で拍子を取っていたわけもわかります。ありとあらゆる人間が、小さいときから無意識に踵を出産と結びつけているものです。ぼくたちはみんな、アダムとエヴァの原罪の話を聞かされて育ったのですから。お忘れのようでしたら、もう一度読んでごらんなさい。あの話でいちばんおもしろいのは、果実を食べた後、二人の人間が裸体を恥じるようになったというところです。これはつまり、この話は性の快楽にまつわる罪のことを象徴的に語っている証拠ではありませんか。天の楽園、その中央に生命と認識の樹——識《し》るというのは、交わることとの別の言い方です——が「立っている」図が何を意味するかは、言わずもがなでしょう。蛇というのははるか昔から、どの文化圏でも繰り返し登場する男性器の象徴です。蛇に咬《か》まれると毒が回る、つまり妊娠します。蛇がエヴァに渡した果実は、聖書に書いてあるわけでもないのに、つねにリンゴ、愛の女神の果実として、これまで何世紀ものあいだ描かれつづけています。リンゴ、この見て美しく、食べるに適した果物は、胸、睾丸、尻を示すのです。このつながりがわかりさえすれば、女は蛇の頭を踏み砕き、蛇は女の踵を咬むという呪いが何なのかもすぐわかります。つまりこれは射精によって惹き起こされる男根の死、弛緩のこと、および、ぼくたちが子どもの頃聞かされたコウノトリの一つつき、つまり赤ちゃんが生まれることを言っているわけです。ぼくが踵で拍子を取ったということは、ぼくの無意識が、どれほど妊娠という考えに囚われていたかを示します。ただし、それと同時に、去勢にも縛られていました。蛇の頭を踏み潰すというのは、弛緩と去勢、双方に取れますから。そしてそこにはふたたび死の観念もピッタリ密着してやってきています。頭を踏み潰すというのは一種の斬首ですが、これは男根の弛緩＝去勢を象徴するような形で生じてきた死なせ方なのです。斬首によって人間は頭一つ分短くなりますが、性器にも同じことが言えます。性交の後、亀頭は包皮の中にひっこんでしまいますから。少し気をつけさえすれば、ダヴィデとゴリアテ、ユディトとホロフェルネス、サロメと洗者ヨハネの話なども、結局同じことの繰り返しであることがわかるはずです。もし気が向けば、試してごらんなさい。

交合は死の一種、女のなかでの死だという考え方は、何千年も前から歴史に見え隠れしています。そしてこの死が、ぼくの聴覚に、鋭くきつい号令でどなりつけるのです、「コイッ、オイッチニ」と。その号令と同時に、ふたたびオナニーの主題が、自動車の警笛から聞こえてきます。自動車というのは言うまでもなく、オナニーの最大の象徴です。そもそも自動車の発明そのものが、オナニー衝動の産物なのではないかと思うのですが。電車が——摩擦電気と乗客輸送の連想経路によって——オナニーおよび妊娠の象徴を併せ担っていることは、事実によって証明されていると言えるでしょう。ご婦人方、男にくらべてはるかに象徴に敏感で、芸術と深く結ばれている人類の一方は、ひっきりなしに電車から誤った飛び降り方をして、ころんでいらっしゃるではありませんか。

　行進の問題の別の面もわかるようになりました。もう何年も前のこと、これと同じ拍子をある将校の葬儀帰りの行進で耳にしたことがありました。つい今しがた、同僚を埋葬してきたばかりの兵士たちが、楽しげな演奏とともに生活へと戻っているのを、いつも大変すばらしいと思っていました。軍だけでなく、どこでも誰でも、そのようであるべきだと思うのです。亡骸が土に覆われてしまえば、それで悲しみの時間はおわりです。「整列！」。

非情だとお思いですか。ぼくはむしろ人間に三日間悲しみつづけろと言うほうが非情だと思います。間違いなく、ぼくが知るかぎり、人間にとって三日間というのは限界を超えています。死人はつねにありがたい、という諺がありますが、本当のところはつねにありがたくない存在なのです。ほんの少し詮索してみれば、悲嘆騒ぎはすべて単なる不安だということがわかります。この不安はつまり幽霊に対する不安です。すなわち、倫理的価値から言えば、死者は足を先にして家から出すという習慣とほぼ同程度と言えましょう。どちらも死者が二度と戻ってこないよう、気づかっているわけですから。死者の霊は亡骸の近くにいるものだと感じるのがふつうです。亡骸を見たら泣かなければなりません。そうでないと、幽霊に失礼だというのであとで復讐されます。亡骸が土中深く埋葬されてはじめて幽霊も出られなくなるのです。それでも安心し切れないというわけで、土中の亡骸の胸の上に重い石を置くこともあります。胸の上に石を置かれるという言い方は今でもしますね。そんな言い方をしているということは、ぼくたち近代人も、昔の人間と同じように、墓のなかで死者が生きつづけていると信じて疑っていない証拠です。つまりぼくたちは、死者が墓石に押さえつけられているようすを想像し、その感覚を自分の身に移し代えて「胸の上に石を置かれた」と言うわけです。もしかして、死んでしまった身内を土中に押し込めるなどというすさまじいことをしている罰として、この言い方があるのかもしれません。ただし、死者が本当に甦りなどしてしまった場合には、その死者が墓から決して逃げ出せないように、鉄菱がしかけてあります。墓石に置かれた花輪が、その鉄菱です。

一方のことばかり言ってはいけませんね。死者について甦るという言葉が使われますが、これはつまり、人が亡くなって埋葬されるまで亡骸を安置しておくというならわしの裏で暗に働いている考えを明らかにする言葉です。三日間というのが甦りの期限であるわけですが、三掛ける三は九、つまり妊娠している月数になります。その三日間のあいだに、死者の魂が天上への道を見つけて、この世から遠く離れ、戻ってくることなどありませんように、と生き残った者が願うのも、理由のないことではないのです。

人間は死者のために悲しんだりしないというのは嘘です。人間は心底悲しんでいる場合、それを見せびらかしたりはしません。ただし、そのときにも、その人の悲しみが本当に死者を悼んでのものかどうかは疑わざるを得ません。もしかするとその人のエスが、何か別のことで悲しんでいて、その合理化のため、人が死んだのを言い訳にしているのかもしれません。道徳という怖いマダムにとがめられないようにね。

信じられないと言うのですか。人間はそれほどひどくはないと？　しかしそれはひどいでしょうか。幼い子どもが死者を悼んで悲しみに沈んでいるのを見たことがありますか。子どもたちはそういう悲しみ方をしないから、ひどい存在だと言えますか。母が話してくれたのですが、ぼくの祖父が亡くなったとき——ちょうどぼくは三歳か四歳でした——ぼくは手を打って祖父の柩《ひつぎ》の周りを跳ね歩き、大声で叫んでいたのだそうです、「僕のおじいちゃんがこのなかに入ってるんだよ」と。母はだからといってぼくをひどい人間だとは考えませんでした。ぼく自身、自分を母より道徳的な人間であるとはとても思えません。ですからそんなことで人を裁くことはいたしかねます。

しかし、そうだとすれば、いったいどうして人間は、一年ものあいだ、喪に服したりするのでしょうか。半分は人前をはばかっているのですが、しかし何よりも——偽善者らしく——自分自身を欺き、騙すためなのです。人間は、死者と自分自身に向かって、自分はこの死者に忠実であり、この死者を決して忘れはしないと一度は誓うものです。ところが、何時間か経てば、生きている者は死者を忘れてしまいます。ですから、それに備えて、思い出しやすいように黒い服を着、喪章をつけ、写真を飾り、永の眠りについた者の髪の毛を身につけたりするのです。悲しむのはいいことだということになっていますから。

こっそり耳打ちしてもよろしいでしょうか。妻か夫を亡くした人を、その二年後になってから見てごらんなさい。残されたほうも死んでしまっているかもしれません。そういうこともよくあります。しかしそうでなければ、未亡人は生き生きとした、生気と魅力満ち溢れんばかりの幸福なレディになりで、鰥夫《やもお》だったほうは、また奥さんを貰っていることでしょう。

笑ってはいけません！　これには深いわけがあるのですし、たしかに間違いのないことなのですから。

いつもきみの

パトリック・トロール

19

きみはまたぼくのことをいろいろとがめていましたね。あんなふうに言うものではありません。その理由をわかっていただく必要がありますから、少しはっきり言わせてもらいます。なぜきみは、ぼくがエヴァのリンゴのことを尻と比べたのをけしからんと言うのですか。別にその比較はぼくが発明したわけではありません。ドイツ語そのものがそういう言い方になっているのです。イタリア語や英語も同じことです。

きみが怒って、ぼくを責めたのはなぜかを教えてあげましょう。ぼくがエヴァの尻の話をしたとき、きみは、きみの愛する人がときどききみを背後から抱くことがあったのを思い出したのです。きみは跪いていることもあったし、愛する人の膝の上にすわっていたこともあったでしょう。とにかく、きみはそのことをとても恥ずかしいことに思っています。ドイツのお偉い学者たちとちょうど同じです。このお偉方は、モーレ・フェラールム（More ferarum）、すなわち、獣のスタイルという言い方で、この愛の歓びをくさし、大きな顔をしてその擁護者をひっぱたいています。なぜかと言えば、その学徒たちは一人残らず、このモーレ・フェラールムが好きだったか、少なくとも、やってみたいと思ったことがあるからなのです。それだけではなく、彼らは、男のもつ愛の短刀が三角であり、女のもつ愛のさやのほうも同じ形であること、そして、この短刀がさやにぴったり収まるのは、それがうしろから差し込まれたときだけだということを間違いなく知っているのですし、少なくとも知っているべきです。どうぞ偽善者のおためごかしに耳を貸すのはおやめなさい。愛は決して子どもをつくるために存在しているのではありませんし、結婚は感化院ではないのです。性交は歓びをもたらすべきです。すべての結婚生活、たぐいなく純潔な男と、もっとも清純な女のつくる結婚生活にあっても、性交はあらゆる形で、考えられるかぎりさまざまなやり方で行なわれるものではありませんか。相互のオナニーという形でも、見せびらかしとしても、サディスティックな遊び、誘惑と強姦、性感帯へのキス、あるいは性感帯を吸うこと、男色、役割を交換して女が男の上になること、立っても、寝ても、すわっても、そして当然「モーレ・フェラールム」でも。それを実行できない一握りの連中がいることは事実です。連中はそれをやるだけの胆力がなく、その代わりに夢想に耽るのです。しかしぼくの知るかぎり、そういう取り澄ました連中が、愛する人の前では自分の子どもっぽさを隠せないでいる人間たちより上等だとは絶対に言えません。たしかに、人間のなかには獣が棲んでいるなどという言い方をする連中がいます。そういう連中は、人間であることは、連中のいわゆる高貴なことであると考えているわけです。しかしこんなもの、ちょっと近づいて見ればまことに下劣なものであるとすぐにお里が知れてしまいます。連中の考えているのは、たとえば分別であるとか、芸術とか宗教とか、とにかく、どこかで頭か心、つまり横隔膜より上の部分に由来するところじつけられるものすべてです。逆に下半身、ことに脚の間、すなわち性器と肛門にかかわるものは全部、獣的なことにしてしまうのです。ぼくがきみだったら、こんなことを言っている人物には、軽々しく近づかないよう気をつけます。もう少しひどいことを言ってもよいでしょうか。ぼくたち教養あるヨーロッパ人はいつでも、自分たちだけが人間であるかのようにふるまっています。自分たちのやっていることは正しく自然で、他の民族、他の時代の人びとはみんな悪い、倒錯している、というわけです。どうぞ、プロックの女性についての本をお読みください。あれを読んでみれば、何億という人間が、ぼくたちとは異なった性習慣をもち、性行動を行なっていることが、わかるでしょう。まあむろん、そこに出てくるのはまともな人間ではなく、中国人、日本人、インド人、更には黒人ではあるわけですが。だとしたら、ポンペイに行ってごらんなさい。その遺跡のなかに――ヴェッティアの家と呼ばれる――家が一軒あります。その家のなかには、両親と子どもたち共用の浴室があり、その浴室の装飾として壁にあらゆる種類の性の歓びが描かれています。獣姦も。たしかに、それを描いたのも見たものも、ただのローマ人でありギリシア人であったわけですが、しかしこれはほとんどパウロやヨハネがいたのと同じ時期のことなのです。

今言ったことはすべて大切なことです。これが日常の習慣や疾病とどれほど深く結びついているか、きっとおわかりにはならないでしょう。「モーレ・フェラールム」を考えてごらんなさい。もしもこの、けだものめいたワンワンスタイルの遊びがなかったとしたら、灌腸など決して思いつかれなかったでしょう。体温を肛門で測るのも同じことだと思います。子どもは赤ちゃんが肛門から生まれると思い込んでいるものですが、この子ども時代の性理論は、健康であると病的であるとを問わず、あらゆる人間の生活に、さまざまな角度で喰い込んでいます。しかしこの話をするのはやめましょう。もとの話からどんどん遠ざかってしまいそうです。それよりもう一つ別の例を挙げてお話しすることにします。女の子の走り方がどんなふうか、憶えていますか。女の子は上半身をまっすぐに立てて、脚をうしろに蹴り出して走ります。男の子のほうは股を大きく開き、上体を前傾させます。あたかも追いかけている逃亡者を自分の上体で貫いてやると言わんばかりに。これまで何度も先祖返りという言葉を取りあげていましたね。どうでしょう。男女の走り方のこの奇妙な違いは、先祖返りだとは考えられませんか。男が女を追いかけていた、原始時代の遺産だと。それとも、性の攻撃はうしろからくるはずだから、うしろに足を蹴り出すのがよいと考えているのは、例のエスでしょうか。こんな問いに答えるのはとても大変です。しかし、それを考えていますと、走り方以外の差も思い出されてきますし、そのなかには見ているとおもしろいものもあります。たとえば、男の子が地面の上に何かつくって遊ぼうとすると、膝をつきます。女の子のほうは脚を大きく広げたまましゃがみます。男の子は前につんのめるのに、女の子のほうは尻もちをつくのです。椅子にすわっているおとなの男は、テーブルから何か落ちてきやしないか、落ちてきたら摑もうと、膝を合わせて身構えています。女のほうは膝を広げてすわります。男が裁縫をするときには体を大きく左右に動かす形で縫ってゆくのに対して、女が縫い物をする場合には、下から上に、細かく優雅に手を動かします。これはちょうど両者が性交のときに行なう動きと同じです。子どもが物を縫うときには、全然何も知っているわけではないのに、口につっこまれるという子どもの理論にぴったり合った動きをします。つまり、子どもは上から下に針を突き刺すのです。これはちょっと話が違いますが、縫い物とオナニー・コンプレックスの関係を考えてみたことがありますか。ぜひ一考なさいますように。必ず役に立ちます。縫い物が象徴的にオナニーを思い起こさせると考えるか、あるいはぼくと同じように、縫い物はオナニーから生まれたのだと思うようになるかは自由ですが。そして、服装のことを考えるついでに、ちょっと若い娘の服にも眼をとめられることをお勧めします。ハート型に刳られた襟ぐり、服につけられるバラやブローチ、首飾り、スカートなどは、間違いなく愛の営みを妨害するために身につけられているわけではないでしょう。これらの役目は強調し、けしかけるところにあるのです。服装のはやりを見れば、あらゆる時代の傾向を知ることができます。それは、服装以外のところを見ていたのでは、まったく見当もつかないことなのです。長いあいだ、女は下穿きをつけませんでした。男と女は、自分たちの歓びをさっさと味わってしまっていたわけです。その後、ゲームをすることで興奮するほうがより刺激的だということになったらしく、下穿きが発明されましたが、これは、スリットが入っていて、秘部を半ば覆う形のものでした。そのあと現在に至って、すべての女性が、ピッタリした優雅なレースのパンティを穿くようになりました。レースは誘い寄せるため、閉ざされた口におびき寄せ、ゲームを長びかせるためのものなのです。女ばかりでなく、男のズボンの前開きにも注意しなければいけません。あれは、乗り回すべき小馬がどこにいるかをはっきり見せつけるためにあるのですから。あるいは服を離れて、髷《まげ》や巻毛だらけの髪型のことを考えてごらんなさい。服も下着も髪型も、すべてこれはエスの生み出したものなのです。流行のエスと、一人一人の人間のエスとが。

しかしそれはそれとして、さっきの男と女のちょっとした違いの話に戻りましょう。男が物を持ちあげようという場合、男は背をかがめます。女はしゃがみ込みます。男が物を持ったり持ちあげたりするのは、背中の筋肉でするのですが、女は、妊娠しているときと同じように、懐に抱え込みます。男は口を拭うのも横に拭い、ナフキンを翻さんばかりです。女は口の端から中央に向かって拭います。受け入れてあげますよという形です。男は鼻をかむときまるで象のように大きな音を立てます。鼻は男の性器の象徴ですから、男はそれを自慢し、見せびらかすのです。女は静かにそっとハンカチを使って鼻をかみます。女には鼻に相当するものが欠けていますから。お嬢さんは花をピンでしっかりととめつけますが、男はボタン穴に差し込みます。娘さんは花束を胸にぴったりつけて持ちますが、少年は手からブラさげて持ってゆきます。男の子はそれによって、女の子の花には上に向かって立ちあがってくるものがない、男ではないことを暗に示しているのです。少年もおとなの男も唾を吐きます。そうやって、精液が充分あるぞと見せびらかしているのです。女の子は泣きますが、眼が液体で洗われるのは、女のオーガズムの象徴なのです。まさか、眼のなかに自分が小さく映って見えることから、瞳が子どもを意味し、したがって眼は女の象徴であるということをご存じないわけではないでしょうね。眼一つならばそれは母親、両眼ならばそれは睾丸です。睾丸のなかにも子どもの素は入っており、眼からきらめき出る情熱の輝きは男の象徴ですから。男は腰をかがめて礼をし、召使いのまねをしますが、それは実はこう言っているのです。おまえの姿を見るだけで、おれは最高の快楽を感じ、ぐったりしてしまう。しかし、ほんの何秒かすれば、おれはまたしっかりと立ちあがり、新たな歓楽への欲望に満たされる。ご婦人のほうは、膝を折って挨拶なさいますが、それはこういう意味です。あなたのお姿を見てしまいましたら、何一つ抵抗できなくなりました、と。小さな女の子は人形で遊びます。男の子には人形はいりません。自分の体についていますから。

ぼくたちが気にもとめずにやり過ごしている日常の習慣で、実は重大な意味を持っているものがどれほどあることか。口ひげをなでている男が、それで何を言おうとしているかおわかりですか。鼻は性器の象徴です。それは前に言いましたね。ですから、口ひげを見せびらかすということは、性的に成熟した、恥毛を有する男がいるのだぞと言っていることになるのです。ところで、口というのは女の象徴です。ですから口ひげをなでるというのは、女の部分で遊びたいと言っていることにもなるのです。きれいにひげをそった顔は、子どもらしさを強調し、無害だと宣伝していることになります。子どもにはまだ恥毛など生えていませんから。しかしこれは同時に、力の象徴でもありえます。直立する人間は男根であり、人間の頭は勃起のときに姿を見せる毛の生えていない亀頭を示しているのですから。禿頭を見たときや、友達のご婦人方が抜け毛を嘆いて見せたりするときには、このことを思い出してください。無毛であることは、男の力、ないし子どもであること、新しい生命であることを意味するのです。女が腰かけるときには衣服を下にひっぱりますね。この動きはこういう意味です。「見てごらんなさい、この下に、どんなにすばらしい足があるか。でも、足以外は見せてあげませんよ。わたしは慎み深いのですからね」。女が他の男の前で横になるときには必ず――一人として例外はありません――足を交差させます。これは、「あなたがわたしを欲しがっているのはわかっているわ。でもちゃんと攻撃には備えたことよ。まあやってごらんなさい」という意味です。これらのすべては二重の意味をもっていて、引き寄せながらつき放し、誘惑しつつ禁ずるのです。若い娘が自分を愛撫しようとする手をはらいのけるときに言う、例の奇妙な「あら、おやめになって。でも」という科白、あの科白を仕草で表しているのです。あら、おやめになって！　でも！　というわけです。あるいは眼鏡をかけることとくらべてみてもよいでしょう。眼鏡をかける人間は、よく見たいのだけれど、同時に見られないでもいたいと言っているのです。口を開けて眠っている男、この男は受け入れることを待っているのです。胎児のように体を丸くして寝ている男もいます。小股でしか歩かないあの老人は、墓場にしか通じていない道を何とか引き延ばそうとしているのです。老人はよく眠れませんが、それは残された時間がわずかで、もうすぐいやでも長々と眠らなければならなくなるからです。遠視になるのも、あまりにも自分の近くにあるものを見たくないからなのです。身近にあるのは、たとえば葬式の色である黒で印刷された文字であるとか、運命の女神が短く切ってしまうであろう糸といったものなのですから。女は月経中長時間立っていると気分が悪くなりそうだと言います。それは、出血によって女が、自分には立っていられるものがないことを思い知らされるからです。女はここで、自分にはいちばん大切なものが欠けていることを痛感させられるのです。女はその時期踊りもしません。この時期には、たとえ象徴としてであれ、性交を行なうことが禁じられているのです。

なぜぼくはこんなことを長々と書いているのでしょう。ぼくはこうやって、天国のリンゴをめぐる長い議論をはじめるのを引き延ばしているのです。しかし、いつかはその話をはじめなければなりません。プルーンを考えてみましょう。果実のなかには種子、つまり子どもが入っていかと思います。しかし、そうですね。その前にまずほんの少し果物の話をしてもよていません。そしてほとんどそれとわかるかわからぬかほどの裂け目は、これが女であることを示しています。ラズベリーがあります。乳首に似ているとは思いませんか。あるいはイチゴ。イチゴの実は緑の葉の下深く隠れています。それと同じように、愛の秘所を見つけ出すためには女の体の隠された部分をさぐらねばなりません。しかし、どうぞご用心。クリトリスの快感は人を捕え、際限なく深く喰い込みつづけ、熱い思いで求められると同時に罪として退けられるのです。そうなったときにじんましんが起こります。じんましんというのはこの感覚をいやらしくおぞましい形で何百倍にもして感じさせる象徴なのですから。サクランボですって？　サクランボは胸についているではありませんか。しかし男のほうも、自分の根元にサクランボを二つぶらさげていますね。象徴というものはこうして両性的なものなのです。次にドングリ。この単語（ドイツ語の Eichel）は解剖学で陰核亀頭を示す用語として認められています。あれほど豚とゆかりの深いものなのに。豚には驚くほどの秘密が隠されています。一つお話ししてもよいでしょうか。ご立派な母親は、自分の子のことを豚児と称します。である以上、子どもの側が、自分が豚の子なら親は豚だと言うようになるのに何の不思議もありましょう。それに実際、気分を害するかもしれませんが、豚というのは一番ありふれた母親の象徴なのです。これには深い意味があります。豚は屠られ、腹を断ち割られ、そしてキーキー泣き喚《わめ》きますね。ところで子どもの考えつく、おそらくいちばん当り前の赤ちゃんの生まれ方は、母親のお腹を切って赤ちゃんを取り出すというものです。へそから恥部まで妙な線が走っていることと、お産のとき母親のあげる叫び声から、こんなことが考え出されるのです。この豚＝母親の連想から、驚くべき経路をたどって宗教に至ります。こ少なくともドイツではそうなりました。ドイツの肉屋はウィンドウに豚をぶらさげます。これは磔《はりつけ》とつながっているのです。何というエスの気まぐれでしょう、豚＝母親＝キリストとは。まったく驚いてしまいます。もちろん母親が豚になるだけではなく、父親のほうも動物にされてしまいます。父親は去勢牛です。言うまでもありません。子どもは父親に、自分を好きになって近づいてきてほしいと思っています。にもかかわらず、子どもがいくら手管を使っても、父親は反応しません。だったら去勢してしまわなければ、ということです。そうそう、イチジクのことを忘れてはいけませんね。イチジクは、いかなる言語にあっても、女性器の象徴です。さてこうして結局、楽園追放の話に戻ってきました。

世のはじめの人間の男女が、イチジクの葉を綴り合わせて腰を覆ったというのはどういう意味なのでしょうか。そしてまた、何百年というあいだ、これがたった一枚の葉ということになっていたのは、どういうことだったのでしょう。ぼくは聖書のあの物語をつくった人が何を考えていたのかわかりません。あらわな自然の上に置かれ、それを覆うイチジクの葉というのは、少々滑稽ではありませんか。イチジクの葉は五つに裂けています。人間の手には指が五本あります。見られてはならぬものを手で隠すというのは当然のことです。しかし、性器を手で？　あってはならぬものなのに？　ぼくには、エスがここで悪い冗談を言っているとしか思えません。「エロスにひたって自由に生きることは許されていない。だから、自然が教える通り、手を使え！」と。

わかっています。ぼくは悪ふざけが過ぎると言うのでしょう。しかし、まじめになることもあります。ご存じの通り、男ののどに突き出している部分をアダムのリンゴと言います。それはつまり、楽園のリンゴはのどにひっかかったままになっているということです。しかし、では、なぜアダムだけなのですか。いっしょに食べたエヴァはどうなったのでしょう。エヴァはリンゴを呑み込み、その果実から新しい実り、つまり子どもが生まれたのです。アダムのほうは、子どもが産めませんからね。

この話は偶然にも、子どもが妊娠と出産に対して持っている、ややこしい考え方を教えてくれます。もちろん、ききわけの良い子はコウノトリの話で満足していると言うかもしれません。たしかにそうです。しかし、忘れないでください。子どもというものは、サンタクロースを信じていると同時に、そのサンタの持ってくるプレゼントは、両親が店で買ってくるのだと承知しているのですから、子どもの信じる力は大変なものです。ですから、コウノトリが赤ちゃんを連れてきてくれると信じると同時に、赤ちゃんは母親の腹のなかで大きくなるのも知っているのです。子どもはそれを知っています。知らないはずがあるでしょうか。二、三年前には自分もそこに入っていたというのに。しかしいったい自分はどうやってそこから出たのか、そしてどうやってそこに入ったのか。ぼくたちはみんな多かれ少なかれこの疑問を抱きましたし、大きくなるにつれ、どうしてもその秘密を知りたいと思う心は強くなる一方だったではありませんか。子どもは子宮も膣も知りませんから、いろいろなことを考えるにしても、みんな共通点があります。つまり、赤ちゃんは、腹のなかにあるものすべてが出てくる穴、すなわち肛門から生まれるに違いない、というのです。では、どこから入ったか。これを子どもに説明してくれる理論にも幾通りかあります。いちばん多いのは、母親が子どもの素になるものを呑み込むという考え方です。ちょうど赤ちゃんが乳首から乳を呑むように。子どもがそのように観察し、何度も何度も興奮しつつ自問自答を繰り返すことから、愛する者の体を吸い、しゃぶり、くちづけたいという願望が生まれるのです。この願望は非常に切実です。なぜなら、それが成就されるとき、母の胸に抱かれた幼い頃の至福の状態がふたたび実現するのですから。男ののどに突き出た軟骨を、アダムのリンゴと呼ぶのには、およそ以上のような理由がありました。最後にもう一つ言っておきますと、きみがきみの娘さんののどに見つけてあのように驚いたコブも、これと同じ理由で出てくるのです。きみ自身にしても、おてんば娘だった時代には、今の娘さんと同じくらい、ボコボコしたのどだったはずです。しかしそのようなこぶは放っておけばなくなります。その人のエスが口から受胎するという考えに完全に取り憑かれてしまっていて、同時に腹に赤ちゃんが入るのはがまんできないと思い込んでしまっている場合にだけ、本当のコブができたり、バセドウ病になったりするのです。

やれやれ、やっとこれでおしまいです。

パトリック

かしこまりました、愛する友よ。今日こそ誓ってペンと時計の鎖の話をおしまいにしますから。

20

そのときどうして右の鼻がつまっていたのかは、重要な問題です。何とかさぐり出さねばなりません。ぼくのエスは何かの匂いを嗅ぎたくないか、さもなくば何かの嗅覚印象を洗い流してしまいたがっているのです。つまりこれが、ぼく自身の症例ということになります。こんな症状になる人は多くありません。病気の予防、ことに結核の予防のためにおそろしく気づかいをしている人は少なくありませんが、その場合多いのは、鼻をとにかく呼吸器官とみなす例です。こういう人は、口からの呼吸は神をも恐れぬ仕業だと思い込んでいます。かと思うと、鼻には男根の象徴以外の何も認めないという人もいます。ですから人によって、エスが病気を起こさせようとする動機にも違いがあることを忘れないようにしなければなりません。ぼく自身のことについて言えば、ぼくの鼻が調子が悪いという場合、それは間違いなく何かを嗅ぎたくないという意味、それに右の鼻がつまっていたということは、その悪臭は右からくるという意味なのです。もっとも、いくら一所懸命探しても、ぼくの右側にひどく匂うものなど見つかりはしませんが。しかしぼくは何年ものあいだエスの意図を想定することに苦心しつづけて来たのですから、こんなことを言いぬける理屈なら、充分取り揃えてあります。で、ぼくはこう考えます。悪臭を発するものがないということなら、おそらく過去に嗅いだひどい匂いを思い出させるものがあるのだろうと。その瞬間ぼくの眼には、右手の壁に掛かっているハンス・アム・エンデの銅版画が映ります。この絵はよどんだ水に帆船と葦という水辺の風景を描いたものです。突然、ヴェネツィアが心に浮かびます。版画の主題は北海沿海だというのは承知しているのに。ヴェネツィアからぼくの思いは聖マルコ寺院のライオンに飛び、そのライオンから今度は自分が何時間か前に使ったティー・スプーンのことを思い出します。そこまで来たとたん、自分が何の匂いを避けようとしているのかわかったような気がしました。何年か前、ひどい肺炎のあとで水腫になったことがあります。そのときぼくの嗅覚はひどく鋭敏になってしまって、匙がまったく使えなくなったのでした。どんなに丁寧に洗っても、何時間、あるいは何日も前に使われたときの食べ物の匂いが取れずに残っているのがわかったのです。つまり、ぼくが避けようとしていたものは、記憶のなかでも避けられていたので、それが病気、水腫を惹き起こした腎臓病だったということになりそうですね。実際この二、三時間ほど前に、ぼくはあるうら若い娘さんの病気の謎を、その方向で解いたのでした。この娘の場合には、夜中用のおまるが臭かったという話だったのです。しかし、ぼく自身は、尿の匂いなど何とも思っていません。ですから、腎臓病というのは違います。ただこうして記憶を辿ってゆきますと、学校の共同便所を思い出します。あの便所の鼻をつくアンモニア臭は、今でも匂うような気がするほどはっきり思い出せます。それにこの学校時代というのが、ぼくの記憶のなかではどうしようもなくひどいものでした。前に話したことがありますね。当時のことは、ほとんど何も憶えていないのです。ただぼくは、自分が当時まだ——その頃もう一二か一三歳だったのですが——おねしょをすることがよくあって、そのことで同級生にばかにされないかとビクビクしていたことをはっきり記憶しております。その同級生たちはそんなことをしなかったし、たまにあったとしてもそれはほんとうにヤンワリとしたものだったのですが。当時の友人たちの誰かれに対する熱狂的な自分の想いが思い出されます。その想いには当然、性的なものが含まれていたのですが、それは抑圧され、そのぶん空想のなかで羽を伸ばしていたのでした。ぼくがはじめて自慰を知った瞬間が思い出され、猩紅熱《しょうこうねつ》にかかったときのことが頭に浮かびます。そのときぼくははじめて腎臓病になったのでした。ハンス・アム・エンデがぼくの学校友達だったこと、ハンスも猩紅熱にかかったことなども思い出されます。しかし、それらの背後にあって、徐々にはっきりと姿を現してくるのは母親イマゴーなのです。ぼくはお母さんっ子でどうしようもない内弁慶でしたから、学校にゆくことで母と切り離されるのがひどくつらかったのです。

ここまででぼくの連想はとまってしまいました。しかし、エス理論を救う努力を重ねたあいだに得たぼくの経験が、ここでもぼくを助けてくれます。すなわち、思いつきが途切れてしまったら、そこに問題の解決があるはずで、この場合は母が答えだということになります。この答えなら、こんなに手間をかけないで出てきてもよかったはずなのです。右というのはいつでも母につながっているのですからね。しかし、いくらあれこれ考えを巡らせてみても、母がひどい匂いをさせていたのを嗅いだことがあるとは思えません。いいえ、母にはまったく嗅覚の記憶など結びついてはいないのです。

ハンス（ハンス・アム・エンデのハンスです）という名前のほうから考えていってみましょう。ぼくの兄にもハンスというのがいて、この兄はぼくの学校生活と深くかかわりがありました。と、ここで急に別の名前が飛び出してきます。リナです。リナは姉です。いつかぼくのサディスティックな恋愛遊戯のことを話しましたね。そのときに話したのと同じ姉です。匂いの記憶も、ここからきていたのでした。この嗅覚記憶は、いやなものだったのではなく、むしろ、心地よい、忘れがたいものだったのです。ぼくは、当時自分がどれほど心昂らせたかをもう正確には思い出せません——当時ぼくたちは一一と一二歳でした——しかしぼくはのちにそのときと同じ匂いを嗅いだことがあり、そのとき、その匂いがどれほど自分に強烈な印象を与えるかを知ったのです。そのリナのことを思い出したのにつづいて、リナがそのあとすぐに、ぼくに月経のことを教えてくれたことも思い出しました。彼女はぼくに、自分は結核なのだと言って血を見せたのです。ぼくがびっくり仰天したので、姉はぼくを笑い飛ばして、その血がどういうものかを教えてくれました。

ここまで思い出したとき、鼻が通りました。このあとの話はつけたりで、関係をはっきりさせるぐらいの意味しかありません。まず、ハンス・アム・エンデがどういう意味であるかがわかりました。ぼくの家族はみんな死んでしまいましたが、いちばん最後に亡くなったのがハンスだったのです。ハンス・アム・エンデ〔am Ende……の最後に——訳注〕というわけです。この兄と二人でぼくは一度だけ、ヨットに乗ったことがあります。これもアム・エンデの版画に帆船が描かれているのと一致します。

次に母親イマゴーへのコンプレックスを覆っていた闇が晴れてきます。母と姉は同じ名前でした。リナという。それを思い出してぼくは、自分が母に関してはまったく嗅覚記憶をもっていないのに、姉についてはそれがひどく強烈であるのが不思議でたまらなくなり、ふたたびあれこれ考えを弄びはじめます。

二匹の犬がゆき合いますと、たがいに尻の匂いを嗅ぎ合います。明らかに犬たちはこうして相手と仲良くできそうかどうかを鼻で調べているのです。きみのようにユーモアのセンスのある人は、犬のこのやり方をおもしろがって笑います。ユーモアのない人は、同じものを見ても耐えがたいと思うのです。ところで、ぼくが、人間も犬と同じことをすると言ったら、あなたはユーモアのセンスを忘れないでいられるでしょうか。しかし、自分の体験からわかるはずです。体臭の強い人は、どんなに性格が良くっても、結局がまんならない人ということになるのですから。もっとも、忘れてはなりませんね、ある人にはひどい悪臭と取れるものが、別の人にとってはバラの香りのように素晴しいものだということもあります。注意深い母親として当然お気づきだと思いますが、子どもは物も人間も匂いによって判断するものです。良識によれば、つき合いやすいか、にくいかの判定に用いられる基準は口と舌だということになっているようです。しかし、良識がいい加減なことを言うのは今にはじまったことではありませんし、それをいちいち気にする必要などないことは言うまでもありません。はっきり言わせてもらいますが、人間は犬よりはるかに熱心に、そして、こんな言い方を許してもらえれば、はるかにえげつないやり方で鼻を使い、自分に合うものと合わないものを選りわけているのです。

まずはじめに女性の陰部の匂いと、そこから流れ出す血の匂い。これは人間の知覚のなかでももっとも初期に属するものです。このことは、周期的な発情の意味を明らかにしたときに、触れました。さて次に、幼い世界市民の鼻が、主として自分自身の小便や大便の匂いを嗅ぐのに忙しい時期がやってきます。その匂いはときおり、母乳と母親の腋毛のかぐわしい香りに入れ替るのです。しかしそのあいだ途切れることなく、強い、はっきりした、忘れがたい悪露の匂いがしつづけています。母親のほうは、出産を了えたこの時期に、自分自身の乳児期の記憶を甦らせています。その記憶が自分自身への愛を赤ちゃんに転移するきっかけになるのです。とっくに忘れてしまっていたおしめの匂いのもたらす満足感が、ふたたび目覚めます。その上母親は、幼い者の髪と全身から立ちのぼる匂いをも吸い込みます。この状態はかなり長いあいだつづきます。子どもは小さく母親は大きいですから、子どもとかかわる場合、母親の視覚と嗅覚に最初に入ってくるのは子どもの髪です。これは意味のないことではありません。愛の器官にも同じように、たっぷり毛が生えていますから。子どものほうは反対です。幼い子は小さいあいだ、足や脚の匂いばかり嗅ぎます。理由はやはり同じで、子どもは小さく、おとなは大きいからです。よろしいですか、どうぞお忘れにならないでください。子どもは最初に人間の脚を知り、愛するようになるのです。これは大切なことで、たくさんのことを説明してくれるのですが、誰も気をつけようとしないのです。そのあと何年も何年ものあいだ、子どもは、おとなの腹のあたりの匂いを嗅いで暮します。これはとてつもなく長い時間です。犬がおたがいを嗅ぎ合うのに要するわずかの時間をいくら足し合わせてみても、子どもがおとなの腹の匂いを嗅がされている時間にははるかに及びません。しかも子どもは、それを大変好み、おとなのほうもそういう子どもを愛しいと思うのです。感情豊かな作家なら誰でも、男の子――あるいはおとなの男――が母親――でなければ恋人――の懐に顔をうずめている場面を書きたがるではありませんか。それが何よりの証拠です。しかし、その場面から詩を剝ぎ取ってしまうと、残るのはこういうことになります。彼は鼻を彼女の脚の間につっ込んでいる。これは悪趣味に聞こえますね。しかし、これこそ子どもの愛と、女への愛の誕生の謎を解き明かしてくれる事実なのです。自然はまことに驚くべき方法で、人間が女に惹き寄せられずにいられないようにしてあるものです。しかも、すべての人間が、そのねらいに忠実に動くのです。

いったいこんな話が、ぼくが母に関する嗅覚記憶を持たないこととどういう関係があるのだとおっしゃるでしょうね。話は簡単です。体の大きさのために、子どもが長年にわたって母親の体の中央部で起こっていることを一緒に鼻で体験しつづけなければならないとすると、この子は四週間毎に婦人の体に起こる奇妙な匂いの変化にも気づくはずなのです。この子はまた月経のあいだ母親がはまり込んでいる興奮状態も、母親とともにしなければなりません。何となくただよっている血の匂いは子どもにも感じられ、子どもの近親姦願望を強めます。この刺激的な印象からさまざまな葛藤が生じ、そこにはっきりしない深く苦しい幻滅がいくたびも重なるのです。しかもこの幻滅は、母親の不機嫌、苛立ち、頭痛が惹き起こす苦しみによって増幅されます。ぼくが抑圧によってこの状態から逃れたのは、それほど驚くべきことでしょうか。

ぼくの話したことが役に立ちましたか。考えてみてください。おとなになるまで月経のことなんて何一つ知らなかったなどと言う人がいます。ぼくが考え違いをしているのでなければ、そういう人はかなりの数になりますし、あるいはすべての人がそうかもしれませんね。しかし、だとしたら、いったいその人たちは鼻をどこに置いてきたのでしょう。そして、明確に体験したことを忘れてしまう、忘れずにいられないとしたら、それに対する人間の記憶の関係は、いったいどうなっているのでしょう。そんなことを言うと、人間には何と情ない感覚しかないのだろうと驚く人が多いのです。しかし、では、無意識の持つ力すべてを賭して、鼻をふさいでいなかったとしたら、その人間はどうなっていたと思いますか。子どもが鼻をふさぐよう、おとなは子どもに、少しでも性的なことを知っていてはいけないと言い渡します。子どもが知りたがってあれこれ尋ねると、当惑してしまう母親のお上品な慎み深さも、子どもが鼻をつまらせるよう促します。自分が何の気なく言ったことが愛する人を当惑させてしまうという事態以上に、恥ずかしいことはないのですから。別にはっきり口に出された言葉だけが、子どもを挫《くじ》くわけではありません。とっさの動き、ほんのちょっとした何でもなさそうな仕草や困惑の様子が、言葉とともに、そして言葉よりはるかに深く働きかけるのです。しかし、母親としてはどうして困惑せずにいられるでしょうか。母親はこうして、自分の子どものもっとも深い感覚を傷つけることに決まっているのです。それはもう運命としか言いようがありません。これぱかりはどんなに善意があろうと、どれほど固い決意があろうと、何の役にも立ちません。ああ、心やさしき友よ、人生にはかくも多くの悲劇がひそんでいるのです。その悲劇を作品化し得る詩人だけが、その悲劇を正面から見つめます。しかし、そんな詩人が現れることはないのかもしれません。

当り前の人間は、耐えがたいことを忘れてしまいます。ある人が忘れずにいることは、他の人にも耐えられることなのです。今言ったことを、どうぞよく考えてください。人間について通用してきたいろいろのことをひっくり返してしまう内容をもった文章なのですから。ぼくたちは、自分たちがかつて母胎内にいたことを忘れます。それは、自分たちは楽園から追放されてしまったのだと思うのが耐えられないからでもありますが、同時に、自分たちは以前、墓と同じ暗黒のなかにいたなどと考えるのが、恐ろしくもあるのです。ぼくたちは自分がどうやって生まれてきたかを忘れます。それは窒息の恐怖が耐えられないものだからです。ぼくたちは自分が歩くことを習得したことを忘れます。それは、支えていてくれた母親の手が離れてしまった瞬間はあまりにも恐ろしく、同時に生まれてはじめてのこの自立の偉業はあまりにもめくるめくもので、とても記憶に留めることなどできないものだからです。

自分は何年ものあいだおしめやパンツの中におもらしをしつづけていたなどと考えることが、どうしてできるでしょう。下着に茶色のしみがついているのを見つけられたとき、どれほど恥ずかしく思うかを考えてください。後架にしかふさわしからぬことが路上でふりかかって耐えがたいまでになったとき、どれほど恐ろしい思いに囚われるかを考えてみてください。また、ぼくたちを空中高くほうりあげることができるほど強い人がいたなどという記憶を、いったいどうしたらよいでしょう。ぼくたちを叱りつけ、ぼくたちが言い返すことを許さなかった人、ぼくたちをピシャリと打って、部屋の隅に立たせた人がいたなどと。ぼくたち、枢密顧問官、博士、あるいは、もう中学三年にもなっている立派な人間を。母親であると自称しているこの生き物が、ある日自分の胸を与えることを拒んだなどとは、考えることもできません。この人間はぼくたちを愛していると称しているというのに。この人間は、ぼくたちに自慰を教え、しかもその後、自慰を行なうというのでぼくたちを罰した。ああ、もしもぼくたちが、自分たちにはかつて、気づかい、ぼくたちとともに感じてくれる母親がいたこと、それなのに今は孤独で、母と呼ぶべき存在を持っていないなどということを思い出したりしようものなら、ぼくたちは悲嘆に泣き暮れて、死んでしまうでしょう。自分が悪かったのだ！　とまあこんな具合です。

血やナプキン、汚物入れを見たり、いさかい、頭痛、婦人科医の治療に立ち会ったりしたことによってではないにしても、ごく幼いときにその匂いを嗅いだことによって得たはずの月経の知識をぼくたちがすっかり忘れてしまうのは、オナニー、人生最初の時期のオナニーの記憶を失ってしまうこと以上に驚くべきことだというわけではありません。ぼくたちの記憶におけるこの二つの欠落には、少なくとも一つ、共通の根拠があります。去勢の不安がそれです。思い出してください。ぼくらの去勢不安は、オナニーとその禁止によって生ずる罪悪感と結びついていると考えられると言ったことがあります。しかし性器が切り取られるかもしれないと思うのは、もっと幼い頃、男女の違いを見て知っているからなのです。つまり、子どもは、女性器を去勢の傷痕だと思ってしまう。女は去勢された男だと考えてしまうのです。この考えは、血の匂いがすることで確信となります。出血はぼくたちをゾッとさせます。ぼくたちも女にされてしまうかもしれないと思ってしまうのですね。この恐ろしい出血のことを思い出したりせぬよう、ぼくたちは嗅覚を殺し、血の匂いを嗅いだ記憶も切り離さねばならないわけです。それはしかしうまくゆきません。これだけでは単なる抑圧でしかないからです。この抑圧は、月経中の婦人との性交を禁ずる掟をつくりあげました。血を流している婦人は抑圧した去勢コンプレックスを醒めさせてしまうから、ぼくたちは傷ついた女に改めて触れることを避けるのです。

ここにはすでに、抑圧された第二のコンプレックスが入り込んで来ています。これも嗅覚のからんだコンプレックスですが、妊娠、出産コンプレックスというのがそれです。ご記憶でしょうか、以前、きみのお母さんが妊娠したりお産をしたようすに気づいたことはなかったかとお尋ねしたことがあります。ちょうど義妹のリズベート夫人の産後のお見舞いにいった帰りで、まだ産褥の匂いがきみを取り巻いていましたっけ。返事ははっきりしていました。いいえ、一度もありませんとお答えでしたね。一番下の弟さんのときも何も気づかなかったと。そのときにはきみはもう一五歳で、とっくに本当の事情を教わっていたというのに。どうして子どもは、自分の母親が太って丸くなるのに気づかないでいられるでしょうか。赤ちゃんはコウノトリが運んでくるなどという話を、どうして信じていられるでしょうか。

そんなことは不可能です。つまり子どもというものは、自分たちが母親のお腹から生まれたのだと、ちゃんと承知しているのです。その上で、自分やおとなたちの都合に合わせて、コウノトリのお話を信じるようにさせられるのです。子どもは、自分の母親が太って丸くなること、ある日急にお腹が痛くなること、赤ちゃんが生まれること、血が出ること、そして次に起きあがってくるときにはほっそりしていることを見ています。母親が妊娠するたび、子どもはそれとわかるのですし、赤ちゃんが生まれたからといってビックリすることもありません。ただ、こうして承知していることも、眼に留めていることも、すべては抑圧されるのです。

これほどわかっていることのすべてと、そこから出てくる結論を、なかったことにしてしまうには、どれだけの力が必要かを考えてみてください。そうすれば、ぼくが言っている、人生の最大の仕事は抑圧だというのが、本当はどういう意味なのか、ほんの少しでも前よりわかってもらえるはずです。今ぼくが妊娠と出産のコンプレックスを例としてお話ししたようなことが、人が生きているあいだじゅう、他のコンプレックスをめぐってひっきりなしに起こっているのですから。どんな部屋に入っても、必ず抑圧機構が働きはじめます。家具、装飾品、色彩、形状を眼で見ても、その多くは意識から遠ざけられるに決まっています。字を一字読み、一人の人間の顔を見、人が話をしているのを聞く場合でも、休むことなく抑圧がつづき、記憶、空想、象徴、情熱、憎悪、愛情、軽蔑、恥じらい、感動が押しのけられつづけているのです。ところで、考えてみてほしいのですが、抑圧されたものは、抹殺されてしまったわけではありません。それは存在しつづけます。ただ隅に追いやられただけなのですから、いつかまた表に出てくるのです。おそらくそれは、はじめの場所から出されてしまい、そのため太陽に照らされて赤く光ることもなく、黒いように見えるだけなのです。抑圧によって、間違いなく見かけはずいぶん変わります。今、網膜上でレンブラントの絵だったものが、抑圧され、その同じ瞬間、時計の鎖をいじるという形で再登場するのです。それはあるいは口の隅の水疱になるかもしれないし、去勢に関する論文になるかもしれない。国家創業になることも、恋の告白になることもあります。喧嘩になったり、倦怠になることもあり、突然の空腹になることもあれば、抱擁、果てはインクのシミになることもあるのです。抑圧は改造であり、文化を創造もすれば破壊もします。聖書をつくり出したのも、コウノトリのお伽話を考え出したのも抑圧です。そしてこの抑圧の秘密を見てしまいますと、人間の思考は混乱のあまり、結局、眼をつぶって、抑圧などというものが存在することを忘れてしまう以外なくなるのです。

パトリック・トロール

21

愛する友よ。ぼくが約束を守らないとお叱りになるのですね。時計の鎖の話がまだおわっていないと。驚きましたね。ぼくが約束を守るなどと本気で思っていたのですか。時計の鎖の話なんか蒸し返されるより、ぼくが自分ではじめた話を最後までしおわっていないとお叱りを受けるのじゃないかと思っていましたが。たしかにその通りなのですから。ぼくは誕生のときの嗅覚印象の抑圧について話しましたが、子どもはいくら注意深く隠されても、きつい悪露の匂いに気がつくのであって、したがって鼻を使って否応なく誕生の経験を蓄積するとは言いませんでした。また、そうやって嗅いだ匂いの知覚が、なぜ意識的記憶から抹殺されるのかという理由も、はっきりとは言わないままにしてあります。

ではなぜこんなことが起こるのでしょう。第一には、母親、両親、おとなが、その種のことを子どもに理解させまいとするからです。おとなは別に、はっきり禁止の言葉を口に出すわけではないかもしれません。しかし、言葉の調子、言い方、その他何となく奇妙で子どもが気づかずにいられない当惑の様子が、禁止と同じ役割を果します。そもそも人間は、人として受胎され生まれたことをどうしても恥ずかしく思わずにいられない、やっかいな存在なのです。自分がこんな者でしかないという事実は、人間の虚栄心を危機的状況に追い込みます。人間は神に等しいものであるはずなのに。神のように生まれ、神でありたい——これもつまりは、母胎内では全能の神であったから言っていることに過ぎないのですが——これこそ人間の願いです。かくして人は宗教によって自分が神の子であることを保証し、父なる神を考案しました。近親姦の抑圧の余りに処女マリアだとか無原罪の宿りを考え出し、それ以外にも何だかだと理屈を考え出したのです。人間は交接と受精行為を動物的行動だと軽蔑します。それはつまり、自分は動物じゃない、動物のようなかっこうはしていない、だから神の子なのだし、それにふさわしい生まれ方をしたのだと言いたいからなのです。それがうまくいかないものだから、せめてありがたそうな神秘めかした傘をかぶせるのです。この傘をつくりあげるためには、ちょうどユダのように、愛を否認しなければなりません。だって本当にそうではありませんか。人間はそのために、愛の統合の瞬間が天上的でないなどというひどい嘘をつき、それでも恬《てん》として恥じないのですからね。人間は、何者でもあり得るが、ただ人間でだけはあってはならないというわけです。

産褥期の匂いにまつわるあれこれを抑圧し、本来、大変人間的な装飾である鼻——鼻こそ、ぼくたちを獣と区別する最初にして最後の一線ですからね——を否定してしまったりする第二の理由は、ぼくたちは自分に母親があることに耐えられないからです。ああ、どうぞ興奮なさらないで。母親のほうがぼくたちに合わせていてくれれば、つまり、ぼくたちが望むような存在でいてくれるかぎり、ぼくたちも母親を母親として認めます。しかし、母親から自分たちが生まれたことを思い出させられた途端、ぼくたちは母親を憎むのです。ぼくたちは母親が自分のために苦しんだことなど知りたくない。そんなことはがまんならないのです。きみの子どもたちは、きみが悲しんでいたり、あるいは泣いてなどいたりしたとき、ひどく驚いて苦しみませんでしたか。子どもというのはそういうものです。たしかに、ぼくは自分が母から生まれたことを知っております。ぼくは世の中でこれ以上当り前のことはないといわんばかりの調子でその話をします。しかし、ぼくの心はその事実を認めず、それに抵抗して叫び、違うと言いつづけるのです。それはときにあたかも岩のように、ぼくたちの心を圧迫します。それはぼくたちが生まれ出ようとするとき、呼吸をしようとあがいた格闘の無意識の記憶であると全知にして無知なるぼくたちの分析的知識は教えます。しかし邪悪な精神はささやきます。「違う。そんなことを考えるのは生みの母に対して罪を犯すことだ。忘恩の大罪、近親姦、流血、いや殺人に等しい罪である。おまえは果すべき報いを果し、この世に生きつづけられるように罪の贖《あがな》いを済ませているのか」。母の手は愛撫し、食べ物、飲み物を与えてくれたというのに、ぼくは母が自分の先に立つというので、ときに、いやしばしば憎んだ。母はぼくを温めてくれたというのに、ぼくは母のぬくもりと心地よいやわらかさを自分の意志で捨てることができなかったというので母を憎んだ。ぼくは母より事情がよくわかっているにもかかわらず、母のぬくもりから逃れるために母を苦しめ、吐き気を催させた。ぼくは裏切者だ。母の口はぼくに微笑み、語りかけるというのに、ぼくはその口がぼくを叱るとしばしばそれを憎んだ。母の眼はぼくに微笑みかけるというのに、ぼくは憎んだ。母の胸はぼくを養ってくれたというのに、ぼくはそれに歯を立てた。母の体内にぼくはいたのに、ぼくはその母の体を滅茶苦茶にした。母殺しめ！　きみにしても、このような気持ちはご存じで、自分で感じてもいるのです。母親を殺さなかった人間なんてこの世に一人も存在しないのですから。そしてまさにそれゆえにこそ、ぼくたちは、母親から生まれたとは認められないのです。たしかに口先では信じているでしょう。しかし、心は信じていません。ぼくたちが流した血は天に向かって叫び、ぼくたちはこの血の匂いから身を避けようと、逃げ出すのです。

ぼくたちが産褥の記憶から逃げ出し、そのためには自分の最高の感覚である嗅覚をも犠牲にして悔いないのにはさらに第三の理由があることに気づきました。去勢不安です。――わかっています。またかと言うのでしょう。しかし仕方がないではありませんか。きみはぼくの考えをすべて知りたいと言います。である以上、ぼくは繰り返さざるを得ません。去勢観念というのは、言語の音声と同じように、ぼくたちの生きているかぎり、ついてくるものです。しゃべるとき、言語の音声が繰り返されると同じように、ぼくたちの心にはしょっちゅう女にされてしまうコンプレックスが湧き出して来るのです。「おと」と言ってごらんなさい、「す」をつけてみれば、無意識の連想がどんないたずらをするかわかって、ぼくと同じように笑っていただけると思うのですが。

しかしもういい加減、子どもの考える出産理論の話をまとめておいたほうがよいでしょう。さもないといつまでたっても、ここで足を取られたままになりそうです。子どもは人間が生まれる前、母親の胎内で生きていることを知っているという話はもうしました。小さい子ほどそれがよくわかっているものです。この記憶が決して忘れ去られるものではないというのは、聖書の次の言葉で明らかです。「そして胎内の子は踊った」。ところで、未だ生まれぬ子が母親の体のどこにいるかは、子どもの頭のなかではっきり決められています。みぞおち、つまり胃の部分だということになるのです。これは「お腹のなかに子どもがいる」という言い方にもよく合いますしね。いつか機会がありましたら、ゆきつけの医者にこの話をしてごらんなさい。診断にも治療にも大いに役に立つ話です。とくに胃病の症状がある場合、単なる吐き気から胃癌まで、すべてに関係がありますから。きみ自身にもきっと役に立つでしょう。きみの医者がどんな人物かがよくわかるでしょうから。もしその医者が、肩をすくめて馬耳東風のようでしたら、医者を替えるのですね。だって、この種の話に耳を貸さないというのは時代遅れの人物で、ぼくの知っているかぎり、きみは何につけても、時代の先端を行くのが好きなはずですから。——ところでときには、胃じゃなくて心臓に子どもが宿っていると考える子もいます。以前に、そのために病気になり、分析を受けるまで治らなかった人の例を話しましたね。子どもの頃こんなふうに信じ込んでしまった人は、後でずいぶんひどい目に遭います。このばかげた考えは「ぼくの心のなかにあの子がいる」とか「きみはぼくの胸のなかに生きている」とかいう愛の言葉から考え出されるのですが、これには実は、自分が母の心臓をはり裂けさせたというひそかな恐ろしい意識がついて回っているのです。信じてください。本当なのですから。この話も、医者にしたほうがよいと思いますね

——心臓病の患者のために。子どもがどれほどばかなことを考えるかをわかってもらうために、眼の病気のことを話しておきましょう。つまり赤ちゃんが眼のなかにいると考える子もいるのです——まなこと言うでしょう——。これは「眼のなかに入れても痛くない子」などという言い方から思いつくのですね。それともこの言い方は、赤ちゃんが眼に宿るという考えが、実は普遍的なものであり、それが言語の上に表れていると考えるべきものなのでしょうか。ぼくにはわかりません。

まあ、細かいことを言っていると、キリがありませんが、とにかく基本的には、お腹に赤ちゃんがいると思うのが普通なのです。そして、お腹の破裂だとか切開だとか、おへそから生まれるとか、嘔吐によって生まれるなどという例外はあるにせよ、ふつうの子どもにとっては、赤ちゃんは肛門から出てくると思う以外考えようがないのです。前にもこの話はしましたね。でもどうか、よく心して覚えておいてほしいのです。すべての便秘の原因には、この理屈があるのですから。便秘だけじゃありません。あらゆる貯蓄感覚、したがって商取引ですとか私有財産概念、果ては秩序感覚まで、すべてはここからはじまっているのです——そればかりかもっともっといろいろなものが。こんなことを言うからといって笑ってはいけません。いいですか、ぼくだって自分が言っていることが人にどう聞こえるかはわかっています。自分でも何ということだと思うのです。しかし、これは真実なのですからね。エスというものはつまり、ぼくたちの美学であるとか、理性、思想なんかにまったくおかまいなしなのです。エスにはエスなりの考え方があり、理性で相手をしようとすると絶対におかしくなってしまうような概念遊戯をやるものです。たとえばこんなふうに。「ぼくにとっては、子どもなどというものは、お前たち人間が作るソーセージと同じようなものだし、あるいはお前の持っている金も同じだ。そうそう、忘れていたが、子どもというものは、男の子を女の子と区別する例のオチンチンと同じものでもある。あの尻尾を背中側でなく前につけたのは、ぼくの気分で、そのほうがおもしろそうだったからだ。後ろのほうからは二四時間に一度細長いものが出るようにして、切り取ってしまう。前のほうの奴は、ぼくがヒト、人類だと認めた人間にはつけておき、それ以外の連中からは取り上げる。その連中はそのオチンチンをこすり取るなり、切り取るなり、むしり取るなりさせられるわけだ。女の子だって必要だからな」。

このことはもう幾度も話しましたね。でもまあ、繰り返しておくに越したことはありません。これでとにかく妊娠と出産の話が済んだのですから、今度は子どもが受胎のことをどう思っているかを考えてみる番です。

しかしその前にまず、子どもはいつどうやって考える時間ときっかけを見つけるのか、わかっていなければなりません。世界は子どもの脳に、数え切れぬほどおもしろいことをたくさん提供してくれます。その数はあまりに多く、すべての印象をちゃんと整理するためには、無理やり静かにさせなければならないほどです。そこでたぶん、おまるのことを思い出してもらうのがよいと思います。そこに子どもがいれば、家中を動かすのはおまるなのでした。ぼくはかなり以前から、どうしておまるのもつ意味について、学識を発揮する人がいないのだろうと不思議で仕方ありませんでした。ブッシュがその古典的な名文句でおまるの意味を喚起させたあとも、さらに不思議なことには、誰も何も言わないのですからね。

暗き衝動に駆られて人は
アパートメントを発明する。

本当のところ、この器具の重要性は、どれほど強調してもし足りないほどです。これがあってはじめて、一生のあいだ、望みの大きさのものに座り、好きな時間に、お好みの通り深い孤独な思考に耽ることができるのですから。おまるの上では、まず生涯の最初の幾年か、日々の祝祭行為が行なわれます。

ぼくがもう数えられぬほど立ち会って、見ていた状況なのですが、一番下の子が生まれてくるまでのあいだ、一家中、つまり厳格な父親も、慎み深いご婦人方も立派な子どもたちも、みんな黙って静かにしていることが多いものです。この沈黙を破るのは、時折誰かの出す、ムッ、ウン、ウン、という声だけということがよくありました。それから、ぼくの記憶違いでなければ、きみの下の娘さんマルガレーテは、お客が来るたびに、お手洗いにいきたがったということでしたね。これなどはとてもうまいやり方だと思いますね。こうやって黙って、いつまでもお手洗いに閉じ籠っていれば、ズボンを穿いた者、スカートを穿いた者はすべて自分の周りに集まってきます。そこでおもむろに下着をパタパタやって見せれば、自分のなかにはどれほど不思議な宝物があるのかを見せつけることもできるし、そればかりか、やりようによっては、反対側に注意を引きつけることもできたわけですからね。

　このようなやり口はめずらしいものじゃありません。子どもには必ずあることです。それをぼくたちが、自分たちの都合で普遍的なことだとは認めたがらず、偉そうな名前をこしらえて、まるで病的傾向ででもあるかのように扱うのです。ぼくたちとはまったくかかわりのないおぞましい同情すべき傾向だというので、自分の性の秘密を見せたがるこのような衝動を、露出症《エクシビショニズム》と名づけたりするのも、ぼくたちです。露出症という名前自体は仕方がありません。ところが今や、医学、司法、神学、おまけに世間というお上品な売春婦まで寄り集まって、露出症の人間がいるはずだと言い出しています。つまり、自分の性器を見せびらかしたいという傾向が、病的なまでに強くなっている人間ということです。ぼくがそんなやり方に反対するのを、どうぞ赦してください。露出症者《エクシビショニスト》と言われる人たちの話も結局、それ以外の「何々イスト」と同じことに過ぎません。サディスト、マゾヒスト、フェティシストなどと言われている人たちはみんな、自分では健康なつもりでいるぼくたち自身と変わらない人間なのです。たった一つの違いは、ぼくたちは自分の衝動、自分の「何々イズム」、自分の露出症が、自分たちの都合のよいとき、その場に適合した形で現れるよう制御できるのに対して、「何々イスト」と呼ばれる人は、場違いなのです。
　一、二年ほど前、この辺りに、朝六時頃必ずやってくる一人の男がいました。この男は一軒一軒の前に立ち停り、呼鈴をならし、メイドが扉を開けると、羽織っている長いマントを両側へはねのけるようにするのでした。この男はそのマント以外に、衣類を身につけておらず、屹立している自分の性器を愕然としているメイドのご覧に供したのです。それには、よく見えるようにと角灯が結びつけてあったそうです。これこそ病的、これぞ露出症ということになりました。しかし、だとしたら、どうして舞踏会の衣装は露出症的ではないのでしょう。あれだって随分いろいろ見えますし、それにそもそもダンスそのものが、性交の暗示か、少なくともエロスの暗示であることは間違いないのに。たしかに、ご清潔偽善者たちが、ダンスは運動だと言い張っていることは知っています。この人たちは道徳の救済のために、こんな極端な一方的なことを言うのですから、ぼくとしても、同じように極端な一方的な攻撃を道徳に加えてかまわないと思います。すなわち、運動というものはすべて、踊りであれ、歩行であれフェンシングであれ同じように、エロス的意味があればこそ存在しているのだ、と。今日ではズボンの幅はおそろしく広いものになってしまいました。しかし二、三十年前まではウンと狭いのがはやりで、あまり狭くて、男性器の形がかなり遠くからでもわかってしまうほどでした。宗教改革時代の傭兵は、前袋を相当な大きさのものに仕立てて、服の真正面につけていましたし、そこに木の棒の縫い取りをしてその先に赤い布をつけていたのです。では今日では？　ステッキや紙巻き煙草ははっきりわからせてくれます。一度よく見てみてください。煙草を喫いはじめたばかりの人間は、喫っている煙草を忙しく口に入れたり出したりしますから。あるいはご婦人がどうやって車に乗り込むかをよく見てごらんなさい。それでもまだ露出症という特別の病的性質があると言えるかどうか。ご婦人のレース編みだって、男が馬に乗るのだって、みんな一種の露出なのですからね。ご婦人が愛する男の曲げた腕に手をおかけになる。これも露出。花嫁が冠とベールをかぶる。これもきたるべき初夜をみんなに宣伝しているのです。

きっとすでにお気づきでしょうが、ぼくは、露出衝動と象徴強迫を非常に近いものと考えています。レース編みなどという手芸を露出だと言ってぼくが平気なのは、レース針、つまり男性器が、編み目、すなわち穴のなかに突き入れられるからですし、乗馬が露出であるというのは、どんなことを考える場合でも無意識に馬と女の同一視が行なわれているものだからです。花嫁の冠が膣を表し、ベールが処女膜を意味していることは、今さら言うまでもないでしょう。

こんなところで露出症の話などした理由はわかってもらえると思います。つまり、健康と病気をわけるはっきりした違いなどというものは存在せず、医者により患者によっておのおの好みに応じ、ここから先は病気と決めているのです。医者はこのことを胆に銘じておくべきです。そうでないと医者は、治してやろうという意図のあまりに、道なき道を踏み迷うことになってしまうでしょう。そもそも患者を治癒させるのはエスなのであって、医者は単に手当てをするだけなのですから、治してやろうなどと思い込むのが間違いなのです。この話はまた今後も何度か話題にできると思います。今日はちょっと別のことが気にかかっていまして。

露出症のちょうど逆がありますね。窃視《せっし》症と呼ばれているものです。これは、性的な何ものかを見ようとする衝動であると考えられています。そしてこの場合にも、窃視症者と言われる人たちは、この衝動が病的なまでに亢進しているのだと信じられていますね。しかしこれも、前に言った通り、趣味の問題に過ぎません。ぼく自身は、エロス的なものに見向きもしない人たちをあまり高く買えません。あるいは、女子寮の舎監女史が、男子校の水浴び場が隠れるように、大きなパラソルで目隠しをするのを、純真な行動であるとは受け取れません。これだけははっきり言ってよいと思います。見せたいと見たいというこの二つの衝動は、人間という存在において非常に大きな地歩を占めており、人間的な、あまりにも人間的なものに影響を与えております。

かくも倒錯的に思われるこの二つの衝動を、人間の生活から切り捨てたと考えてみてください。いったい何が起こるでしょう。幕が上がり、芝居が演じられる劇場とその作品はどこへゆくでしょう。結婚式の行なわれる教会は、花咲き乱れる庭、家具や絵によって飾られた家はどうなるでしょう。おわかりいただけるでしょうか、ぼくはときどき自分でも、泣いたらよいのか笑ったらよいのか判断がつかなくなってしまいます。そのような状態のときには、ぼくの眼は鋭さを増します。そして今言ったようなことどもが大変おもしろく、きみの心を楽しませる役にも立つだろうと考えて、満足し、徐々に落ち着きを取り戻すのです。

パトリック・トロール

22

愛する友よ。とてもけっこうでした。今回は大変よく話がわかってもらえましたね。エルゼちゃんがお休みなさいをしに、下着姿できみの夜会のお客たちのところへ出てきて、母上に「恥ずかしいと思いなさい、エルゼ、お客様がいらしてるときに、下着のまま出てきたりしてはいけません」と叱られると、ああ、恥ずかしいとばかりに、それしか身に着けていなかったその下着を持ちあげてみせたという話は、ぼくたちの集めている話にピッタリです。それにエルンスト君が「彼女」の下半身はどうなっているのかよく見えるように、妹のスカートに穴を開けたというのは、幕に覗き穴をつける舞台の習慣とピッタリ合うではありませんか。そのことから、ぼくが演劇を露出と窃視に結びつけた理由をわかっていただけませんか。演技というのは実際の行為そのものであり、つまりは象徴的な性行為にほかならないのです。

これでまた、このあいだからぼくたちのあいだで繰り返し蒸し返された、子どもの多形倒錯の問題にも答えたことになるはずです。ぼくはあくまでも、この多形倒錯は、全人類共通の普遍的特質の一つであり、全年齢層を通して変わらないという自説を譲りません。きみがいくら主張しても、その点は譲るつもりはありません。きみの言う通り、露出も、窃視もたしかに、あらゆる子どもに見られる倒錯でしょう。それは間違いありません。三歳までの子は、この倒錯にことに熱心ですが、それが何を意味しているか、ぼくは決して見逃しているわけではないのです。この問題についてはまた改めて話すことがあると思いますが、今日のところは一つだけはっきり申しあげておきます。自然はこの生涯思い出され得ない人生最初の三年間を用いて、子どもを愛の奴隷および愛の芸術家にこしらえあげるのだと。ところで、子どもによいと感じられるものは、おとなにも都合のよいものです。だって、愛する男は愛している女の裸体を見るのを歓び、女のほうも歓んで裸になって見せるのがふつうではありませんか。そうでないほうがむしろ、病的な徴候と言えるのです。それから、この問題におまるが相当の役割を果していることは、改めて言う必要もないはずですね。それにしても、学者先生、裁判官、上品なご婦人方が、日中はまじめくさっていて、自分たちが夜中にやっていることを忘れていられるなんておもしろいと思いませんか。それは別に偽善者というわけではありません。たとえばぼくたち自身のような、偏見などもっていないつもりの人間でも同じことなのです。「自分のすることを人がすると叱る」というのはたしかに一つの真実です。まったくどこからどこまで正真正銘の、ね。ぼくたち人間は例外なく、例のドロボウの原理に従って行動しています。そのドロボウはまず盗んでおいて、そのあと、誰よりも大きな声で「ドロボウだ、つかまえろ」と叫ぶのです。

ところで、この倒錯は、別に視覚だけに限ったものではありません。聴覚や匂いの露出症だとか、触覚や味覚の窃視症があるなどと言うと、まるでとんでもない話に聞こえますね。でもこの言い方は事実でもあり、本質的なところを把えてもいるのです。男の子は自分の男らしさを見せびらかすために、わざと音を立てて放尿しますが、おとなの男が愛戯のなかでやることもそれと同じです。ホテルの壁越しに、隣りの若い夫婦の甘い囁きであるとか熱い吐息が漏れてくるのに聞き耳を立てる好奇心、もしくはほとんど気が変になりそうな憤慨の思いであるとか、何かを洗う水の音、ベッド脇の机の蓋の奇妙な音、放尿の音に対する気分はご自分でも経験しておいででしょう。母親が、子どもの放尿を促すとき「シー、シー」というのはその音をまねしているのです。そしてぼくたち医者は、ぼくたちの面前で便器を使う破目に陥った患者が、恥ずかしがってできないとき、水道の蛇口をひねるまねをしてやることになっています。それに、おならは人生においてどれほどの意味を有していることか！　きっときみは、いつだったかすばらしく大きなのを発射したことを思い出して、楽しそうにほほえんでいることでしょう。もちろん、きみの親友のカーティンカにこの手紙を見せれば、間違いなく顔をしかめて呆れられ、ここからさきは読もうとしないでしょうし、枢密顧問官のシュヴェアレーベン氏などは、あんまりくどくどしゃべり過ぎて、とっくの昔にユーモアのセンスをしゃべり皺の奥深く埋め込んでいますから、「豚めが」とお咎めになることでしょう。そんなことは覚悟の上です。しかし、怒りは笑いと同じことで、とにかく感情的反応がそこにあることを意味しています。それがすなわち聴覚露出症と聴覚窃視症が出会っている何よりの証拠です。

言うまでもなく、おならということになると、嗅覚領域の出来事につながってきます。人間から発するよい匂いや悪い匂い、あるいは人がつけたがる匂いを思い起こすことは、自分でやってみてください。ぼくは少しばかり理屈を言うことだけでやめておきましょう。まず第一に言っておきたいのは、前に話したことからもおわかりかと思うのですが、匂いをさせるだとか、匂いを感じるだとかいうことは、決して必ずしも性的挑発を意味するわけではありません。嗅覚の場合にも対立の法則が働きます。つまり場合によっては、匂いのなかに憎しみ、軽蔑あるいは敵意を表すこともあるのです。エスが口、手、足、性器に発させる臭気は、少なくともぼくたちの意識にとって、芳香などよりはるかに強烈な感情的反応を引き出します。それは認めてもらえるでしょう。エスがどんな奇妙ないたずらをするか、わかってもらうために、きみもよくご存じのヴェーラー嬢のことを思い出してください。ご記憶でしょう。ヴェーラー嬢はすばらしい髪をしています。おそらくぼくの知るかぎり、あの方の髪より美しい髪はありません。しかし、ぼくにはもう、きみが顔をしかめているのがはっきり見えるようです。この世にも美しい髪は、信じられないほどひどく臭いのですからね。――いやむしろ、臭かったと言うべきでしょう。もう今では、世の中でもっとも敏感な鼻の持主であっても、彼女の髪の香りに、いささかも文句をつける必要はなくなっていますから。ヴェーラー・アンニー嬢は自分の髪のこの美醜のないまぜから、あっさり、しかも速やかに解放されました。それは彼女が、自分のエスは特別官能的で、だからこそこの美しい髪をこしらえ上げたのだと意識するようになって以来です。そのエスのやり方は、官能的な、なかでもとりわけ官能的な結核患者が、髪、眼、歯を扱うのとちょうど同じでした。ところでアンニー嬢の生は、この官能的なエスの上に、第二の道徳的で臆病なエスをかぶせていました。この第二のエスが、第一のエスの生み出した誘惑的な魅力を、不快感で麻痺させるべく悪臭をつくり出していたのです。

ちょうどよい機会ですから、もう少し言わせてください。きみはいつも、体を洗わない人間は臭いとおっしゃいます。ぼくはこの耳で、きみがきみのぼっちゃんにそう言っているのを聞きました。「体を洗わない人は臭いのよ」と言いながら、耳、首そして手を検査していましたね。ところで、きみはずいぶん強い調子で「体を洗わない人は臭いのよ」と言いながら、耳、首そして手を検査していましたね。とで、きみ自身は、何日おきに髪を洗うのか、聞かせてもらってもよろしいでしょうか。そしてもう一つ。きみの髪が新しい牧草のような芳香を放っていることは保証つきだと言っておきましょう。エスは人間のばかな考えなどまったく顧慮するものではありません。悪臭を放ちたいときには臭く、逆に気が向けば汚物でも芳香にしてしまうのです。ときとしてぼくは、人びとが体を洗うのは、汚れを嫌うからではなくて、キリストに対する裁きの場でピラトが手を洗って見せたと同じように、自分が持ってもいない純潔性を持っているかのごとく他の人たちに見せかけるためではないかと思うことがあります。「ぼくは毎日体を洗わなきゃいけないような汚い豚じゃない」という風呂嫌いのぼっちゃんの科白は、それほど的はずれではありません。汚れに対する忌避は、ウンチやオシッコに対する忌避と相通じています。できるかぎり丁寧に体をぬぐい、固形であれ液状であれ、排泄のあとではできるだけきれいに洗い流しますが、しかし、自分の腹のなかに、その不潔極まりないことになっているものがつねにあり、自分と一緒について回っているということは考えない。ああ、人間、汝、脚の生えた便所よ、汝はみずからを人間と呼び、糞尿を見ては吐き気を催し、嫌がって見せるが、しかしそうすればするほど汝がそれらの物にひきずられずにいられないことがわかる。汝が洗えば洗うほど、汝がみずからの魂を汚れていると感じていることがわかるのだ。そこで問う。唾が吐き気を催させるほどいやらしいものならば、なにゆえ汝は唾を呑み込むのか。

もうこれ以上、このたぐいのパラドックスできみを苦しめることはしません。その代わりに、奇妙きわまりない露出症の一典型を教えましょう。自分自身を自分自身に露出するものです。きっと鏡のことを考えるでしょうし、そのついでにナルシシズムのことも思い出すでしょう——鏡を発明したのはナルキッソスですからね——それからオナニー——鏡はオナニーの象徴ですから——そして、きみが、ぼくと同じような奇抜な連想をする脳をお持ちでしたら、人間が鏡に向かっていろいろな顔をしてみることがあることも思い出されるでしょう。これぞ自分自身に対する露出症、魅力的であると同時にいやらしくもある露出そのものです。

しかしぼくは臭気と便所の話をしていたのでしたね。もし興味が湧かれたら、きみの友人のなかで、手洗いで自分の排泄したものを見ない人がいく人いるか、調べてごらんなさい。もちろんそれを見るのは健康のために決まっていますとも。おそらく、そういう観察をする際、鼻をつまむ人は皆無であろうと想像します。そればかりでなく、友人のなかには、晩、ベッドにお入りになって、ふとんが暖かくなった後で、いったい何が暖かくしているかをたしかめるため、ふとんのなかにもぐり込んでみる人だとか、果ては、微妙な感覚のある個所をふいた紙が薄過ぎたときには、ちょっと指をクンクンと嗅いでみる人までいると思います。それから間違いなく——どうぞ信じてください——教養人士のなかにも、一人のときには鼻をほじる人が結構います。穴というものは何か突っ込まれないかぎり落ち着かないもので、鼻の穴もその例外ではありませんから。

こんなふうに身振り、声、習慣のなかに見られる無意識の露出趣味を話していってもキリがありません。聖書にある通り、求めよ、さらば与えられん、なのです。もっとも聖書には、眼があるのに見ず、耳があるのに聞かないとも記されていますが。

味覚と無意識のエロスとのかかわりは、意識にのぼせにくいたぐいのものです。そのなかでは、子どもたちのよくやるチュウチュウ音を立てて物を吸う行為が比較的わかりやすいでしょう。これは、乳児の吸飲行動にもっとも近い行動ですから。ここから出発してちょっと気をつけていますと、愛し合う人間の交わす行為のなかに、物を味わう場合と相通ずるものがあるのを見つけられるでしょう。たとえば、相手の指を吸うなどという行為は、よくあることです。しかし、この種の愛撫が、どれほど秘密裡に行なわれるかということがそのまま、実は味わうという行動にどれほどの意味が与えられているかを示しています。どんなに慎み深い人間であったとしても、その事情に変わりはありません。肌を、胸を、唇を、首筋を吸う場合には、同時に愛の行為が行なわれているのであり、舌は「愛」という言葉をさまざまに発音するため不可欠だという意味だけでなく、すべての人間にとっての悦楽の器官なのです。ぼくの考えるところ、胸を見せるというのは、味わうようにといういざないにほかなりません。もちろんその場合、触覚と視覚もそれに随伴しますが、それは感覚機能というものが組み合わされて登場することの多いものである以上、当然と言ってよいでしょう。そこから次に、エスの露出趣味そのものにつながります。それがすなわち乳頭の勃起です。これはまったく人間の意志ではどうしようもないもので、世の中で一番清純な処女にも起こりますし、かすかな心地よいむずがゆさを伴って、教養ある人たちにも、そして、親愛なる友よ、きみにも生ずることです。きみはきっとそれを倒錯だとおっしゃるでしょう。不自然なことだというわけですね。しかしそれをやっているのは自然そのものなのですが。今のところ、乳頭の勃起から、男の勃起のことを考えるのは、きみに任せます。この話はとても扱いにくいのですけれども、いつかは取りあげなければならないでしょう。

味覚のエロスにかかわることで、もう一つだけ言っておきたいことがあります。それは、好物のことです。甘い物が好きだとか、すっぱいもの、苦いもの、脂っこいもの、塩辛いものが好きだということがありますね。この料理がとりわけ好きだとか、あの飲み物がとくに好物だということもあります。人に出したり、自分でそれを取らずにいられなかったりすること。あるいは物の食べ方であるとか献立の立て方を見ますと、大変奇妙な傾向が明らかになるものです。そのことを覚えておいてください。そして、忘れてほしくないのですが、ロースト・ポークを好んで食べるのと、それを見ると気分が悪くなるのとは、同じことなのです。

ついでに触覚のことも話しておきましょうか。自分で考え合わせていただければおわかりになるはずだし、よく考えて試してごらんなさい。たとえば、おたがいに差し出し合われる手と唇だとか、ぴったり合わされる膝だとか、テーブルの下で足を踏むことなど。もっとも、これほど単純でないものもあります。言うまでもなく、愛撫する手の持つ性的目的はすぐにわかりますし、その意図を考えたりする手間もほとんど必要ありません。しかし、では、冷たい手はどういうことになるでしょうか。手の冷たい人は心が温かいと諺にありますす。諺が間違っていることはまずありません。つまり、冷たい手は、実はこんなことを言っているのです。「見て、わたしは冷たいの。わたしを温めてちょうだい、わたしは愛が欲しい」。そのまた背後には、エスが隠れています。いつも通り、一筋縄ではゆきません。エスはこんなことを考えます。「この男は気に入った。でももしかしてわたしはこの男に気に入られないかもしれない。たしかめてみよう。わたしの手の冷たさにこの男が怖気をふるわず、自分の手でこのわたしの差し出す憐れな冷たい代物をやさしく握ってくれるようだったら、すべてはうまくゆくだろう」。そして——エスはきみが考えるよりはるかに利口なのです——エスはその手を冷たいばかりでなく湿らせさえします。これでその手はまさしく愛の試金石となり果てます。冷たく湿った手を喜んで握るというからには、その手の持主をよほど好きでなければならないでしょうから。この露出趣味的な手はあっさり、はっきりこう言っているのです。「見なさい、この冷たさのなかでさえ、わたしの愛液はわたしから溢れ出してくる。わたしの情熱はそれほど燃えあがっているのよ。あなたがわたしを温めてくれたら、どれほどの愛の奔流で、あなたを覆ってあげられることか」。

最愛の人よ、これはすでに、無意識のエロスの相当深層の部分、生理学的現象の解釈というべきものに至っていることは、おわかりになるでしょう。もう少し、この話をつづけたいと思います。ぼくは医者ですから、性的なものの無意識的提示のほうが、単純な、心理的にも意識された衝動などよりずっとおもしろいと思うのです。

ちょうどよい実例として、ぼくがかつて詳しく調べた皮膚の現象をいくつかお話ししましょう。ご存じの通り、シュヴェニンガーの弟子であるぼくは、現在でも皮膚病に興味をもっており、あれこれ症例を探しています。そのなかにはつねに、慢性の痒みの発作を伴うものがあります。以前ぼくはうかつにも、この症状を訴える患者たちが、病歴のいずれかの部分を説明する際に必ず使う言葉を聞き逃していました。患者たちは必ず、自分の肌は敏感だと言うのです。現在では、これらの患者の湿疹が、肌の敏感さを繰り返し保証しているものであること、言葉よりもはるかにはっきりと、どのような種類の敏感さを有しているかを症状によって語っているのであることがわかっています。患者の湿疹は、次のように訴えているのです――少なくともぼくは、患者たちの症状から、この訴えを聞き取れるのですし、ぼくの治療が成果をあげているところからみて、これはまんざら間違ってもいないのだと思います――「見てよ、わたしの肌は、そっと触れてもらいたがっているの。そっと愛撫してもらうのは本当にすばらしい刺激だのに、誰もわたしを撫でてくれない。わかってよ、助けてよ！ こうして掻き痕をつける以外、どうやってこの思いを表せばいいの」。これこそ、触覚の領域における純粋の露出の例と言えましょう。

さて、ぼくたちは充分に話をしましたし、ぼくたちが王座に据えた、まじめくさって考え深そうにすわっているぼくたちの子どもは、その任務を了えたと思います。ぼくはきみに、この子がこのとき考えていたことを知らせるつもりでいましたが、結局それはしませんでした。この子が、この王座の上で妊娠のことを考えていたかどうか定かではないので。またいずれ、そのことについては話すことにします。しかし、この手紙をおわらせる前に、もう一つ言っておかなければなりません。おまる——あるいは便所、この二つは同じことです——は大変重要な家具で、人生の四分の三をその上で過ごす人も本当に相当たくさんいます。文字通り四分の三の時間その上にすわっているというわけではありませんが、しかし、朝目覚めるとき、今日はお通じがあるだろうと思いつつ起き、何時間も経たぬうち、一仕事了えたあとで、ふたたびそのことを考えはじめます——それればかりか口に出しさえするものです。ふつう昼食時に——明日はお通じがあるだろうか、と。——たしかにおかしな世の中ですね。

考えてごらんなさい。幼い子は父親や母親についていって、静かなところで両親がしていることを見ているのが好きです。もっと大きくなると、仲間を求め、研究を進め、謎解きに熱中します。次に思春期がきて、やはり便所でこの時期ばかりか、もしかして生涯を通じて、もっとも深刻で重大な体験をすることになります。オナニーです。しかし、発達ののちには愚鈍化が始まり、人間は人生の驚異を追うことをやめてしまい、その代わりに新聞を読んだり、教養を身につけたりすることで満足するようになります。最後には老いがやってきて、便所での発作で生がおわることも少なくありません。まさに、ゆりかごから墓場まではありませんか。

心からの挨拶をお送りいたします。

いつもきみの

トロール

23

最良の友よ。たしかにおっしゃる通りです。露出症のことばかり、あんなに長々と書くのは正しいこととは言えませんし、露出症という言葉を拡大解釈しているというご指摘も認めます。なぜそんなことになったかと言いますと、ちょうど今ぼくは、この衝動をまことにみごとにやって見せてくれる患者を二、三人扱っているところなのでと言う以外ありません。話の内容のおもしろさに免じて、外側の形式の不備は見逃してくれるかなと思っていたのですが。

あんな失敗をしてしまいましたから、今日は、体系を成していないものを無理に体系に押し込めたりはしないで、いくつかぼくの観察したことを並べて述べるだけにしておこうと思います。そこからどういう結論を引き出すかはお任せいたします。

二、三日の間、ヘレーネ・カルステン嬢の口にご注意ください。それだけで相当新しいことを学べると思います。

彼女の口は特別に小さくて、一マルク硬貨がやっと入るか入らないかのようだと言われていることはご存じですね。ところで、彼女の前で馬という言葉を口にしてみると、彼女の口がちょうど馬の口のように大きく開いて、馬がするように歯がむき出しになるのを見ることができます。なぜそんなことが？　ヘレーネの両親の家の裏手に、龍騎兵連隊の練兵場がありました。男と女のことについてはヘレーネはそこにいた馬によって学んだのです。それだけでなく、幼い少女だったとき、ある下士官が練兵場にいた馬の背に乗せてくれて、そのときはじめての快感を感じたそうなのです。そのとき見えているのは馬の腹と、それにブラさがっている去勢馬の横に立っています。想像してみてください。五歳の女の子が一頭の去勢馬の横に立っています。と突然、そのブラさがっているものが二倍もの長さになって、その先からすごい勢いで、腹から尿の激流が放射される。まったく子どもにとっては圧倒的な光景に決まっています。

俗に、女の口の大きさは、膣口の大きさに比例すると言われています。たぶんそれは正しいのでしょう。口と性器開口部とのあいだに、並行現象があることはたしかです。口の形は性的興奮によって変わりますし、もしそのような反応をしない場合、筋力の動き方から抑圧が働いていることがわかります。あくびは単に疲れたというしるしではなく、そのあくびをしている女は、その瞬間、好き者の女であるわけで、その事情は、口を開けて眠る男と同じことです。

人間を見てごらんなさい。人間の顔、頭の形、手の形、歩き方を見れば、何千という物語がそこから読み取れるのです。あそこにいる出目の男。間違いなくこの男は、遠目もしるき好奇心と、信じられない発見に対する驚愕を見せようとしています。こちらの人間の奥目は、人間に対する憎悪が大きくなるにつれて引っ込んでいったのです。見たくもないし何よりも見られたくないというわけで。こぼれる涙は単に悲しみと痛みのために流されるのではありません。涙は真珠をまねているのです。貝の奥深く、女の真珠母貝の奥深く安らいでいる真珠を。ですから泣くという行為はすべて、快感の象徴なのです。いつでも、例外なく。すべての詩人はそれを承知しています。何千年も前から詩人はそれに気づいており、そのことを語ってきました。彼らは単にそれを意識してはっきり語ったことはないというだけです。ところが本来その事情を弁《わきま》えていなければならないはずの人びとが、それに気づいていません。眼はエロスの召使いです。眼はエロスに気に入る絵柄を供給せねばなりません。そしてそれがあまりたくさんになりますと、エロスはそれを洗い流します。つまり、眼から涙を流させるのですが、それは内的な緊張が大き過ぎて性器による処理だけでは間に合わないからです。あるいはエロスは、子どもの頃のように、興奮を排尿によって放出することもできなくなっているからです。あるいはまた、エロス的であることを恥じている人間を、道徳というものに気分を害しているエロスが比喩的に罰してやろうとしているからです。エロスは強く、激しい神で、罰するとなると容赦しません。その怒りはこのようなものです。「おまえは、おれが人間の最高の行為、男と女の合一と次世代の創造を、股を濡らすことと結びつけたのをきたならしいと言う。それならばよろしい。おまえの腸にもそれ以外の部分にも粘膜はある。今後おまえの射精は、下痢、吐出物、鼻汁、足の汗、脇の下の汗、そして何よりも小便となるように」。

きっとこんなことはすべてとても奇態だと思うでしょう。しかし、ぼくが空想に耽るのを妨げられる人はいません。昨日エスと呼んだものを今日エロスと呼ぼうと、ぼくの勝手ではありませんか。このエスを罰する神と考えたっていいでしょう。同情心が厚く、繊細でやさしいものとして描き出すこともありはしますが。ぼくはこうしてこちらに押し入り、あちらで禁止して、見たところ、繰り返し自家撞着に陥ってばかりいる力をエスに与えるのです。これは結局、人間がかねてやってきたことにほかなりません。ぼくたちの、まことにご立派に見える表面的な思考のためには、ときに物事を滅茶苦茶にしてしまうのも役に立つと思うのです。すべてはひっくり返されねばならぬ、というのは愚かな目標です。しかし、観察としてはこれは正しいのです。

空想をつづけてもよいでしょうか。ぼくは先刻、口と性器を同じものだと言いました。同じように鼻は、気まぐれな、全能のエスにとっては男性器なのです。したがって、エスは鼻を大きくしたり小さくしたり、ズングリさせたり、とがらせたり、ときには顔に斜めにつけたりして、下のほうがどういう具合かをはっきり見せようとします。ここまで言えば、ある一定の年齢に頻発する鼻血ですとか、はみ出してくる鼻毛、デキモノだとか瘰癧《るいれき》の悪臭の発生がどういうことなのか、ご自分でおわかりでしょう。耳たぶは貝の形をしており、貝は、さきほど言った通り、女性性の象徴です。耳は受け入れる器官ですし、耳の形を観察するのは、夢見がちな観察者にとって意味のないことでもありません。

誤解なさらないでほしいのですが、ぼくはこれで、何かを説明しようなどというつもりはないのです。生はその彩りのすべてを知るべくあまりにも色彩に満ち、それを捉えるべくあまりにも滑らかです。ぼくの言っていることはたぶん、単に論理をからかうだけの意味しかないのかもしれません。あるいはそれ以上何かあるかもわかりません。

もうお気づきでしょうか。子どもたちに口を開けさせるのがとても大変なことがあります。子どもはまだ素朴な考え方をしています。子どもにとって口は魂の入口で、医者は大きい子にとってさえ、ときに魔法使いであるわけですから、医者に口を開けて見せるということは、自分の秘密を見られてしまうということになるわけです。実際に、喉には子どもが打ち明けたがらない何ものか、すなわち男と女をめぐる知識が隠れているのです。喉の奥には二つの弧——あるいは二つの扁桃かもしれませんね——があり、奥深くまでつながっている穴を区切っています。そしてその二つの弧のあいだに、のびたり縮んだり、ピクピクしたりする、赤いものがブラさがっています。つまりノドチンコというわけです。「このメガネをかけたお偉方、先生のおじさんにぼくの喉を見られたら、きっと秘密がバレてしまう。お父さんとお母さんが、ぼくが眠っていると思って、穴と棒で遊んでいるのを、ぼくは聞き耳を立てているんだけど。子どもはそんなこと知ってちゃいけないんだ。それに、もしかするとぼくの喉を見れば、誰にも秘密でぼくがやっちゃっていることもわかっちゃうかもしれない」。子どもの喉頭炎は、大変教えるところの多いものです。そこからどのくらいいろいろなことがわかるか、想像もつかないと思いますよ。

これがハシカだ猩紅熱だということになると、もうすさまじいばかりです。熱が語っているのは「ぼくは燃えてる、燃えてる。そしてぼくは恥ずかしい。ねえ、見てください、恥ずかしくてぼくは体じゅう赤くなってしまった」ということです。もちろん、こんなこと信じる必要はありません。ただそれでしたら、三人の子どものうち二人は猩紅熱にかかり、一人はかからないというのをどう説明しますか。ときには空想的な説明でも、ないよりましということがあります。それにこの説明は、実際それほどばかげてもいないのです。気をつけていただきたいのは、大きくなったあとよりも小さな子どもの時期のほうこそ、情熱の時代なのだということだけです。子どもは赤くなり、エスはわざとこの赤みに二重の意味を持たせたわけですが、これは顔を覆って、そこで起こっていることを見えなくします。同時に官能の火が燃えあがっていることをあからさまにして、道徳的に育てられたエスが腹と性器、つまり地獄と悪魔の場所から血を駆り立てて頭に追いやり、なお一層脳をボンヤリさせていることを見せつけるのです。

もっとこの話をつづけて、肺炎、癌、胆石、腎炎の意味をお話しもできますが、しかし、またいずれということにしましょう。今日はあと一言だけ、露出衝動とその力について言っておきたいと思います。百年前には婦人科医など存在していませんでした。しかし今日では、小さな町にも都会のどの街にも専門の婦人科医がいます。これはつまり、ご婦人方が結婚生活以外で自分を見せる機会がないからです。病気はすべてを許すからです。そして病気は無意識的、半意識的および意識的な、罰せられるべき願望の罪を償い、そうすることによって、永遠の罰から守ってくれるからです。

ぼくたちがこんな手紙をやりとりしていることに歴史の上で大変深い関係のある、露出の一形態があります。それはヒステリー、とりわけ、ヒステリーの痙攣発作です。以前一度、フロイトのことを話しましたね。ここでもう一度、初めの頃に言ったことを繰り返しておきたいと思います。この、ぼくが差し上げるややこしい手紙のなかに正しいことがあるとすれば、それはすべてフロイトから教わったのです。ところで、このフロイトは、二、三十年ほど以前、エスに関する最初の基礎的な観察を、あるヒステリー患者について行なったのでした。ぼくは、今現在、フロイトがその現象についてどう考えているかは知りません。ですからぼくが、ヒステリー患者のエスはほかのすべての人間のエスよりも狡猾だと言うのを、フロイトの説だと言うわけにはゆきません。しかし、このヒステリー患者のエスは、エロスの秘密を全世界にあからさまにやってみせてやりたいと思うようになったのです。そしてすべてのヌードダンスやヘソ踊りを顔色なからしむるであろうこの行為を、自責の念だとか、周囲の道徳的憤慨に妨げられることなく実行するため、エスは失神を発明します。こうしてエスは、痙攣的な、恐ろしげな胴、頭、四肢の運動と脱臼という形でこの性愛行為を象徴的に実現するのです。これは夢のなかでの場合と似ていますが、こちらでは痙攣の見物に立派な観客を招待してあるわけで、エスとしてはその観衆をばかにして大いに歓べるというわけです。

どうやらまた交接および受胎の理論の話に近づいて来ましたね。子どもがそれをどう考えるか、きみがどんなふうな考えであったか、そしてぼくがどう考えていたかという話ですが。まず一つ質問をさせてください。自分で性の違いに気づいたのはいつのころだと思いますか。お願いですから、「八歳のとき、弟が生まれたので」などと言わないでください。五歳のときには裸の女の子と裸の男の子を区別できたに違いないと思いますし、三歳でもできたでしょう。おそらくもっと前からその区別はつけられたに違いないと思います。つまり結局、ぼくもそうなのですが、きみも、いつから自分が男女の区別をつけるようになったかわからないと思うのです。それがわかる人間は一人もいません。シュタッヒョーと呼ばれている二つ半の男の子を知っています。その子は生まれたばかりの妹がお湯をつかわせられるのを見ていて、こう言ったものです——言いながらこの子は自分の脚の間を指さしていました——「シュタッヒョーにはあるよ」。そしてこの子は妹に背を向けたのです。

つまり、子どもが性の違いをいつ知るようになるのかは、結局わからないのです。しかし同じ子どもが、四つになる前に、男女の違いをはっきりさせようとやっきになり、その違いの原因について考えたり尋ねたりすることは、母親たちでさえ知っています。この興味がどれほどおさえがたいものであるかの、何よりの証拠ではありませんか。以前お話ししましたね。子どもは去勢コンプレックスの連想に引きずられて、こんなふうに考えるのだと。すなわち、すべての人間はオチンチンを持って生まれてくる、つまり男なのだ。そして女とか娘とか呼ばれているものは去勢され、切り取られた男である。連中は子どもを産む目的のため、そして自慰に対する罰として去勢されてしまったのだ。この考えは、それ自体それほどひどいものではありません。しかしその及ぼす影響は計り知れぬものです。男の優越感、女の劣等感の原因はここにあるのですし、女が下に、男が上になるのもこのためです。女が上方、天の方、つまり宗教に近づき、男が前方、深淵、つまり哲学に向かう理由もここにあります。この観念は、混乱し、かつそれなりに大変論理的な子どもの頭のなかで、男性器を丁寧に調べた結果と結びつくのです。生まれつきの家長的感覚に従い——きみもぼくもそれをしましたし、やらない人はいないのです——子どもは、いったい、この切り取られた性器はどうされるのだろうと考えに考えを重ねます。ぶらさがっているものが何になるのかは、はじめのうちわからないままでしょう。場合によってはこれは盲腸という形で生き残ることもあるようですが。それにくらべて、袋のなかには二つ小さなものがあり、明らかに卵そっくりです。しかし卵というのは食べ物です。つまり、女となるべく判決を受けた男から切り取られた卵は食べられるということになります。この結論に達すると、通常他人の苦しみにはあまり心を動かされない子どもでさえ、少々いやな気持ちになります。そのために、子どもは切り取って食べてしまうことをもっと理解しやすくしてくれる別の理由を探すのです。こうして考え込んでいる子どもに、ずっと以前の自分の経験が手助けにやって来ます。卵からはヒヨコ、鶏のヒヨコが生まれる。それにこの卵はメンドリの体のうしろのほう、つまりメンドリの尻の穴から出てくる。ここまでくれば問題は解決したも同然です。女の尻から出てくるといえば子どもに決まっていますから。これで話がわかるようになります。切り取られた卵は、おいしいから食べられるのではなく、その卵から人間の子どもができるのだ。こうしてゆっくりと考えの環は閉じてゆき、この考えのぼんやりした暗闇のなかから、恐ろしい人間の姿が浮かびあがって来ます。すなわち父親。お父さんがお母さんの性器を切り取り、お母さんに食べさせる。それで子どもが生まれる。夜中に息のつまるような、ベッドをゆすぶるほどの争いが両親のあいだで戦われる理由はこれだったのだ。吐息やすすり泣き、夜用のおまるについている血の原因はこれだ。お父さんは恐ろしい。残酷な処刑人だ。しかし、いったい、何をそんなに罰するのだろう。こすって遊ぶこと。でも、お母さんも遊んだんだろうか。これはいくら考えてもキリがありません。しかしそれは考えなくてもよいのです。その代わりに、経験がやってきますから。母親の手は毎日、息子の愛らしい卵をこすり、息子のオチンチンと遊ぶではありませんか。「お母さんはこすることを知っている。お父さんはそれを知って、それを罰したんだ。だからお父さんはぼくにも罰をくだすだろう。ぼくも遊んでいるんだから。罰されたってかまうものか、ぼくは子どもが欲しいんだ！　遊んでやる。そうすればお父さんはぼくを罰して、ぼくには子どもができる。バンザイ、ぼくには遊ぶための口実ができたぞ。でも、もしお父さんにオチンチンを切られてしまったら、いったい、何で遊べばいいんだろう。ぼくがこうやっていい気持ちになるってことは隠しておいたほうがいい。そのほうが安全だろう」。

かくして憧憬と恐怖がないまぜになり、子どもは徐々におとなになってゆきます。衝動と道徳、欲望と恐れのあいだを揺れ動きつつ。

ではまた、いとしの人よ

あなたの　パトリック・トロール

24

わが友よ。きみがぼくの書き散らすことを深刻に取らず、笑い飛ばしてしまうのを、本当にありがたいと思っています。ぼくはこれまでもしょっちゅう、笑いものにされていましたし、そのときには大満足でみんなと一緒に笑ってきました。あまりそういうことが重なって、自分でも、自分が何か言いたかったのか、それともおどけて見せるつもりだったのか、わからなくなってしまうことさえよくあります。

しかし、嘲る者と同じ椅子にはすわるなと言いますからね。言うべきことは言うことにしましょう。このあいだ「子どもの性理論」という名前をつけて紹介した空想のごちゃまぜのことですが、ぼくはもちろん、実際の子どもの頭のなかに、あのようなものがそのまま浮かんでいるなどと考えているわけではありません。子どもであれ誰の頭のなかにであれ、同じことです。ただ、あそこで言ったようなことのカケラは、あちこちで見つかるのです。ボロボロに崩れて、何だかよくわからなかったり、別の系列の空想の内部に埋没してしまったりすることが多いですが。ぼくがわかってほしかったのは、ええ、本当に、魂の内奥に刻み込んでもらいたいと思ったのは、子どもがつねに、性、エロス、エスの謎と取り組んでいるということでした。まったく、子どもは、どんな心理学者や分析者にもひけを取らぬ熱意で、それらの謎に取り組みます。子どもが成長するというのは、これらの謎を解明すべく、さまざまの試みを繰り返すことにほかなりません。言い方を変えますと、子ども時代というのは、エロスが授業をしてくれる学校であると言ってよいのです。子どもが受胎、生産、性差について考え出す大胆極まりない空想の数々をごらんなさい。きみにはその子ども、それがどんな子どもであれ、その子が現実に空想していることの千分の一も考えつくことができないと思います。きみはそれに、自分が小さいとき実際に考えたことのあることしか思いつけないでしょう。それがエスの妙なところなのですが——どうぞ忘れないでください——つまりエスは、ぼくたち非の打ちどころのない分別の持主とは異なり、現実と空想を区別しないのです。エスにとってはすべてが現実なのです。で、もしきみが、すでに目を眩まされていなければ、エスの判断が正しいことがわかるでしょう。

そうですね、母親に食べられてしまったと空想するに違いないと言った、オチンチンの運命について、もう少し話してもよいでしょう。それほどたくさんというわけにはいきませんが、少しだけ。このオチンチンはソーセージになるのではないか、子どもはそんなふうに推測します。卵を食べれば必ず妊娠するというわけではありません。ですから、食べられた卵のほとんどは、腹のなかで、ほかの食べ物と同じように茶色のドロドロのチョコレート様の物質に変わるわけです。次にこの物質は、ソーセージ型のオチンチンが含まれてもいるので、細長いソーセージ状になる。三歳児の頭のなかに、すでに形状に関する哲学と、酵素の理論が入っているとは、まったくたいしたことだと思いませんか。実際、これより重要なものはないと言ってもよいくらい、この想像連鎖は大事なものです。便通＝出産＝去勢＝受胎とソーセージ＝ペニス＝宝物＝金という等式は、毎日、毎時間ぼくたちの無意識の観念世界で繰り返され、ぼくたちはそのおかげで金持ちになったり貧乏になったり、恋に落ちたり眠気に襲われたり、創造的になったり怠惰になったり、ポテンツがあったりインポになったり、幸福になったり不幸になったり、汗をかく皮膚をかぶったり、結婚したり離婚したり、工場をつくったり発明したりしているのですから。何が起ころうと、この等式が関係していないことはありません。病気になることも。いやむしろ、病気の場合こそ、この等式がいちばんわかりやすいかもしれません。利口ぶった連中にばかにされることさえ恐れなければよいのです。

お慰みまでに、子どもの頭が考え出し、おとなになってもしばしば生き残っている観念の別の例をもう一つ話しておきましょう。それは、食べられたオチンチンは一度、ないし二度、棒に姿を変えるというのです。棒というのはつまり勃起につながっているのですが、この棒に卵がくっついて、それから卵巣ができるというのですね。ぼくの知っているある人は、不能でした。つまり、男根を膣に入れるべきときに、それがうまくできなかったわけです。この人は、婦人の体内には棒があって、その先に卵が並んでくっついているという観念を持っておりました。「ぼくのものは特別大きいのだから、それを押し込んだりしては、この卵が全部潰れてしまうだろう」と、この人の己惚れは囁いていたわけです。もうそれは治っていますが。妙なことに、この人物は子どもの頃、相当立派な卵の収集をしていたのです。母鳥の巣から取ってきた卵の中身を捨てようとしたとき、すでに形になった雛が入っているのを見つけることもときとしてあったそうです。この人が卵巣＝卵棒理論を思いついたのは、この経験のためだったのですね。ご立派な論理学者たちは、こんな理屈はないとばかにされるでしょう。しかし、こういうことについて考えを巡らすのを、どうぞやめないでいただきたいと思います。

この話はこれくらいにして、このあいだ手紙を書いていたときのぼくの状態について思いついたことを、また少し話そうかと思います——憶えていますね。時計の鎖の話をしていたときです。右脛《すね》のかゆみと、上唇の水疱のことを、まだ説明していませんでした。まことに奇妙なことですが、脛と言ったとたん、脛当てという言葉が思い浮かび、同時に、アキレウスの絵が眼に浮かびました。その絵というのは、ぼくが子どもの頃——ちょうど八歳か九歳頃に見た覚えのあるものなのです。それは、シュヴァープのギリシア英雄物語の挿絵でした。それに加えて「近寄りがたい」という言葉も浮かんで来ました。どこから話をはじめればよいのでしょう。どこでやめればよいのでしょう。今やぼくの子ども時代が目覚め、ぼくのなかで何かが泣いています。

シラーの書いた、アンドロマケに別れを告げるヘクトールの詩をご存じですか。ぼくの次兄ハンスは——この兄のことは、このあいだハンスという名前について話したとき、いちばん最後に言いました——そう、おっしゃる通り、この兄は右脛に傷があります。ソリですべっているとき、樹に衝突したのです。ぼくは五つか六つだったと思います。夕方——もうランプに火が入れてありました——大きくなりかかった体つきの男の子が運び込まれ、ぼくはその傷を眼前に見たのです。四センチほどの長い深い傷で、出血していました。その傷がぼくには猛烈なショックだったのです。今ではそのわけもわかっています。この傷の印象はどうしても、別の傷と混同されてしまいますよね。傷口のまわりには、止血用のヒルがぶらさがっていて、一匹か二匹はもう落っこちていました。つまり、エヴァの創造、去勢、吸血ヒル、切り取られたオチンチン、傷口、女になること、という連想が働いたのです。それに吸血ヒルを傷口にあてがったのは父でした。

ソリ。いったい、どうしてソリになんて乗るのでしょう。速い運動は性器的快感を起こすことをご存じでしたか。グライダー発明以来、すべての飛行士はそれを知っています。滑空の際には——ほかにもいろいろありますが——勃起と射精が起こるのです。人間がなぜ何千、何万年ものあいだ、空を飛びたいと思い、飛べるはずだと思ってきたのか、どうしてイカルスの神話が生まれたのか、どうして天使やキューピッドには羽があるのか、なぜ父親は自分の子を高く差し上げて、空中に飛びあがらせ、どうして子どもはそれを歓んで歓声をあげるのか。これらの問いに対する答えは、実際に空を飛ぶ人たちがしてくれることになりました。とにかく、スケートだとかソリだとかいうスピードの出る遊びは、幼い少年パトリックの目から見るとオナニーの象徴だったのです。そこで、吸血ヒルをつけられた傷が罰の象徴に見えたのでした。

その話は置いて、ヘクトールの別れと「近づきがたい手」の話に戻りましょう。次兄ハンスとその次の兄ヴォルフ——これは問題のある名前です。それについてはこのあとすぐ話しますが——は、このシラーの詩を芝居仕立にして演じて見せるのが得意でした。家族や、たまたま居合わせたお客が見物になるのです。それを演《や》るときには、赤い裏と白い毛皮のふちがついた母のケープが、アンドロマケの衣装として使われることになっていました。紅を伴う紫。これは女の体にある例の大きな傷であり肌であり、血と月経帯ではありませんか。この芝居ごっこはぼくに恐ろしいほどの印象を与えたものです！　はじまったとたん、こういう言葉があります。「パトロクロスに恐ろしき生贄を運ぶ」「パトロクロス——パトリック」という連想、そして生贄、切断、アブラハムの生贄、割礼、そしてアキレウスによる復讐、つまり去勢のあとに起こる、荒野に響き渡る泣き声。小さき者、つまりペニスは、もはや「槍を投げる」こともあるまい。ヘクトールが冥土の闇に呑まれてしまったのだから。ヘクトールは男児、冥土は母胎であり墓場でもあります。これはつまり近親姦の話、ということは人間の永遠の願望であり、すなわち幼いパトリックの望みでもある、エディプスの話にほかならないわけです。「聞け、荒れ狂う者はすでに城壁に登り、騒ぎおめく」というのを聞くと、背中がゾクッとしたものです。ぼくはこの騒ぎを知っていました。これはつまり父アキレウスのすさまじい怒りなのですから。死者の渡るというレテの流れは、モジャモジャペーターのパウリーンちゃんを源とする野原の小川、つまり、女の子のオナニーの歌と混じり合い、また忘我の眠りのあいだに、ベッドを濡らす尿の流れと混じり合うのです。

もちろんおっしゃる通り、ぼくは当時こんなことを知りませんでした。頭ではわかっていなかったのです。しかし、ぼくのエスはそれを知っていました。エスは、現在ぼくがやっと何とか理解しているよりはるかに深く、正しく、すべてを理解していました。ぼくはこれほど自分の魂や他人の魂を知ろうと努力しているのですが。

そんな話より、あの本、シュヴァープのギリシア物語の本の話をさせてください。ぼくはそれをクリスマスにもらったのです。当時両親はもう貧しかったので、この三巻は新品ではなくて、装丁し直しただけの古本でした。この本は以前長兄のものだったので、ぼくにとってはいっそうこの本の値打があがったように思われました。この長兄についても思い出すことはけっこうあるのですが、しかし、とにかくシュヴァープの本の話をしてしまいましょう。一つの巻――トロイア戦争の話でした――は、はじっこが折れていました。ぼくはその本で兄のヴォルフに殴りかかったのです。五つ年上のこの兄はぼくをさんざんからかって怒らせ、あげくに、遊び半分、片手で押さえつけたのです。ぼくはこの兄をどれほど憎み、かつ愛したことでしょう。どれほどぼくはこの兄に感服していたことか。強く、荒っぽい狼《ヴォルフ》に。

話しておいたほうがいいと思うのですが、ぼくがどこか気分が悪い、喉や頭が痛いとき、分析には必ずヴォルフという言葉が出てきます。兄のヴォルフはぼくの内的生活、ぼくのエスとわかちがたく結びついているわけです。ヴォルフ・コンプレックスは、ぼくにとって何よりも重要な意味があるらしいのですね。実際にはもう何年も兄のことを考えたこともないし、ずっと前に亡くなっているというのに。いまだにぼくの不安のなかに、この兄は入り込んできます。ぼくが何かするとしますね。そこにも兄がいるのです。去勢コンプレックスが問題になるときにはつねにヴォルフがいます。そしてそれが、何か暗く、恐ろしい脅威として感じられるのです。この兄とつながる性的光景というのは、一つしか思い出せません。まざまざと眼に浮かびます。戸外でのことでした。兄の同級生がトランプの札を一枚光に透しているのです。透してみますと、そのカードには、何か奇妙奇天烈《きてれつ》なものが浮かんで見えるのでした。普段は見えない、何か禁じられたものが。二人が恥ずかしそうにしていて、良心が咎めているようだったのを、今でもはっきり感じられるくらいでしたから。その絵が実際にどういうものだったのかは知りません。ただどういうわけか、兄のヴォルフが、この同級生に向かって、自分のヴォルフラムという名前は巨人のヴォルフグラームベアからきたのだと言っていたことが、トランプの光景とわかちがたく結びついて思い出されるのです。兄が言ったことのおかげで、ぼくはゾッとしたものです。今ではその理由がわかります。巨人というのは、男根の擬人化されたものなのですから。

今突然、カウルバッハの描いた、「ライネッケ狐」の挿画を思い出しました。狼のイセグリムが、農家に押し入り、見つかって、農夫を投げ倒して頭をその農夫の下着のなかに突っ込んでいるところの絵です。ぼくがその絵を見たのは少なくとも四〇年は前のことですが、しかしかなりはっきりそのありさまが目に浮かびます。そして今のぼくには、狼が農夫の性器を喰いちぎっていることがわかります。ぼくがよく憶えている絵というのはそれほど多くありませんが、これはそのなかの一つというわけです。イセグリム――グリムというのは、ぼくにオナニーを教えた少年の名前ですが——は、わけのわかっていなかったぼくにとっても充分意味ありげに見え、深く抑圧されているものがあると警告を発し、教えてくれていたのですね。

それにしても、ライネッケ狐の物語で、去勢役を狼がおおせつかることになったのはどうしてなのでしょう。どうしてカウルバッハは、この光景を描こうと思ったのでしょう。「赤頭巾」の話、そして「七匹の仔山羊」の話にはどんな意味があるのでしょう。この話はご存じですね。母親山羊が出かけることになり、七匹の仔山羊に、ちゃんと扉を閉じ、狼を家に入れたりしないよう言いきかせていきます。しかし結局狼は家に押し入り、仔山羊をみんな呑み込んでしまいますが、柱時計の箱のなかに隠れた一番小さい子だけは助かります。母親は戻ってきて、その子が箱のなかに隠れているのを見つけます。仔山羊は狼の狼藉《ろうぜき》を物語り、二匹はその悪者を探しに出かけ、たらふく喰ってぐっすり眠り込んでいる狼を見つけます。二匹が狼の腹を切り裂きます。腹のなかで何かがピクピク動いているようだったからです。すると、呑み込まれていた六匹の仔山羊が次々に飛び出してきます。そこで母親は、悪者のけものの腹に大きな石コロをつめ込み、縫い合わせます。狼は喉が渇いて目が覚め、水を飲もうと井戸を覗き込みますが、石の重さに引っぱられて、落ち込んでしまいます。

ぼくはお伽話に籠められた、人びとの魂の秘密を一つ残らず明らかにして見せるなどという神技はできません。しかし、一つか二つなら、そう見当外れでもないことが言えると思います。まず、腹を切り裂いて、そこから子どもが出て来るというのが、出産の象徴であることは、簡単にわかります。赤ちゃんが生まれるときにはお腹を切って、また縫い合わせるのだという、子どものよく考えることにもつながっていますから。これは、呑み込まれても仔山羊が生きているのはなぜかという説明にもなっています。呑み込むというのがつまり受胎のことなのです。母親が、扉を閉めておきなさいと警告しているのは、処女性は失われやすいものだから、処女は誰も入れてはならないということを指していると考えられます。「指に指環がはまるまで」。しかし七番目の子が助かった。それも時計の箱に隠れて助かったというのがどういうことなのかは、よくわかりません。7という数が人の生のなかでどれほどの役目を果しているかはご存じですね。この数にはあちこちでお目にかかります。今よい意味で使われるかと思うと、すぐまた悪い意味で使われるという具合に。おもしろいことには、「悪い7」という場合、これはいつでも女のことです。よい7というのは、したがって、男のことであろうと思われます。実際それはその通りなのです。つまり女は頭、胴、四肢を足した6で表され得るのに対して、男には五番目の肢がありますからね。これが、支配者の象徴というわけです。とすると、七番目の仔山羊はオチンチンで、時計の箱に隠れて、呑み込まれずに済み、全然損なわれないで元気に飛び出してくるということなのでしょう。だとすれば、たとえば、時計の箱というのは包皮か、あるいは膣で、七番目の仔山羊が精液を撒いてしまった後、そこから出てくるのだと考えてもかまわないことになるでしょう。狼が話の最後で井戸に落ちてしまうのは、あまりうまく説明できません。せいぜい、これは、誕生のモティーフが重ねて出ているのだろうと言えるくらいです。そういうことはしばしばあります。そのように考えれば、箱に入っているのも妊娠や出産のことだと言えないこともありません。夢のなかで水中に落ちるのが出産を意味するのは、よくあることですし。

　これできれいなお伽話を平凡な日常生活次元に引きさげる処置がおわりました。狼だけが残っています。ところが、もうおわかりのように、この言葉は、ぼくの個人的コンプレックスを惹き起こしてしまうのです。しかしまあ、これも何とかできないか、やってみることにします。7の問題にも戻りたいですし、七番目の仔山羊は雄でした。あとの六匹を合わせれば悪い7、つまり女の子で、七番目の仔山羊はその子のために病気になります。食べられてしまい、悪い奴だと言われるのは、その子がオナニーを、悪いことをしたからです。こう考えれば、狼というのは七つを六つにする力、男の子を女の子にする、去勢する、オチンチンを切り取ってしまう力ということになるでしょう。とすれば狼は父親ということになります。もしそうならば、扉を開けるというのも異なった様相を帯びてきます。これはつまり七番目、すなわち男の子が、まだ幼いのにオナニーをして、自分の7をこすってグズグズに悪くしてしまい、そのために狼がそれを喰い切って、その子をオチンチンではなく傷のある女の子にして外の世界に追い出すという意味になるでしょう。七番目の仔山羊はオナニーを避け、あるいは少なくともオナニーが発見されることを避けるために時計の箱すなわち包皮のなかで性的に成熟するまで時を待ちます。かくしてこの子は男の子のしるしを失わずに済むのです。女を示すために7という数にかぶせられる悪いという言葉は、化膿するという意味にも使われることがあります。この膿瘍の連想が梅毒や癌につながります。女の人たちがこの二つの病気をひどく怖がるのは、こんなところに理由があるのかもしれません。仔山羊を呑み込む話は、種になるものを呑み込むと赤ちゃんができるという、子どもの受胎理論につながっています。親指小僧のお伽話で、親指小僧が人喰いに呑み込まれてまた出てくるというのも、これに結びついています。親指小僧に出て来る七哩《マイル》靴は、七匹の仔山羊のなかの狼が、男あるいは父親を表しているのと同じような役割を果します。この不思議な長靴が勃起の象徴であることは、それほど考えなくともわかりますからね。

さてここで、前にお話しした、子どもは口を開けて見せるのをいやがるという話に戻らなくてはなりません。ノドチンコを切り取られやしないかと心配するのでしたね。狼咽《ろういん》（口蓋裂）という言い方から、狼とオナニーのあいだのつながりが浮かびあがってきます。狼咽の子にはノドチンコがありません。ノドチンコは男のオチンチンを意味しているものですから、その子は去勢されていることになります。つまり、オナニーに対する罰の体現者というわけです。狼咽のありさまを一度でも見たことがありましたら、その罰がいかにすさまじいものであるか、おわかりになるでしょう。

これでぼくの話はおしまいです。この解釈がお気に召しましたかどうか。少なくともぼくは、この解釈のおかげで、狼＝イセグリム＝兄のコンプレックスが惹き起こしていたたくさんの問題から解放されたのですけれど。

心をこめて

パトリック

25

そう、きみの考えでは、悪い七というのは口だというのですね。たしかに言う通りです。たしかに男のなかにもひどく口の達者な奴がいないことはありませんが、しかし結局のところ、きみの言っていることもぼくの言っていることと同じです。顔にある七番目の穴は、下半身の大きな傷と同じく女の象徴ですからね。

ちょうど数の話をしているところなのですから、ちょっと数字遊びをしましょう。最初にお断りしておきますが、エスは大変な数字記憶力を持っています。また単純な計算もできますが、それはだいたい、ある種の知的障害者に見られるのと同じようなものです。そしてエスは、やはりその者と同じように、立ちどころに計算問題を解いて見せるのがたまらなく好きなのです。その点は簡単にたしかめてみられますよ。誰かと、その人物のエスを深部で動かすであろうテーマについて話をしてみてください。エスが動きはじめたことは、さまざまな兆候でわかります。そのとき、その人物に、何か日付を言わせてみれば、間違いなく、かき立てられたコンプレックスと連想上もっとも関係の深い日付が答えとして返ってきます。多くの場合、その関係もすぐはっきりして、そのために聞かれた本人が、自分の無意識の能力に驚くことになります。たしかに、その関係があるのかないのかはっきりわからないときもあります。しかし、そういう場合も、目を眩まされてはいけません。その場合にはその人間の意識が否定したがっているのです——むしろ嘘をつきたがっていると言ってもかまわないと思うのですが。関係なんかありませんという答えでやめたりせず、エスは決して偽らず、否認しないという認識を支えにしてください。そうしていれば、やがてその連想が本当にあったことがわかるでしょうし、同時に相当量の心理的なあれこれが表に出てくるでしょう。これはそれまでのその人の無意識のなかに抑圧されて、その人間のなかでさまざまなよいことや悪いことをやっていたものです。

ぼくは、自分自身のエスがつくり出した、ちょっとした数字の芸術をお目にかけようと思います。それに気づいたときには、ぼく自身ずいぶんおもしろいと思いました。長い年月、いつでもぼくは、苛々したり、腹立たしい思いをしていることを口に出そうと思うと、こんな言い方をしていたものです。「ぼくはもうそれを26783回も言いましたよ」。憶えているでしょう。この前会ったとき、きみはぼくのその言い方がおかしいと笑いましたもの。きみにひやかされてぼくは腹を立て、それで、少しばかりこの数字の謎解きをしてみたわけなのです。そうやっていたときに、この大きな数の各桁の数の総和が26であることに気づきました。千の位より下を切り捨てにしても同じ数になりますね。26という数を考えていましたら、母という語が思い浮かびました。母が亡くなったとき、ぼくは二六歳だったのです。両親が結婚したとき、二人とも二六歳でした。父は一八二六年生まれなのです。ところで切り捨てた783のほうを見ますと、こちらの各桁の数の総和は18になります。また、もとの数の位の高いほうから三つを取って2×(6+7)とすればやはり26という答えが出ます。残りの二つの数字を8×3として、それに2を加えれば、やはり26です。私の生まれたのは一八六六年一〇月一三日。この数字をすべて加えますと、やはり26です。

別のやり方でも分解してみました。2はどうも、それ自体で独立しているような感じがしました。6+7や8×3という計算をしたときに、自然に2という数を加えて使ってしまいましたからね。これ以外の数を2の影響下にある眼でながめますと、おのおの、67、78、83になります。六七で母は亡くなりました。七八というのはぼくが家を出て寄宿舎にゆかなければならなかった年です。八三年には両親がぼくの生まれた町を去ってベルリンに移り、ぼくは故郷を失ったのでした。しかも同じ年、ぼくの生涯に長いあいだ影を落としたある出来事が起こったのです。学校の授業休みの時間に、ある同級生がぼくに向かってこう言いました。「これ以上今と同じようにオナニーをつづけていると頭がおかしくなるよ。もう半分そうなりかかっているけど」。この言葉はぼくにとって不吉なものとなりました。それはたとえば、オナニー不安が強められたとかそういう意味ではありません。問題はぼくがそのとき一言も言い返さず、静かに黙って、公然とオナニーを指弾されるという恥辱を受け入れた点にあったのです。まるで他人事《ひとごと》でもあるかのように。ぼくは深く恥をかかされたと感じていました。けれどそれをすぐに「頭がおかしい」という言葉に助けてもらって抑圧したのです。そのときぼくのエスはそのときこの言葉を知り、それから離れられなくなってしまいました。

き以来、もう自分がどんな酔狂なことを思いついてもかまわないのだと感じるようになりました。半分頭がおかしいというのはぼくにとって、おまえは二つの可能性のちょうど真中に立っている、世界と人生を、おまえの気の向くままに、健康な人間、当り前の人間として眺めることもできるし、頭がおかしい、当り前の状況からはみ出した、ふつうでない人間として見ることもできるという意味だったのです。それ以来ぼくは、充分それを実行してきましたし、今でもやっていることは、いやというほどおわかりですね。ぼくはこの立場のおかげで、乳母と母という二人の母親に存在の根拠があることをやっとわかるようになったのです。この二人のあいだに立っていたことも、半分頭がおかしいということで耐えやすくなりました。ぼくはおかげで、疑わずにいられないという強迫から解放され、気長に疑い、皮肉に構えることができるようになったのです。トーマス・ヴェルトラインふうの観念世界に生きることができるようになったと言えましょう。たしかに、かの同級生が言った「半分頭がおかしい」というのを、こんなふうに受け取るのは誤りだったかもしれません。しかし、その言葉は、ぼくの本質に見られる奇妙な性情に対する説明になっているのです。ぼくはつまり、だいたいにおいて二つ可能性があるという事態を回避しようとするけれども、しかし同時に、あらゆる嘲弄、あらゆるお説教、あらゆる証明、内的矛盾を用いて、つねに、たゆむことなく、対立、対峙する解釈を追ってもいるのですから。自分の生涯を細かく調べてわかったのですが、この半分頭がおかしいおかげで、ぼくのエスが自分の仕事をするのに必要なのとちょうど同じ余裕が生まれています。特筆すべきは――少なくともぼくにとって――ぼくの医者としての経歴です。ぼくは二度、まったくそれまで知らなかった医術上の思考方法を習得し、それを自分なりに処理しました。その結果それはどちらもぼく独自のものになっていると言っても間違いはないと思います。はじめはシュヴェニンガーに師事し、二回目はフロイトに学んだわけですが。二人はどちらも、医者として、何かすさまじいもの、逃るべからざるものを代表していると言わざるを得ません。この二人の影響を自分のなかで統一することは、一九一一年になってやっと可能になりました。11というのは83の各桁の数の和ですし、11の各桁の数の和は2です。

八三年という年は、ぼくの謎の数、26783の末尾の二桁であるわけですが、そのためでもありましょうか、ぼくの外的な生活においても特別に重要な年なのです。ぼくはかのオナニーに関する所説を発表してほどなく猩紅熱にかかり、その結果、腎臓炎を起こしてしまいました。ぼくはその後もう一度腎臓炎をわずらいましたが、それはご存じの通りです。ぼくがこんなことを言いますのは、この腎臓病——ぼくのもそうですし、他のすべての腎臓病についても同じことですが——が、人生における二重の立場について回るものだからなのです。何かと何かにはさまれていること、2というものと縁が深いのです。腎臓人間——という言い方を許していただくとして——は二方向に向いています。この人間のエスは、めずらしいほどの卓越性をもって、子どもっぽかったり成熟していたりします。これは大変都合のよいことであると同時に危険でもあるのですが。つまりこの人間は1——これは勃起した男根、おとな、父親の象徴です——と3——これは子どもの象徴です——のあいだに立たされているわけです。このような半端者が、どれほど信じられないような空想の連鎖を追ってゆくものかは、ご想像に任せます。一つだけ言いたいのは、腎臓炎だけでなく、一五の歳までオネショをしていたので、そちらの事情によっても、ぼくの立場はかなり明らかだろうということです。それから最後にもう一つだけ。半端者というのは男でも女でもなく、どちらでもある人間、ぼくがまさにそうなのです。

さて、では遊ぶことにしましょう。数で遊ぶのです。それができるためには、子どもでなくっちゃいけませんが。しかし、遊んでいる途中で、おとなの持ちものがあれこれ割り込んできたとしても、怒らないでください。それは仕方のないことです。子どもというものは大きいふりをしたがるもので、父親の帽子をかぶり、ステッキを持ち出します。もしも子どものなかに、大きくなりたい、高くなりたいという願望がなかったとしたら、いったいどうなることでしょう。人間は小さいままで、成長などしないに違いありません。ぼくは間違いないと信じているのですが、発育不全の人間はある程度、成長したくないと思っており、そのために、自分は勃起など知らないというふり、小さい子どものように汚れを知らないふりをしているのです。発育不全はエスの願望によって生じる言い訳、子どもでありつづけることの言い訳、性的傾向すべて、ということは、ありとあらゆる行為に対するエスの言い訳なのです。「わたしは小さい（klein）、わたしの心はきよらか（rein）だ」という言い草の通りです。

さて、ぼくがごまかしを言っていると思いますか。ぼくと一緒に石盤を置いて、席についてください。ぼくたちは、もう一度改めて、数字の書き方を習うのだということにしましょう。そもそも、石盤半分を1だとか8でギッシリ埋まるほど書かせられる子どもの頭のなかはどうなっているでしょうね。それは文字についても同じことです。aだとかPだとか、カギだとか輪だとかは、子どもの空想をどれほど引き出すことでしょう。きみは1を何だと思いますか。ぼくには棒に見えます。それはつまり大きくなることであり、父親のステッキであり、ペニスであり、男であり、父親そのもの、厳しさと力、家族のナンバー・ワンであるわけです。2は白鳥、シュペクターのお伽話です。ああ何てきれいなお話だったことか。ぼくの姉は大変首が長く、いつでもひどくからかわれていました。姉は間違いなく醜いアヒルの子の一族でした。白鳥になるかならずで死んでしまいましたが。と、突然、故郷の町の白鳥の池が眼に浮かびます。ぼくはたぶん八つくらいで、ヴォルフとリナと、ヴォルフの友達のアンナ・シュペックと一緒にボートに乗っています。アンナ・シュペックは、白鳥の泳いでいる池に落ちたのです。「わたしの白鳥、わたしの静かな、やわらかい羽の鳥」。イプセンがこんな詩を書いていたから、ぼくはあれほど一所懸命イプセンに取り組んだのでしょうか。そしてぼくがひどい状態で、死を覚悟していたとき、この詩による歌を耳にしたから？　それともそれは戯曲『ブランド』のなかのアグネスでしょうか。アグネスというのはぼくの幼なじみで、ぼくはその子がとても好きでした。その子は口が歪んでいたのですが、それはその子がつららを口に入れたからだということになっていました。つららというのは象徴的ですね。ぼくはその子と一緒に綱渡りをして遊びました。さらわれた子どもというぼくの家族物語と、ぼくの殴打空想は、この子と結びついているのです。アグネスとエルンスト。エルンストというのはアグネスの弟で、ぼくの親友でした。そいつをぼくはのちに下劣にも見捨ててしまったのですが。そのあとで出会ったのがエルンスト・シュヴェニンガー。ああ、心やさしい友よ。本当に、本当に、何とたくさんのことがあるものでしょう。

アンナ・シュペックの話に戻りましょう。シュペック、つまりシュペクターのお伽話というわけです。「何という物乞い男だ。石炭のように黒い服を着ている」のはカラス《ラーベ》。ラーベというのはぼくの小さいときの先生で、ぼくは力そのもののような人だと思っていました。この人は一度ピョンと跳んだ拍子にズボンをさいてしまいましたが、「魂を求める者」のなかにも同じような事件が出てきます。それからこの何週間か取り組んでいる患者の問題のなかに、カラス《ラーベ》という言葉が一役買っているのですが、何とかうまくゆかせたいのです。このままゆけば、滅多にない大成功になるはずなのです。

白鳥についてのシュペクターのお伽話。白鳥が大きなパンのかたまりを呑み込むところを見たことがありますか。のどをパンが通ってゆくところを？　アンナ・シュペックは首筋が、ひどく、本当にひどくふくれていました。のどが腫れているというのは、そこに何か、子どもの種が、ひっかかっていることなのです。そう、子どもの種です。ぼくの言うことに間違いありません。ぼく自身一〇年以上甲状腺腫があったのですが、子どもがひっかかっているのだということがわかったと同時に、かき消すようになくなってしまったのですから。それにしても当時のぼくにどうして、このアンナがぼくの一生にこれほど力を及ぼすことになるとわかるはずがありましょう。アンナの重要性を知るためには、エスの研究が不可欠だったのです。しかし、とにかくぼくの考え出した最初の家族物語の主人公の名はアンナでした。そしてその夫はヴォルフというのです。ヴォルフとアンナ、二人ともあのボートに乗っていました。そこにふたたびアルマが登場します。ご存じですね。ぼくのサディスティックな遊びを邪魔した例のリナの友達です。ヴォルフはマットレスで家をこしらえて、そこにアンナと住んでいました。しかしぼくたちもっと小さい子はマットレスの家に入れてもらえなかったのです。ところが、アルマは訳知りでしたから、ヴォルフに入ってきてはいけないと追い出されたとき、リナやぼくと庭で飛びはねながら、「知ってるよ、二人で何やってるか」と大声で叫んだものです。ぼくはその当時はまだアルマが何を言っているのかよくわかりませんでした。しかしこの言葉ははっきり憶えていますし、彼女がそれを言った場所も憶えています。それればかりか、そのとき身体を走った悪寒が今でも感じられるほどなのです。

アンナ、これにははじめもおわりもありません。AとO、アンナ（Anna）とオットー（Otto）は、頭から読んでも尻から読んでも同じです。存在、永続性と永遠性、指環と輪、ゼロ、母親、それがアンナなのです。

今思ったのですが、アンナが池に落ちたことは、ぼくの人生にとって重大な意味があったに違いありません。何年ものあいだ、ぼくはアンナという女が高い岸からぼくのボートに乗ろうとして、滑り、服をからげて、脚とパンティが見えるというオナニー空想にとりつかれていたのですから。まったく無意識の道筋というのは見当もつきません。お忘れになりませんように。水に落ちるのは妊娠の象徴であり出産の象徴なのです。そしてアンナののどは腫れていました――ぼくと同じように。

つまりそこに2があるわけです。ところで2は女、母であり娘。女には脚が二本しかありませんからね。しかし男の子には脚が三本あるというわけです。脚が三本、三本脚、そしてデルフォイの巫女は三本脚の上に乗っていないと宣託を下さない。エディプスはスフィンクスのかけた、はじめは四本脚、次に二本脚、最後に三本脚の動物は何かという謎に挑む。ソフォクレスの言うことによれば、エディプスは謎を解いたのだそうですが。しかし「人間」というのは、問いに対する答えとしてふさわしい言葉でしょうか。2、避けがたい、結婚を示す数よ、汝は母でもあるのか。それとも母を示すのは3か。3というと、母がぼくたちによく描いてくれた鳥を思い出します。三羽の鳥（Vögel）と性交（Vögeln）。これはうまく合います。しかし、今、3という数字を横に見ますと、それは胸の象徴です。乳母の乳房、そしてぼくがかつて愛し、今も愛している多くの乳房たち。3は神聖な数で、子ども、キリストであり息子です。三位一体の神、三角形のなかで眼を光らせている神。数学よ、学問の初源よ、汝は単にエロスの子というだけなのか。では神への信仰も、エロスよ、おまえから生まれたものなのか。間違いなく、2は一組です。夫婦であり睾丸であり卵巣である。陰唇も眼も二つですからね。1と2で3になる、母胎のなかの全能の子になるというのは間違いないでしょうか。自分の願いをまだ考えもしないうちに、それがすべて満たされているという、生まれる前の子どもよりも恵まれたものがあるでしょうか。その子こそ本当に、神であり王であって、天国に住んでいるのではありますまいか。子どもというのはしかし男の子であ睾丸とオチンチンでね。やれやれ、少々わけがわからなくなってしまいましたね。しかし、エスの迷路で迷わずにいられる人なんているでしょうか！

人は驚き、恐れるのですが、結局うっとりと震えながら夢の海に飛び込んでしまうのです。

1と2、これは12です。男と女、間違いなく二つが合わさり、一つになって3すなわち子ども、神になる神聖な数です。一二月が集まって一年ができ、十二使徒が集まり、そこからキリスト、膏を塗られた者、「人の子」が立ちあがるのです。これは不可思議な言葉ではありませんか、「人の子」というのは。ぼくのエスは大声ではっきりとぼくに言っています、「解いてみろ、解いてみろー」と。

では、また

パトリック

26

愛する友よ。このあいだの数遊びは気に入ったと言うのですね。ありがたいことです。いつもとても手厳しいことを言われてばかりですから、たまにはお賞《ほ》めの言葉を頂戴しませんと。それに、ぼくの名前をピュタゴラスと一緒に、一つの文章のなかに並べて書いてくださったことに対して、心からお礼申しあげます。ぼくの虚栄心をおおいにくすぐったからでもありますが、しかしそれよりもむしろ、きみがそのようにしたことで、きみは批判精神の最初の一歩を踏み出す力を持っていることを見せてくれたので、それが嬉しいのです。つまりきみは、ゲーテ、ベートーヴェン、レオナルドあるいはピュタゴラスなどの偉大な名前を、ためらうことなくただのシュルツェ、ミュラー、レーマンあるいはトロールなどという名とくらべてみることができるわけですから。そのことを考えますと、きみの言葉の価値はぼくにとって倍加するわけです。

きみは積極的な反応を示し、晩餐のテーブルを囲む一三人という数を指摘しています。それから、一三人目の客は死ぬにちがいないという不安は、キリストが十字架にかけられて亡くなったことと関係があるだろうとも言っていますね。そのように言われると、きみがぼくのエスについての話に対して示していた嫌悪感も、徐々に薄れてきているのではなかろうかと思われます。ところで、なぜ一三人目として死ぬのはキリストにかぎらなければならないのでしょうか。ユダだって一三人目で、やはり死ななければならなかったのですが。

もうお気づきでしょうか、この二つ、つまりキリストとユダという二つの観念がどれほど固くからまり合っているか。前に一度無意識のなかのアンビヴァレンスについて話したことがありますね。愛のなかに憎しみを、誠のなかに裏切りを含み持ってしまう人間の性情について。人間がかくも深い内的なところでどうしようもなく二重性に囚われていればこそ、これがユダのくちづけの神話になったわけで、この話は人間の日常的な行動と体験を象徴しているのです。ぼくとしては、きみがこの事実をよく弁えてくれることを心から願います。これは大変重要な問題なのです。それを承知して、完璧にその認識によって貫かれているという状態に至っていなければ、エスのことがわかったことになりません。しかし、その認識に至るのは簡単ではありません。きみの生涯のハイライトとでも言うべきときのことを考えてみてください。その上で、ユダと同じ気持ち、ユダの裏切りをそのなかでお探しなさい。必ず見つかります。最愛の人にくちづけているとき、きみの手は伸びて、ほつれかかった髪を押さえなかったでしょうか。父上が亡くなられたとき——まだきみは若かった——はじめて黒いドレスを着られるからと歓ばなかったでしょうか。お悔やみの手紙を得意になって数え、要職にある公爵からの悔やみ状をそのいちばん上に載せなかったでしょうか。母上が病気になられたとき、形見にもらえるはずの真珠の首飾りのことが頭を過《よぎ》ったからと、恥ずかしく思っていたのではありませんか。母上の埋葬の日には、かぶるつもりにしていた帽子をかぶると、八つも年上に見えることを気にしましたね。しかもそれも、ご主人に対して気にしたのでなく、世間の見る眼を気にしました。人に、立派に悲嘆に暮れているところをやってみせてやろうと思っていたからです。まるで女優か遊女のように。それだけではありません。ユダと同じく銀三〇枚のために、どれほど友達、夫、子どもを裏切っていることか。その点を考えてみてください！　人間の存在というものが、終始一貫、ぼくたちの高飛車な判断によってもっとも唾棄すべき重大な罪であると烙印されるもの、すなわち裏切りと切り離し得ないものだということがわかるでしょう。と同時に、その裏切りが、ほとんどの場合、罪として意識されていないことにも気づくはずです。しかし、その意識をちょっと削り落して、その下に隠れているエスをのぞいてみてください。そうすれば、無意識がいつでもつい今しがた行なわれた裏切り行為の鑑別を行ない、あるものは用無しとして放り出し、あるものは明日使うために準備を整え、あるものは深層に抑圧して、そこから将来病気を起こす毒を発生させるか、あるいは奇蹟的な力を発揮して、すばらしい行ないを生じさせる魔法の酒になるよう発酵を待たせているのが見られます。どうぞ、この奇妙な暗闇を覗いてみてください。この裂け目を通して、わけのわからぬ靄《もや》のような、生き生きとしたエスの力の働きぶりが見られるのです。それはわかりにくいものであり、見る人を絶望的な気分にさせるものでしょう。それがつまり、罪悪意識の力なのです。この罪悪意識は、失敗なく確実に人間に働きかけるためのエスの道具です。エスはこの罪悪意識が必要なのですが、ただし、その罪悪感が発生する源がどこなのかを人間が突きとめたりせぬよう、しっかり気をつけています。罪の秘密が明かされてしまうようなことがあっては、その瞬間、自分の世界の屋台骨に亀裂が入ってしまうことを、エスは充分承知しているのです。だからこそエスは人間の生の深淵をめぐって驚愕と不安を並べ立て、日常の何でもないものから化け物をこしらえ、裏切りなどという言葉、あるいはユダという人間や、十戒などを発明して、自我の眼をくらまそうとしているのです。そのために人間の意識には何千という事柄が罪悪であるように思われ、エスの思う壺にはまって、慰藉の言葉も耳に入らなくなります。恐れるな、わたしはおまえの傍にいる、という声がするのに。

ところで、そこにキリストが登場してくるのです。人間のいかなる高貴な行ないにも、つねに裏切りがついて回っているのと同じく、逆に、ぼくたちが悪と呼ぶいかなるもののなかにも、キリストの本質――別にキリストという名前にこだわる必要はないのですが――、愛するもの、善なるものが潜んでいるのです。それをおわかりになるには、別に人殺しの一突きから人間の原衝動に戻ってゆくというような回り道をする必要はありません。この回り道にもそれなりの意味はあるので、愛のゆえに、近しいものの内奥に迫って幸福を与え、また受けようと願うのは、たしかに人間の初源的な衝動です――そもそも殺人というのは結局のところ、抑圧された愛ゆえの怒りの象徴以外の何ものでもないのですから。――また、わざわざ盗みを分析してみることもありません。分析してみれば、殺人のときと同じ、すべてをこしらえるエロス、奪いつつ与えるエロスにぶつかるに違いありませんが。イエスが姦通の女に向かって言った言葉を考えてみる必要もありません。イエスは女に向かって「おまえの罪は赦された。おまえは多く愛したからである」と言われたのでした。そのようなことを改めて取りあげてみなくとも、自分の日常の行動のなかに、自己犠牲であるとか子どもらしさを充分に発見できるはずです。そのことが、キリストは人のいるところにはどこにでもいるという、さきほどぼくの言ったことを教えてくれます。

しかし、ぼくはまたこんなにムダなおしゃべりをしてしまいました。ぼくが話したかったのは、善悪の対立などないということ、すべてはエスのなかで一つになっているということだけです。そしてこのエスがまったく気まぐれに、一つの行為をあるときは良心の呵責の原因とし、別のときには高貴な行ないに伴う高揚した気分を生む源にしてしまうのです。エスは狡知に富み、愚かな意識を丸めこむことなど朝飯前です。かくして意識は黒と白は対立するものであり、椅子は椅子以外の何ものでもないと信じ込まされてしまいます。しかしどんな小さな子どもであれ、椅子が馬車だったり家だったり山だったり、お母さんだったりすることを承知しています。意識はすわり込んで、汗を流して呻吟し、何とか体系をこしらえあげて、生を引き出しと袋のなかに片づけてしまおうと努力をつづけます。それに対してエスは楽々と思い通りに力を得て尽きることがなく、たぶんときどき意識のことをばかにして笑っているに違いないと思います。

なぜきみにこのような話をするのか。もしかするとこうしてぼくはきみをからかっているのかもしれません。もしかすると、人生はどのようなところからでも歩みはじめることができるのだということをわかってもらいたいと思っているのかもしれません。そんなことはわかり切ったことですが、しかし、考える価値のないことでもありません。というところで、少し無理のようですが、また以前のペンの話に戻ります。口の隅の水疱についてまだ言いたいことがあるものですから。たぶんいちばん大切な話、そうでなくてもちょっと変わった話です。この話を聞けば、署名入りの抑圧について、ぼく自身が二、三年前に知っていたことよりも多くのことがわかるでしょう。

口の隅の水疱——このことは以前一度言ったと思いますが——これは、ぼくがくちづけをしたいと思っているが、それに対立する何らかの気遅れがある、その気遅れの力が相当強くて、表皮のいちばん上の層を持ちあげ、そこにできた穴を液体でいっぱいにするくらいのことはさせられるという意味です。これはあまり意味のないことです。ご存じの通り、ぼくはくちづけするのが好きですが、くちづけするに値するように見えるものの、くちづけを返してくれるかどうかわからないという相手に一人残らずくちづけしていたら、ぼくの口は破れっぱなしになってしまうでしょう。ところで、ぼくの水疱は口の右側にあるのですが、ぼくの想像では右側（Recht）というのは法（Recht）、威信、縁戚関係の側なのです。威信？だとすれば、ぼくの親戚でそれに当るのは長兄一人です。そして本当言って、ぼくの水疱は、この兄を対象にして出てきたものなのです。あの日、ぼくはある患者のことがひどく気にかかっていました。ぼくは通常、患者が診察室を出た瞬間に、その患者のことは忘れてしまうのです。ですからこんなことは大変めずらしく、自分でもそれが気になりました。それには理由があったのです。その患者は顔も、そして何よりも性格が、長兄にそっくりだったのです。くちづけしたいという願望が生じたのは、それでわかります。ぼくは兄に対する気持ちをこの患者に転移していたのです。そんなことになったきっかけの一つは、当時兄の誕生日が近かったことであり、もう一つは、そのしばらく前に、その患者が意識を失っていたのを見たことでしょう。ぼくが子どもの頃、兄は幾度も意識不明になったことがありました。そのときの兄の頭部がどんなふうに見えたか、ぼくは今でもありありと憶えています。たぶん、ぼくがこの患者に特別な関心を寄せるようになったのも、そのときの光景のためだろうと思います。兄とこの患者が似ているというのも、二つの動かない顔をくらべてはっきりしたのですから。

ただし、水疱ができるためには、くちづけしたいという願望だけでなく、くちづけに対する嫌悪も必要です。これは別にむずかしいことではありません。ぼくたちの家では、子どもたち同士が体を接触させて親しみ合うということは、厳しく禁じられていました。今でも、兄弟同士くちづけをすることがあり得たなんて、考えられもしません。しかし、この患者の場合にはくちづけ嫌悪は単に家族の慣習の問題ではなく、むしろ同性愛の問題に関係しています。この問題は素通りできません。

ご存じの通り、一二歳以降、ぼくは男子寄宿学校で教育を受けました。ぼくたちは修道院の塀の内側に閉じ込められ、世間とは没交渉で暮し、ぼくたちの愛する能力、愛したいという欲求はすべて学校の仲間に向けられていました。ぼくがその学校で過ごした六年間のことぼくが学生だったころ、ひとりの友人と親密な関係にありました。その友人とぼくがぴったり体を寄せ、からみ合って修道院の回廊をゆっくり歩いているところが。ぼくたちは神と世界に関する火のような議論を交しているのですが、ときおり、その議論が途切れて、ぼくたちはくちづけを交すのでした。過ぎ去ってしまった情熱の強さを計るのは不可能であるとは思います。しかし、数限りない嫉妬の場面が繰り広げられ、少なくともぼくの側は、しばしば自殺してやろうかなどとさえ考えることがあったことからして、その友人に対するぼくの気持ちは非常に強かったに違いありません。それに、当時オナニーをするときには、ほとんど例外なくその男の子のことを考えていましたし。この学校を離れたあとも、この友人に対するぼくの気持ちはかなり長いあいだ、つづいていました。一年後、これは大学での同級生に転移され、さらに突然、その妹に対象を移したのです。ここでぼくの同性愛、つまり男性に対する愛情は、少なくとも表面上姿を消しました。このあと、ぼくの愛したのは女性ばかりです。

　女に対するぼくの愛し方は、非常に誠実であると同時に非常に不誠実であったと言えるでしょう。今でも憶えていますが、ぼくは何時間ものあいだ、ある女のことを思ってベルリンじゅうをさまよい歩いたなどということもあるのです。ただ偶然どこかで見かけただけで、全然知りもしないし、知り合う当てもないのに。しかしぼくの想像力は、その女のことを思って何日も何週間も夢中になっていたものです。この種の夢の恋人たちは数え切れないほど多く、つい何年か前まで毎日その数を殖やしつづけておりました。おもしろいのは、ぼくの現実のエロス体験は、このぼくの魂の恋人たちとまったく何のかかわりもなかったことです。自分で知るかぎり、ぼくはオナニーに耽るとき、一度も自分が本当に愛している女のことを思い浮かべたことはありません。いつでも全然見知らぬ、赤の他人を選んでいました。それがどういうことかわかりますか。わからない？　これはつまり、ぼくのもっとも深奥の愛は、ぼくが認めることのできない人物に向けられている。言いかえると、ぼくの姉、そしてひいてはぼくの母に向けられているということなのです。しかし、どうぞ忘れないでください。ぼくがこの事情を知ったのはやっと最近になってからで、それ以前には、自分が姉や母をそういう意味で愛することがあり得るなどと考えたこともなかったのです。まったく、自分のことを全然知りもしないで世間を歩き回っている人が、何とたくさんいることか。

ぼくがもともと話すつもりでいた同性愛の話とは、あまり関係があるとは言えませんが、この、全然見知らぬ赤の他人、それも、知り合うあてもない女相手の愛情生活に関して、今少しつけ加えておきたいと思います。ぼくが本当に愛している女に対するふるまいの話です。一人二人でなく、すべての女がぼくに対して信じがたいことを言いました。「あなたとご一緒していると、どんな人よりも身近にいてくださるような感じがしますのに、別れの挨拶をなさったとたん、壁でもできたみたいに、全然他人になっておしまいなのね。他のどんな人よりもなじみのない赤の他人みたいに」。ぼく自身はそんな感じを一度も味わったことがありません。それはおそらく、ぼくにとって、他人でない人がいなかったからでしょう。しかし今ではもう少し事情がわかります。愛し得るためにはぼくは現実の人間から距離を取り、うまく母と姉のイメージに近づかなければならなかったのです。とときには大変むずかしかったに違いありませんが、しかしそれ以外に、この情熱を生かしつづける方法はなかった
のです。よろしいですね。イメージというのは力のあるものなのですよ。
　この話はまたぼくの同性愛経験につながってもいます。男相手の場合にも、ぼくのやって
いたことは同じようなものでした。三〇年間、ぼくは男を遠ざけていました。どうやってか
はお話しできません。しかしそれがかなりうまくいったことは、ぼくの患者名簿を見ればわ
かります。患者のなかに男の名前が出てくるのはやっとこの三年来なのですからね。男の名
が見られるようになったというのは、これ以後ぼくは同性愛を恐れて逃げ出すのをやめた、
ということです。ぼくのところに男の患者がめったにこないのは結局のところ、男を避けよ
うとするぼくの願望のなせるわざなのですから。長いあいだ、ぼくはただ女を見る眼しか持
っていませんでした。ぼくは出会った女のすべてを見透すように見つめ、多かれ少なかれそ
うしたすべての女を愛してきました。それに対してこの長年のあいだ、道でも夜会でも旅で
も、いな、そもそも男だけの集まりでも、本当の意味で男に気づいたことなど一度もなかっ
たのです。ぼくはすべてこれらの男たちから眼をそむけてきました。たとえ表面上、何時間
もその男の眼を見つめていたとしても。その人たちはぼくの意識に入ってくることはなく、
知覚の網にもかからぬまま、通り過ぎてしまっていたのです。
　今ではもうそんなことはありません。現在ぼくは女と同じように男も見つめています。今
では男女どちらもぼくにとって、人間であることに変わりなく、どちらとも同じように交際

できるようになりました。男だから女だからという違いは、もうありません。とりわけ言っておきたいのは、男の人に対して気遅れしなくなったということです。もうぼくは人間を自分から遠ざける必要がないのです。深く抑圧されていた近親姦願望のために、わけのわからぬまま長いあいだひどく苦しんでいたわけですが、この願望は意識化され、それによって問題にならなくなりました。とまあ、少なくともぼくは自分に起こったことを説明していると いうわけです。

ある程度までこれと同じことが、子どもとの関係や動物とのかかわり、また数学や哲学とのかかわりについても言えるのです。しかし、この話はまた別の種類の問題になります。まあ、母、姉、父、兄の抑圧と全然つながりがないわけではありませんが。

現在のところ、ぼくは自分の本質をトロール家の人間からの逃避として説明しており、それは正しいであろうと考えています。トロール家の者はぼくにとって特殊な人間なのですから——つまり、人間には善い人間と悪い人間そしてトロールがいるわけです——またぼくは、自分が他の人間を見るときに使う双眼鏡を逆さに用いて、わざと遠くに見えるようにし、疎外しないかぎり、この人たちを自分の持っているイメージに近づけることはできないと承知してもいます。どちらも大変意味のある発見ではありますが、やはりすべてを説明するにはまったく力不足です。と言うより、そもそもすべてを説明することなどできないのです。ただ、これだけは言ってもよいでしょう。ぼくがこの意識的な愛と疎外の方法を用いるのは、ぼくが自分自身に心を向けているから、自分自身を計り知れぬほど愛しているから、学者がナルシシズムと呼ぶものをぼくが持っているからです。このナルシシズムは人間の一生に大変大きな役割を果します。もしもぼくにこれほどのナルシシズムがなかったら、ぼくは今ある自分になってなどいなかったでしょうし、キリストがなぜこんなことを言われたのか全然わからなかったでしょう。キリストは己のごとく隣人を愛せよと言われたのでした。己自身のごとくであって、たとえば己自身より多くなどとは言われなかったのです。

ぼくたちトロール家の子どもたちのあいだでは、よくこんなことを言っていたものです。第一に自分、第二が自分、三、四がなくて、五に他人。

考えてもごらんなさい。何とおかしなことか！　ぼくはまだ小さい、たぶん八歳ほどの頃、記念帳を持っていて、そこに友達からちょっとした言葉やサインをもらうのを習慣にしていました。そのアルバム表紙裏には、古い諺のもじりを、ぼくの手で書いてあります。

我よりそなたを愛する者あらば
我が後にその名を記せ！　　　　そなたの我

つまりその頃ぼくはこういうふうに考えていたということです！　どうも残念ながら、今でもそれほど変わっていないのではないかという気がいたします。

つねにきみの　　　　パトリック・トロール

27

愛する友よ。お手紙ありがとう。きみの言う通り、少なくとも今回だけは、もっとはっきり細かい話をするよう気をつけます。同性愛の問題は非常に重要ですから、それをしっかり調べておくのはいいことです。

間違いなくぼくは、すべての人間が同性愛だと考えております。ぼくはこれを確信していて、他の考え方ができるなどという人は信じられないくらいなのです。人間はまず誰よりも、自分自身を愛するものでしょう。ありとあらゆる情熱を傾けて自分を愛し、自分の性質に合わせて考え得るかぎりの快感を得ようとするものです。ところで、その自分自身というのは、男ないし女であるわけですから、人間は生まれたときから、同性への情熱にしっかりと囚われ、従わされていると言ってよろしい。これはいかんともしがたいことなのでして、たとえどのような人間を選んで調べてみても、この事実が正しいことに間違いないことが明らかになるだけです。したがって、同性愛は例外であるか、それは倒錯か、などという問いは問題になりません。むしろ問うべきは、同性に対する情熱というこの現象をこだわりのない眼で見、判断し、論ずることがかくも困難なのはなぜか、という問題です。そして、その問いの答えがわかったら、人間はそもそも同性愛であるのに、いかにして異性に対する関心を抱くようになれるのかを考えるべきなのです。

第一の問いに対しては、簡単に見つかる答えがあります。男色は懲役刑を以って脅迫され、犯罪として烙印が押されています。何世紀にもわたって、これは恥ずべき悪徳であると考えられてきていました。ほとんどの人間が同性愛から眼をそむけるのは、この禁止があるからです。これは別にとくに不思議なことではありません。多くの子どもが自分の母親の妊娠をそれとして見ることができず、ほとんどすべての母親が、幼い子どもの性的表現をそれと認められず、誰も男の子の母親に対する近親姦衝動をそれと理解できなかったというのと、同じようなことです。最後の場合にはもっとも、やっとフロイトという人が登場してそれに気づき、それを記述してくれたわけですが。ところで、同性愛が広範囲に存在することをある人が理解したとしても、だからと言ってその人が、同性愛の本質を、公正な眼で判断できるとはかぎりません。そしてさらに、そのような公正な判断をくだす能力を持った人がいたとしても、その人は、社会の愚かな思い込みに対して戦いを挑むよりも、むしろ口を閉じているほうを選ぶのです。

教養あることを誇る時代、自分では考えないため、地理や歴史を暗記する時代、そのような時代は次のようなことを知るべきであると言えましょう。すなわちエーゲ海のかなた、アジアには、自由な男色の国が広がっており、かの発達を極めたギリシア文化にしても、同性愛が正当なものとして認められていなければ、まったく考えられないということを。少なくともこのお上品な現代という時代は、福音書に記されている、キリストの弟子に関しての不可思議な記述に気づくべきなのです。イエスはこの弟子を愛した。そしてこの弟子は主の懐に体を預けていたと書いてあるのですから。そんなきざしはまったくありません。これらすべての証言が、ぼくたちの耳には入ってこない。ぼくたちは見えるものを見てはならないということなのです。

この禁止はまず教会からきました。教会はこれを明らかに旧約聖書から採ってきたのです。旧約聖書はすべての性的興奮を子どもをつくるという観点に従わせようという精神で書かれていますし、祭司どもの権勢欲のおかげで、計画的に人間の原衝動が罪であることにされています。こうして良心を痛めつけ、自分たちの言うことを聞かせようというわけです。これはキリスト教会にとって、とりわけけっこうなことでした。男色を呪うことは同時にギリシア文化の根幹を撃つことでもありましたから。司祭どもは男色の処罰に抗議する声が徐々に大きくなるであろうことをとっくに承知しています。誰でも、もともと正当であったものがゆがめられて不当な扱いをされているのだと感じないわけはないのですから。

しかし、このような認識が広がりつつあるにせよ、ぼくたち自身の同性愛に対する判断が急激に変わるとは思われません。その理由は単純です。ぼくたちは一人残らず少なくとも一五か一六の歳まで、そして多くは一生のあいだ、意識の上で、あるいは少なくとも半分くらいは意識して、同性愛者であり、あれこれの場合にしばしば同性愛的にふるまったし、これからもふるまうであろうことがわかっているからです。つまり、ぼくたちは一人残らず、ぼくの場合にもそうであったと同じように、生涯のある時期、この口にのぼすもおぞましいことになっている同性愛を窒息させるべく超人的な努力をしているわけです。これはあまりにも強力なので、ただ抑圧だけでは間に合いません。おわることなくつづく毎日の自己欺瞞をつづけるため、ぼくたちはみんな社会における同性愛非難に加担し、かくして内的闘争の荷を軽くするのです。人間生活の観察をつづけていますと、結局いつも同じことを発見します。すなわち、ぼくたち自身が盗人、人殺し、姦通者、男色、嘘つきであると感じていればこそ、ぼくたちは、盗み、殺人、姦通、嘘に対して腹を立て、こうして誰一人、ことに自分自身が、自分の罪深さに気づかぬよう、予防するのです。どうぞ信じてください。人間が憎み、蔑み、非難するものはすべてこれ自分自身のどうしようもない本性なのです。もしも生と愛とに芯から真剣に取り組もうと考えていて、同時に志操を気高く持したいと思っているなら、この諺を忘れませんよう。

我を責めるな！
汝のみを責めよ！
我が過ちを犯せば、
汝が改めよ！

ぼくたちが同性愛問題に対して率直であり得ない理由がもう一つあります。それはぼくたちのオナニーに対する立場です。同性愛の根はナルシシズム、つまり自己愛であり自慰なのですから。偏見に囚われることなく自慰という現象に対決する人間は、今のところ存在していません。

気づいたと思いますが、これまでずっと男同士の同性愛のことしか話していません。これは当然のことです。ぼくは、女性の性感覚などというものは、よほどどうしようもない売女には備わっているかもしれないが、そうでなければ存在しないということになっていた——それともみんな本気でそれを信じていたのでしょうか——時代に生まれ育ったのですからね。この点については、過ぎ去った世紀をほとんど滑稽な時代だと言ってよろしい。ただ残念ながら、この滑稽の代価はひどいものです。最近になってやっと、乳房、膣、クリトリスの存在についてふたたび思いを致し、あるいは糞を出し、屁をひり、快感を感ずる器官として女性の肛門のことを考えてみてかまわないということになりつつあるかのようです。しかし今までのところ、これは女性と、ごくわずかの男たちの間の秘教であると言わねばなりません。ほとんどの人びとはホモセクシュアルという言葉をホモつまり男からきたのだと考えています。女同士の愛がよくあることであり、衆人環視のなかで堂々と繰り広げられていることに気づく人はわずかです。しかし、とにかく、女性はまったくためらうことなく相手が何歳の人であれ、他の女の人を抱きしめたりくちづけたりできるというのは明らかな事実です。ところが、そのようなものは「同性愛《ホモセクシュアル》」ではないということになっています。女のオナニーが「オナニー」ではないようにね。そのようなものはまったく存在しないというわけです。

　ぼくたちが一緒に体験したちょっとした冒険のことを思い出してくれますか。あれはたしか一九一二年のことだったと思います。当時、同性愛に対する道徳的処断をめぐる戦いは、とりわけ激しい様相を見せておりました。ドイツの刑法が改正されるところだったからです。そのとき、女性も刑法一七五条の対象とすべきだという提案が出されていました。ぼくはきみの家にいました。ぼくたちはちょっと口争いをしたのでしたが、何とか仲直りをしようと思って、ぼくはそこにあった雑誌を取り、それをパラパラとめくっていました。その雑誌は『芸術番《クンストヴァート》』でしたが、そのなかに、ある論説が掲載されていました。非常に名望高いドイツのある女性が、女性の同性愛について論じたものでした。彼女ははっきりと女同士の恋愛を罰しようという提案に反対し、そんなことをすれば社会の構造を根底から揺るがすことになるだろうし、とにかく刑法を女性にも適用するつもりでいるなら、監獄の数を千倍にしておかなければ追いつかないだろうというのでした。ぼくはこれを見て、おたがいの遺恨をしゃべり流してしまうための恰好の話題が見つかったと思い、きみにその雑誌を差し出しました。ところがきみは「もう読みました」と冷たく言って、ぼくからの仲直りの試みを断ち切ってしまいました。仲直りはそのあと、別のやり方でうまくいったわけですが、しかしその同じ晩に、きみは自分の娘時代、従妹《いとこ》のローラ嬢がどうやってあなたの胸にくちづけしたかを話してくれました。ぼくはその話から、きみもかのサッフォー的愛を処罰すべからずと叫ぶ女性闘士と同意見であるなと判断したのです。

そのときぼくは同性愛の謎が解けました。きみの胸に対する従妹の責め立ての話を聞いて、一度に、自然そのものが女と女のあいだにエロスを生じさせていることがはっきりわかりました。結局のところ幼い女の子に乳を与えるのは父親ではなく母親なのですし、乳首を吸うことが快感をもたらすことは女性ならばどなたでも——そして男も——ご存じです。この快感を呼び起こすのが子どもの唇であって、おとなの唇ではないというのは、せいぜい、子どもは、おとなが全然できないほど柔らかく、そっと乳房を扱うことができるというだけのことです。かの論説の筆者は、同性愛を罰することで人間の生活の基盤が揺るがされると言っていましたが、それもまったく正しいと思います。母と娘、父と息子の間の性的関係に支えられて、この世界は成り立っているのですから。

さて、そうだとすれば、こんなことを主張する人が——実際もういるのですが——出てくるかもしれません。すなわち、人間は思春期まで、つまり子どものあいだは、一人残らず両性愛的であって、そののち多くの者が、異性のために同性への愛をあきらめるのだと。しかし、これは正しくありません。人間は終生両性愛的であり、それは変わらないのです。時代によって土地によって、そのときに流行している道徳に対する譲歩が行なわれ、ある部分——非常に小さな部分——で同性愛が抑圧されることもたしかにあります。しかし、それによって同性愛が消滅させられてしまうかと言えば、そんなことはなく、ただ窮屈な思いをさせられるに過ぎません。純粋に異性愛的な人間がごくわずかしかいないのと同じく、純粋に同性愛的人間というのもいないものです。九ヵ月ものあいだ女の腹のなかに入っているという運命の力からまったく自由になることは、いかなる情熱的な男色者の力をもってしてもできることではありません。

「同性愛」だとか「異性愛」だとか言うのは単なる言葉です。それをテーマに、誰でも好きなことを書き散らせるのです。どちらの言葉のなかにも、はっきりした意味などありません。おしゃべりの種にちょうどいい言葉というだけです。

自己愛から必然的に生ずる同性に対する愛よりはるかに不思議だと思いますのは、異性に対する愛が生じるということです。

男の子の場合には話は簡単でしょう。母胎内に留まり、長年、女の世話になり、母親からしか与えられない、やさしさ、歓び、満足、充足を受け取っている、ないしは受け取るはずであれば、これだけで充分ナルシシズムに対抗するだけの力なのであり、それ以上別に説明はいらないでしょう。しかし、では、女の子は一体どうして男に近づくようになるのでしょうか。ぼくがこの問いに対して出した答えは、きっときみには気に入らないと思います。ぼくだって、この答えが正しいと思っているわけではありません。つまり、はっきり言って、ちゃんとした答えを申し上げることができないのです。一応根拠があって、ぼくは遺伝という言葉をもてあそぶのが嫌いです。遺伝というものについて、ぼくはそれが存在する、それもふつう考えられているのとはまったく別のあり方で存在するということ以外何一つ知らないのですから、黙っている以外ないではありませんか。ただほんの少しばかり示唆することはできるでしょう。まず第一に、娘の父親に対する思いは、かなり早い時期に生ずるという事実があります。男のもつ卓越した力と大きさに対する賛嘆が、もしも女の異性愛の源泉であるとすれば、これは子ども本来の判断力が働いているしるしだと考えるべきでしょう。しかし、この賛嘆が愛の前にあったのか、それともあとで生じてきたのかを決めることが誰にできるでしょうか。まったくこれと同じ疑いが、第二の要因についてもかけられます。これがのちになって女の男に対する関係に強い影響を与えていることは間違いないのですが。ぼくが言いたいのは去勢コンプレックスのことです。いつか必ず幼い女の子は自分が生まれつき持っている欠陥に気づき、そしていつか必ず——間違いなく非常に早期に——その男性器が自分に生えてこないものならば、せめて愛によって借りてきたいという願望が生じるに違いありません。もしも、女の異性愛が、生まれた直後の数年間にその萌芽を有しているという判断が正しければ、その判断を支える根拠は充分に挙げられるでしょう。ところが、男を好む徴候、その種の性的傾向は、あまりにも幼い時期から登場しており、ぼくが今言ったような思考遊戯では何の役にも立ちそうにないのです。

どうもぼくは、いいかげんなことを言いはじめているようですね。つまり本当は、こんな偉そうな話じゃなくて、ぼく自身のこと、そして83という数のことをお話ししたいというわけです。八三年という年に、オナニーに関するかの不気味な言葉が発せられたのでした。このことについては以前に話しましたね。そのあとすぐにぼくは猩紅熱にかかり、回復した頃、例の回廊を一緒に歩き回り、くちづけをした男の子への恋に落ちたのです。ぼくが八三年という年を無意識のなかに留めているのには理由があるのです。

もう一つ、ちょっとしたことをつけ加えておきたいと思います。いちばん上の兄の失神について、以前話しましたね。ぼくの同性愛形成にとってとくに重要な意味があると考えられると言ったはずです。この何回かの失神のうち、ぼくがいちばんよく憶えているのは、便所で起こった失神です。便所の扉を打ち壊さなければならなくなりましてね。そのときの、斧を手にした父の姿も、意識を失い、のけぞって下半身をむき出しにしたまま座っている兄の姿も、まだはっきり憶えております。扉を打ち破るというのが、人の体内に性的に侵入することの象徴であり、したがってここで、ぼくの象徴感覚にとって男と男のあいだの行為が完了し、さらに、斧が去勢コンプレックスをかき立てるということを考えていただければ、これはありとあらゆることにつながってゆくことがおわかりでしょう。もう一つだけ考えてもらいたいことがあります。この光景ではさきに言った象徴以外に、分娩と排便の等式も働いていること、そして便所というのは、子どもが両親や兄弟姉妹、とりわけ父親や兄たちの性器を観察する場所だということです。子どもはよくおとなに便所に連れてゆかれます。連れてきた人が一緒に用を足すこともよくあります。ですから子どもの無意識は、便所と性器を見ることを同一視することに慣れています。これはちょうど、のちに同じ子どもの無意識が、便所とオナニーを一緒にして、抑圧するための引出しに投げ込むのと同じです。きっとご存じだと思いますが、同性愛者は好んで公衆便所にゆくものです。すべての性的コンプレックスは結局、排便排尿と切っても切れない関係があるのです。

おやおや、異性愛の発生に対する考察を兄と肛門コンプレックスの話で中断してしまったようですね。そんなことをしたのは今日の日付のせいです。今日は八月一八日ですね。四週間ほど前から、例の、兄に似ている患者が、八月一八日以後、自分の治療は進展しないだろうと言い出していまして。そして実際今日、その患者の症状は悪化してしまったのです。残念ながらこの患者は、八月一八日を問題にしている自分の無意識の考えを教えてくれることができません。ぼくはぼくでひどくいやな感じがしています。患者の無意識の抵抗の意味がわからぬ以上、今後どんな問題が生じるか予測がつきませんから。

幼い少女の男に対する情愛の傾向はどのように生ずるかという問題は、今のところぼくには解けません。自分で解答を探してください。ぼくとしましては、女のほうがエロスに関して、はるかに自由に二つの性という事実に対処しているのではないかという推量を述べておきたいと思います。女には同性に対しても異性に対してもほとんど同じ量の愛情能力があり、必要に応じて楽々とそれを使いわけているように思われるのです。別の言い方で言えば、女において同性愛も異性愛も同じく、それほど深くは抑圧されていず、抑圧されたものがかなり表面近くに残っているように思われるということです。

男と女のあいだに質の違いを考えても、決してうまくゆきません。忘れてはなりません。本当の意味の男だとか女だとかは存在していないのです。むしろ、すべての人間は男と女の混合であると言うべきです。この条件を考えますと、ぼくとしては、女の生にとって同性愛だとか異性愛だとかいう問題はほとんど意味がないのではないかと主張したくなってきます。

もう一つ別の推量をつけ加えておきましょう。女とその同性との結びつきが、男の場合よりも強いということは、実際には証明されていると言ってよいと思いますが、これは自己愛と母親への愛が、ともに同じ性へと愛を駆り立てるからという理由で説明できるでしょう。それに対して、ぼくの見るかぎり、女を男に向ける重要な要因は一つしかありません。それはすなわち去勢コンプレックス、女の子であることに対する失望、それによって惹き起こされる自分を産んだ者に対する憎悪、および男になりたい、あるいは少なくとも男の子を産みたいという願望です。

男の場合は話が違います。男の場合にはおそらく、問題は単に同性愛か異性愛かということに留まらず、それとわかちがたい形で母親との近親姦の問題がからまっているでしょう。抑圧される衝動は母親に対する情熱であり、この抑圧はときとして女に対する好みも一緒に無意識の深淵に引きずり込んでしまうのです。この話をもっと聞きたいとお考えかもしれませんね。残念ながらこれは今のところ単なる推量でしかないのですが。

パトリック

28

この手紙を本にするというのは、悪い考えではないと思います。愛する友よ、親切に言ってくれて、ありがとう。しかし、正直なところ、嬉しさも半減してしまったと言わなければなりません。つまり、もしも、これまで出した手紙をもう一度書き直せというのがきみの本心だとしたら、ぼくはとてもそんなことは引き受けられないからです。ぼくは本業のほうで充分忙しくしています。手紙を書くというのは楽しみでやっていることなのですから、それを仕事にしてしまっては、何の楽しみもなくなってしまいます。

きっと本気で書き直せと言ったわけではないのでしょう。眼に浮かぶようです。きみがきまじめな顔をして、ぼくの書いた誤りや誇張、矛盾を指摘しているところが。親しいつき合いのなかではそれもおもしろいけれど、公にするのはとても許されないと言いながら。ちょうど昔、教員試験を受けた頃とそっくりではありませんか。きみがそういうふうに、急にキッとなる様子が、ぼくは以前からとても好きでした。そういう様子のときには、きみはまるで、警告するために人指し指を上にあげかけているかのように見えました。ぼくはきみが、そのあと背中に回した右手に籐の鞭を持っているとおもしろがって空想したものです。きみの鼻にはちゃんとメガネが載っているという具合にね。すると、この女の姿に変形され、とても愛らしくされてしまった教師レンペル風人物の魅力に抗し切れなくなってしまい、しばらくのあいだきみがそれをつづけるよう、わざときみに逆らわずにいられなかったものです。きみの本当の性質と、そのときのきみの見かけとのコントラストを見ておもしろがるだけのために。しかし今日は、きみのまじめな忠告にまじめに答えましょう。

　で、言いますが、ぼくの出した手紙のなかの誤りを発見して歓ぶという楽しみを、他の人たちから取りあげたりしてよいと考えますか。欠点のない人間というのがどれほど耐えがたいものか、ぼくはよく承知していますよ——ぼくらトロールの家では、そういう連中のことを押しつけ天使と呼んでいました——、ばかげた間違いを見つけるのがどんなに嬉しいものか、よくわかっていますし、ぼくは、他の人がその歓びを味わう邪魔をするほど、悪趣味ではないつもりです。それに、あえて言わせてもらえば、この手紙は相当みなさんの役に立つはずですから、少々役に立たないことが混じっていても、それは許してもらえるのではないでしょうか。少なくともぼくはそう信じたい、と言いましょうか、信じずにはいられません。そうでないと自己崇拝が消え失せ、生きてゆくこともできなくなります。ここではつまり、顔の吹出物や、口臭の話をしたときに言おうとしていたのと同じことが起こっているのです。自分の好意が相手からも好意を以って迎えられるかどうかよくわからず、それを知りたいと思っているとき、何か人の嫌がるものが生ずるのだという話でした。「わたしが恋している人が、鼻がつまっていて、脂足でもわたしのことを気に入ってくれるんだったら、それならあの人の愛は本物だ」。エスはこう考えるわけです。機嫌悪く拗《す》ねている新妻の考えていることも、恋人のところへゆく前に酒を呑む男の思っていることも、ダダをこねている子どもが考えているのも同じことです。ぼくの書くものに間違いを忍び込ませたとき、ぼくのエスが考えていたのもこれと同じことなのです。ですからぼくはそれらの誤りを残しておこうと思います。以前出版したものの場合も、親切で、あるいは意地悪でいろいろ言ってくれる人はいましたが、やはり誤りは残しておきました。

何年か前、ぼくは自分の原稿を親しい友人に送ったことがあります。その人の判断は信用できると思ったのです。その人物は原稿を読み、賞め言葉たくさんのすてきな手紙を書いてくれましたが、ただしぼくの原稿はどう見ても長過ぎるし、洗練されていないと言うのです。そのままではこの原稿は性器ばかりばかに発達してしまった胎児のように見えるというのがその友人の意見でした。縮めて、刈り込んで刈り込んでゆけば、可愛い子どもになるだろうというわけです。何を刈り込むべきかを知るには、結婚相手を探していたかの紳士のやり方を見習えと言われました。その紳士は、女性と近づきになって、自分がその女性に惚れそうだなと感じると、気をつけて見張っていて、その仮定上の心の君のすぐあとに便所にゆくようにしていたのです。「もしそこが、焼きたてのお菓子のようないい匂いがすると感じるようなら、私は彼女を愛している。しかし、もしも臭いと感じるのなら、彼女には用がない」と言うのでした。ぼくはその友人の言った通りにやってみました。しかし、自分の書いたものは一つ残らずお菓子の匂いがしましたから、結局ぼくは何も消さなかったのです。

こうしてはどうでしょう。ぼくの間違いはそのままにしておくけれど、それに気づいたら、そのたびに教えてくれませんか。そうすれば、その次か、もう一つさきの手紙でその誤りを訂正できますから。こういうふうにやれば、教師レンペル風のきまじめ読者がまず間違いを見つけて大歓びし、二、三ページあとに訂正が出ているのを見て腹を立て、今度はぼくたちが歓べるではありませんか。どうですか。

さて、いよいよ本題の、片をつけてしまうべき間違いの話に取りかかることにしましょう。まずエヴァの創造の物語について。この話は最初から気にさわっていたようですね。とうとう立派な学問の話まで持ち出して、この伝説は民衆の魂から生じたものなどではなく、祭司どもが意図的に旧約聖書をいじり回して、こんな話ができあがったのだと言う。たぶんきみの言うことは正しいのでしょう。少なくともぼくもそんなことをどこかで読んだ覚えはあります。しかし、その説明はほかのさまざまな説明と同様、ぼくには何の感銘も与えませんでした。ぼくにとって聖書というのは、すてきな話のいっぱい入った、おもしろい、考えさせられる書物です。何千年の長きにわたって人びとがこれを信じ、ヨーロッパの発展に計り知れない影響を与え、ぼくたち一人一人の人間にとって子ども時代の一部であるということを考えますと、この本の性格はいっそう奇妙だと思わずにいられません。聖書に入っている一つ一つの話をつくったのが誰かを知っていれば、ぼくの歴史的知識欲は満足させられるでしょう。しかしそれと、ぼくの内側にいる人間の満足とはまた別物です。

祭司たちが話をこしらえたのだということを認めるにやぶさかではありません。きっときみの言う通りなのでしょう。きみは歩を進めて、だから、エヴァ創造の伝説を女は男が去勢されてできるという、子どもの理論の証明には使えないと言います。それは正しくありません。子どもがいちばん最初から去勢による創造などということを考えていると言うつもりではないのです。むしろ子どもははじめ、自分の体験でわかるかぎり正確な誕生のメカニズムに関する知識を持っています。この本来の知識の上に、ちょうど旧約聖書に起こったことと同じなのですが、子どもにとっての祭司たち、つまり両親およびその他のお利口なおとなたちが、去勢されるという考えを植えつけるのです。ユダヤ＝キリスト教世界の人間は、何千年ものあいだ、この祭司たちのこしらえた創作童話を信じてきましたが、それとちょうど同じく子どもたちは、自分の見た観察結果と、教育的配慮による嘘とでつくられた創作童話を信じるのです。神がアダムのあばら骨を取ってエヴァを造ったという信仰が、千年にわたって女の蔑視を生み、それが良いか悪いかは別として、それによってさまざまな結果が引き出されてくることはみんな知っています。ですから、去勢概念というのはぼくたち一人一人の魂にわかちがたく結びついており、最後まで離れることはありません。これを別の言い方で申しますと、ある観念が独立に生ずるか、外から押しつけられるかは、どっちでも同じようなものです。問題はむしろ、その観念が無意識の淵にまで至るか否かにあるのです。

ついでですからアダムの創造についてもちょっとぼくなりのたわごとを語っておきましょう。ご存じの通りアダムは、エホヴァが鼻から息を吹き込むことによって生命を与えられます。この鼻からというのがどうも気になって仕方がなかったものでした。幼いぼくはこんなふうに考えていたものです。鼻からというからには、何か匂いのするものがアダムに生命を呼び起こしたに違いないと。その匂いが何の匂いだったのかは、フロイトの書いた幼いハンスの話を読んだときにはっきりわかりました。ぼくはそれではっきりしたのですが、もちろんきみはぼくの説明を真に受ける必要はないのです。その話によれば、幼いハンスは——子どもらしいと言うべきでしょうが——「出たもの」、排泄される固形物は、大体子どもと同じものだと考えていたというのです。きみの忠実なるトロール奴としましては、いにしえの神は同じく自分から出たものによって人間をこしらえたのではないか、「土」は単に慎みのために「糞」の代わりに使われたに過ぎないのではないかと考える次第です。とすれば、生命を与える息吹は、その匂いもともに、糞が出てきたと同じ穴から吹き出されるはずではないでしょうか。人間という存在にも、少なくとも屁ほどの価値はあるということです。

どうでしょう、この説は、アダムの物語のなかにぼくが肛門からの出産という子どもの理論を無理に読み取ったのだと考えますか。それともこれは、聖書を書いた作者にしても、他のすべての人間と同様感じていたはずの、排泄後のえも言われぬホッとした気分を反映したものでしょうか。

きみの指摘した第二の誤りは、ぼくを少々考え込ませました。訂正してしまうのは簡単だと思いますが、やっぱりそのままにしておきましょう。理由を述べることを許してください。去勢コンプレックスの話をしているときに、「ライネッケ狐」のなかから挿話を一つ取り出してきました。そのときに、本当は雄猫ヒンツが受け持っていた役を狼のイセグリムのやったことのように書いてしまったわけですね。この間違いの原因は、少々こみ入っているようです。はっきりわかるように説明できればよいのですが。

一つだけ間違いなくはっきりしていることがあります。ぼくのうちにある狼《ヴォルフ》コンプレックスはひどく強大で、本来それと関係のないものまで、自分のほうへひきずり込んでしまうのです。そのことについてはすでに言いましたが、もう一つ、子ども時代の話をつけ加えて言っておきましょう。リナとぼくは一度——ぼくたちが一〇歳と一一歳になる頃でしたが——何人かの友だちと一緒にティークの「赤頭巾」の芝居をやったことがあります。ぼくの役は狼で、ぼくは夢中になって狼役を演じました。そのときの見物のなかに、幼い五歳の女の子で、パウラという子がいました。この子は姉の大のお気に入りだったのです。しかしぼくはこの子が大嫌いで、芝居の途中この子が狼が怖いと言って泣き出したときには、本当にいい気味だと思いました。その子が泣き出したものですから、ぼくたちは芝居を中断しなくてはなりませんでした。ぼくはその子のところまで行き、狼のお面をはずして、その子をなだめたのです。誰かがぼくを恐ろしがるなんてことははじめてでした。そしてぼくの知るかぎり、ぼくが人をいい気味だと思ったのもそれがはじめてでした。そのときパウラを怖がらせたのは狼だったのです。この出来事はぼくにとって忘れられない思い出になりました。その理由は別にもあって、そのとき一緒に芝居をやったなかには、姉以外に、もう何度も名前を出したアルマと、それからぼくと同じ名のパトリックもいたのです。このパトリックにおいて、ぼくははじめて勃起というものを見たのでした。

この子はもともと兄のヴォルフの同級生でしたから、ぼくよりいくつか歳上だったのです。ところが、どういうわけだかこの子はヴォルフがギムナジウムに行ったあとも、ぼくの通っていた小学校に残っていました。当時ぼくたち男の子は夏になると盛んに水泳をしましたが、そのときにはみんな同じ更衣室で着替えたものです。その更衣室で、このぼくと同名の子は勃起をやって見せたのです。それだけでなく、その子はオナニーの恰好もやって見せました。少なくとも尿道口から玉になって滴ってくる、粘り気のある分泌物をぼくたちに示して、これが射精の前段階だし、もうすぐ自分は本当の射精に至る歳になるのだと言ったことはたしかです。ぼくはこちらの出来事をはっきり憶えてはおりません。何となくその全体をはっきり理解できなかったという感じが残っているのです。何だかよくわからないなりに、何か新しいことだなと思って眺めていたような気がします。ところが、同じ子のやったもう一つの悪戯のほうは非常にはっきりと憶えているのです。ペニスも睾丸もうしろへやってしまい、それを股ではさんで、女の子だぞと言ってふざけたのです。ぼく自身何度も鏡の前で同じことをやってみて、そのたびに、えも言われずよい気持ちになったものでした。ぼくはこれを大変重要な出来事だと考えていますが、それは、恐怖につきまとわれていない、純粋の去勢願望の存在を示しているからです。ぼく自身はこれまで一度も、この種の去勢願望の存在を否定したことはありません。あれこれの空想のなかで、男と床をともにしている女の感覚を想像しようとしているというのが、何よりその証拠ではないでしょうか。狭い穴のなかにペニスを突っ込まれ、その穴のなかで前後に動かされ、そのときどんな感じがするのだろうと。ぼくだけでなく、ほかの男たちにも、女の子ならばいいのにという恐怖抜きの願望があるのです。それは、その同名の子が女の子になって見せた日以来、気をつけて見ていてわかったことなのですが、男にはみんなこの願望があるのですね。別に長々と研究することなどありません。男女のあいだの愛の戯れをほんのわずか観察してみればわかることです。いわゆる正常位以外の体位はすべて倒錯だということになっていますが、しかし、ありとあらゆる男女の仲で、正常位以外は知らないペアなどありはしないのです。長いあいだには必ず、どの人たちも男が女の下になる体位をやってみるに決まっているのですから。少々気をつけて調べることさえ厭わなければ――医者というものは、当然その程度の知識欲を持っているべきものです――友人、知人がさきほど言ったような空想と似たようなことをときに思い描いていることはすぐにわかります。で、このような女になりたい願望は、絶対に意識から抑圧されてしまうものだということがわかれば、この当り前の性的な事柄が、分析に際して食べること、飲むこと、歯を磨くこと、耳掃除をすることのなかに隠れて表れてくるということもわかると思います。それがつづけてありとあらゆる喫煙、乗馬、鼻の穴などをほじくる習慣などにもつながってゆくのです。あまりにも男らしく見えたいという抵抗が強過ぎて、こんなことでは抑圧が不充分だということになりますと、日常的なちょっとした病気の症状が現れることになります。肛門から糞を気張って押し出す快感を伴う便秘ですとか、クリトリスの感覚を体のうしろ側の出入口に持ってくる痔ですとか、妊娠の象徴となる腹部膨張ですとか、灌腸など。あるいはぼくたち抑圧好きの時代の住人にもてはやされているモルヒネやそのほかのさまざまな注射。陣痛によく似た頭痛。仕事および作品の創造、これは男の生む精神的子どもというわけです。ぼくが言ったことを試してみてください。あっちでもこっちでもまず抵抗に出会うでしょう。しかしそのうち――たいていはほどなく――何かの記憶が甦り、抑圧されていたものが意識されるようになります。で、そうなったときその人たちが言うのは、ぼくたちそれほど当り前でない人間と同じことです。つまり、「たしかにぼくは女の乳房を吸った。もしぼくが本当には吸っていないとしても、吸ったように想像してみたものだ。たしかにぼくは指を肛門に入れたことがあるし、そのとき鎮めようとしていたのは痒みだけではなかった。たしかに、ぼくのなかには女でありたいという願望が眠っているようだ」。

しかしぼくはムダなことばかりしゃべって、猫でなく狼を去勢者にしてしまったのはなぜかということはちっとも説明していませんね。それともう一つ、ライネッケ狐のその場面で性器をちぎられるのは司祭のはずなのに、ぼくはそれを農夫だということにしてしまった、その理由も話さなければなりません。

こちらの間違いのほうは、原因がわかりやすいのです。司祭、神父、父と連想していって、それが去勢されることになっていると考えるのは簡単ですし、それに神父《パーター》とパトリックというのは音がよく似ておりますからね。自分自身が獣の牙で傷つけられるという恐れが、抑圧を促し、間違った記憶をつくり出したのでしょう。エスの奇妙なユーモアがそこにも姿を見せています。エスは、ぼくの恐怖が神父《パーター》＝パトリックを排除することを許しましたが、その代わりに農夫を引き入れました。しかしこのゲオルク――農夫の名です――というのは、ご存じの通り、ぼくのミドルネームであり洗礼名なのです。ぼくたちはこんなふうにして自分自身を嘲るものなのですね。

しかし、いったいどうしてぼくは害もないネズミ捕りの雄猫を、恐ろしい狼に変えてしまったりしたのでしょう。神父《パーター》と雄猫《カーター》というのは同韻ですね。きみのように詩の好きな方は、きっとこれに父《ファーター》という言葉をつけ加えられることでしょう。無意識も実は詩が好きなのです。で、つまり、来るはずの父が抑圧されているということになります。父親というのは言うまでもなく狼よりも恐ろしいものです。父は医者ですから、メスには不自由していませんでした。兄のヴォルフのほうは、せいぜいポケットナイフを持ち歩いているくらいでしたが、日曜日パパのお皿の傍には、ありったけのナイフやフォークが並んでいたものです。そのなかには焼肉ナイフもありましたが、そのナイフは恐ろしいことに、人喰い鬼のナイフによく似たところがあるのでした。父は当然、ぼくのオチンチンでそのナイフの切れ味を試してみようかなと思うに違いない、父が皿の糸底でナイフの刃を研いでいるときなど、もうとても恐ろしくてたまりませんでした。それにどうして父が雄猫のように思えたのかも今わかりました。父の崇拝者だった女の人の一人が父の脚がきれいだと言って賞めたことがあり、その人のために父はよく長い長靴を履いて歩き回っていたのです。「長靴を履いた猫」、それが父と猫を結びつけたのです。当時ぼくはこの話がひどく気に入っていて、この物語のシーンをきれいな色つきの絵で描いてあった何冊かの家族記念帳を自分の部屋に黙って持っていってしまっていました。

これで話がわかりました。去勢コンプレックスに囚われている者にとっては、父親は兄より恐ろしいものです。毎日、眼にする猫は「お伽話」で聞かせてもらうだけの狼よりも脅威あるものなのです。その上、狼は仔羊しか食べません。ぼくは当時も今も自分をばかだと思ってはおりませんが、雄猫のほうはネズミを食べるではありませんか——ライネッケ狐の猫もネズミを食べます。ところが去勢されるかもしれない部分、オチンチンというのは、穴のなかにもぐり込むネズミです。女性がネズミをあれほどこわがる理由はこれなのです。ネズミはスカートの下に潜り込み、隠れた穴のなかに入りたがる。

長靴を履いた父が、ぼくの仔ネズミを食べてしまうのではないかというこの不安の背後には、もっと別の、すさまじく悪魔的な恐怖が隠されています。あの物語の「長靴を履いた猫」は、象に化けて見せた魔法使いを、小さなネズミに化けるよう仕向けました。これが勃起と萎縮の象徴であることは言うまでもありません。しかし、お伽話を読んだり、カウルバッハの描いたライネッケ狐の挿絵を見たりしていた年齢では、もちろん自分自身の身体に、そんなことが起こるのを知っていたわけがありません。ということは、つまりこの魔法使い、象になったりネズミになったりするこの人は父であり、城と領地は母であり、長靴を履いた猫は自分自身だと考えていたということです。ぼくはまた同時に、自分自身猫を飼っていましたから、粉屋の三男でもあったわけですが。象のように大きな人全体をやっつけることができないのはわかっていたから、少なくとも父の象徴であるネズミ、父のペニスを呑み込んでしまうのがよいと思ったのでしょう。実際どうも当時ぼくは、生まれて初めて長靴を履かせてもらったのだったような気がします。お伽話でも絵のほうでも、ぼくには自分自身の去勢と同時に、もっとひどいことには、父のネズミを呑み込んでしまい、母を手に入れたいという願望が、はっきり感じられたのです。これはどちらも抑圧されました。残ったのは別に何の害にもならない兄のヴォルフとの対抗意識だけでした。これで司祭＝神父が農夫ゲオルクに変身した理由もわかりやすくなります。神父、父を去勢したいという願望には、間違いなく自分の去勢という報いがくだるでしょう。ぼくのエスは、どうも非常に感じやすい良心の持主らしいのですが、この犯罪を抑圧し、償いをさせ、こうしてこの願望をできるかぎりなかったことにしたわけです。

もうちょっと長靴の話をしてもよいでしょうか。これは親指小僧の話にも出てきますし、間違いなく勃起の象徴と考えてよいでしょう。さて、どの解釈がいちばん気に入りますか。まずこの長靴は母親であるかもしれません。ぼくの考えでもたしかにこれは母親、あるいはもっと広げて女なのです。女には肛門と膣という、長靴の脚部がちゃんと揃っておりますからね。二つ一組という点から見れば、これは睾丸かもしれず、眼でも耳でも、あるいは手とも考えられます。まずいじり回してすみやかに勃起とオナニーへと至らせるのは手ですから。

これで第三の抑圧理由がわかりました。オナニーです。これはまったく個人的な抑圧理由で、お伽話には全然関係がなく、ぼく自身が体験したことからきています。ちょうど当時ぼくは、雄猫がときおり自分の子を食べてしまうという話を知ったのでした。ぼくが猫だとすれば、ぼくの子どもというのはオチンチンのことです。たしかにぼくはオナニーに耽って、両手の長靴遊びでこの大事なチビネズミに破滅を言い渡していたのでした。よくない習慣ですね。

おわかりでしょう。ちょっとがんばりさえすれば、ぼくはこうして自分の間違いに立派な理屈をつけることができるのです。しかし、ぼくはそんなことをするのは大嫌いです。ぼくは自分には誤る権利があると考えています。そもそも真実とか現実というもの自体、怪しげなものだと思っていますから。

きみと家族の皆様に幸い多からんことを

パトリック

29

愛する友よ。返事をくれないのですね。きみの機嫌を損じてしまったものか、それとも、よく言うように、忙し過ぎて手紙なんて書いていられないだけなのかわからず、思いあぐねています。しかし、運を天に任せて動物の話をすることにしましょう。間違いを残したまま手紙を出版することを許してもらえるかどうか、覚束ないかぎりではありますが。

この前、ハツカネズミを見たときのきみの反応について話しました。しかし、実は、あれは話の半分でしかありません。もしネズミが意味しているのが、スカートの下にもぐり込むことだけでしたら、あれほど度外れてネズミを怖がることなどないはずです。ネズミというのは何でもかじってしまう動物で、したがってオナニーを象徴します。ということは当然去勢の象徴でもあるわけです。言い方を変えましょう。女の子はだいたい、こんなことを考えているのです。あれはわたしのオチンチンに四本脚が生えて動き回っているのだ。罰として取られちゃったのだ、罰としてオチンチンがそのまま生き物になってしまったのだ。

これはちょっとした幽霊に対する迷信です。幽霊話がどうやってできるのかを調べてみますと、おどろくほど早く、エロスの問題、その罪にぶつかるものです。

ハツカネズミをあちこち駆け回るペニスの象徴にしてしまうというこの風変わりなやり方のおかげで、ハツカネズミの親戚のドブネズミのことを思い出しました。こいつは狼や雄猫と同じく、去勢するほうの象徴として使われています。大変奇妙なことに、その三つのなかでドブネズミがいちばん恐ろしく、いやらしくもあるのです。もちろんドブネズミ自体は狼のように怖い動物ではなく、猫とくらべても強くはありません。しかし、ドブネズミのなかには、二方向に働く去勢の力が融合されています。子どもに向かうのと、父親に向かう双方が。ネズミは出っ張った物にならなんでもかじりつきますから、子どもの鼻やオチンチンの大敵です。と同時に、形と性質から見れば、これは父親の切り取られた尻尾の化身以外の何ものでもありません。つまりこれは、父親の男らしさに対するふらちな願望の幽霊でもあるわけです。またネズミは、どこにでも入り込み、どんな暗闇にも侵入してゆきますから、罪の象徴であると同時に、両親の穿鑿《せんさく》をも意味しています。地下室、下水、そして女のなかに生きているわけです。おぞましいものではありませんか、そうでしょう。

ところで穴蔵の闇に棲息しているのはドブネズミだけではありません。亀もそうです。さわると湿って冷たく、ブヨブヨした亀。俗信によると亀は毒だとか。小亀、可愛い亀さんというのは、日中の光に耐える生き物ではありません。ひねたおてんば娘の亀さんは、まだ変わらぬ愛のぬくもりを知らず、ただひそかな欲情のために湿っているだけです。この亀には逆の象徴として喰いしんぼうのハツカネズミがきます。柔らかな毛で覆われたネズミ。これは早熟な娘です。早々とベーコンのあとを追ってゆくでしょう。これにつづくのが、ヨーロッパのどの言葉でもそうですが、仔猫です。これは女性の恥部を覆う巻毛の毛皮の意味であり、恥部そのものを示し、しなやかな女を表します。黒猫（chat noir）、猫はネズミを捕え、もてあそんで食べてしまうではありませんか。ちょうど女が、貪欲な恥部でもって男のネズミを呑み込んでしまうように。

生意気盛りの男の子たちが、ばかげた欲情に囚われて、壁や椅子にいたずら描きをした女性器の絵を見たことがありますか。そういう絵はみんな子どもっぽいものですが、しかしそれを見ると、愛する乙女のことを「甲虫」と呼ぶのはなぜだったのかがはっきりわかります。それだけでなく、罵り言葉で女のことを言うとき、蜘蛛が使われるのがなぜかもわかるでしょう。蜘蛛、網を張って虫を捕え、血を吸い取ってしまう蜘蛛です。例の有名な蜘蛛に関する諺「朝にいたつき、夕に希望」（matin chagrin, soir espoir）は、女性が自分の性に対して取っている姿勢を示しているではありませんか。愛の夜が熱烈なものであればあるほど、女は目覚めたとき、男のほうをオズオズと見ます。昨晩の乱れようを何と思われているかしらというわけです。これは、女性が生活を重ねれば重ねるほど、ますます強く、心の清らかさを強いられるからです。そのために、すべての悦楽が台無しにされていってしまうようですね。

象徴というのは、どれも両様に解釈できるものです。たとえば樹ですが、樹の幹を見ていれば、これは男根の象徴に決まっています。これは大変まともな、良俗に反しない象徴です。世の中でいちばん慎み深いお嬢さんでも、壁に自分の家系を示す樹系図が掛けてあるのを平気でご覧になりますからね。本当はそのお嬢さんにしても樹系図から、自分の先祖たちの性器がピンピンとはち切れそうなありさまで飛び出してきているのを知っているはずなのですが。ところが、結実するということを考えたとたんに、樹は女の象徴になります。樫にしてもブナにしても、女性名詞ですからね——そうそう、忘れてしまわないうちに話しておきましょう。何週間か前から、ぼくは自分の病院の者たちみんなに、入口の傍に生えているのは何の樹かと尋ねておもしろがっているのです。これまでのところ、誰一人正しい答えを出した者はありません。植わっているのは白樺なのです。ご存じの通り白樺には若枝が生え、その枝で鞭を編みますね。恐ろしい、しかしそれよりいっそう蠱惑的な鞭。子どもでもおとなでも、さまざまな悪さをしますが、そんなことをする理由のなかには、打たれた後の燃えるようなミミズバレに憧れる気持ちが必ず潜んでいるのですからね。ぼくの病院の入口には、隅石が置いてあって、通る人が皆躓くようにしてあります。丸くて迫り出していて、ちょうど男根のようなのですが、こちらにも今までのところ、気づいた人はいないようです。これは躓きと怒りの石なのですよ。

横道に逸れてしまって申しわけありません。樹以外の象徴にも二重の解釈が可能です。たとえば眼もそうです。光を受け取るものであると同様、発するものでもありますね。太陽もそうです。その豊饒においては母であり、黄金の輝きにおいては男であり英雄でありますから。同じように動物にも両様の解釈ができます。とくに馬などはその典型で、ときには、男がその上にまたがる女、妊娠中に体内の結実を持ち運ぶ女とされ、またときには一家の責任を担い、その肩と膝に子どもを乗せて、ゆすりあげては歓ばす男だというわけです。

動物がこのように二重の象徴であることが、去勢コンプレックスから生じたぼくの無意識の奇妙な行動の根底にあるのだと思います。牛が荷車を引いて通ることがありますね。ぼくはそれを見ていても、その牛が雌牛だか雄牛だかがわからないのです。その区別をつけるためには、かなり長いあいだ、その牛を見ていなければなりません。しかしそれはぼくだけのことではなく、同じような人は相当たくさんいるものです。これがカナリアを見て、雄か雌かわかる人ということになると、もっと少なくなるでしょう。しかし、ぼくの場合、話はもう少し極端です。大きなニワトリ小屋のなかにニワトリがたくさんいるときには、ぼくにも立派な雄鶏と雌鶏の区別がつきます。しかしそこに若い雄鶏がいますと、それと雌鶏の区別をつけるのは簡単ではありません。一羽ニワトリがいて、これが雄か雌かと問われますと、もうこれは運を天に任せて当てずっぽうを言う以外なくなってしまうのです。これまで一度として、去勢されていない雄馬、牛、羊をはっきりそれと意識して見たことはないでしょう。つまりぼくにとって、馬はとにかく馬、牛は牛、羊は羊なのです。たしかにぼくは理論的には、雌馬は何で去勢馬とは何か、羊は何で去勢羊は何かを知ってはいます。しかし、ただそれだけであって、その知識を実際に役立てることはできませんし、そもそも、自分がいつどうやってそんな知識を得たのかさえわからないというありさまなのです。明らかにそこには、昔からの禁止が働いていますし、その禁止はまた自分が去勢されてしまうかもしれないという意識されない不安に結びついているのです。ぼくは五四歳という立派な歳に至って、すばらしい雄猫を手に入れました。その猫に睾丸があるのに気づいたとき、ぼくがどれほど驚いたかを見せられなくて、大変残念です。

　これでまた去勢の話になりましたが、しかしあと二言だけ、象徴に用いられている動物について言っておきたいと思います。これらの動物は、人の魂の暗闇のなかで、大変奇妙な生を生きているのです。ヴァン湖に一緒にゆき、クライストの墓を見にいったときのことを憶えていますか。もうずいぶん前のことになりました。あの頃は二人とも若くて、まだこんなに斜に構えていませんでしたし、ぼくたちが大好きだった詩人の墓所を訪れるというのでワクワクしていたものです。きみは墓の前に立ち、神聖な場所に対する畏怖の念に満たされて、墓石を見おろしていて、ぼくはそこに生えていたキヅタの葉を一枚むしり取っていました。ちょうどそのとき、憐れな小さいイモ虫が、きみの首筋に落ちてきました。きみはキャッと叫んで、蒼白になって震え、クライストも何もかも、どこかへ行ってしまいました。ぼくは笑い、そのイモ虫をつまんで捨てて、おおいばりしたものです。しかしながら、もしもきみがあれほど怖がっていなかったら、ぼくがそのイモ虫をキヅタの葉でつまんだことに、きっと気づいたはずです。つまりぼくは、恐ろしくてイモ虫を直接つまめなかったのです。どれほど勇気と力があったとしても、象徴の力にどうしてかないましょう。あんなに足をたくさんつけてオチンチンがモゾモゾ歩き回っているのを見せられ、母親姦、オナニー、父親および自己去勢等々にひとかたまりになって襲いかかってこられては、ぼくたちは四つの子どもに戻って、手も足も出なくなってしまうのが当然でしょう。

昨日ぼくは見晴しのいい円形庭園を横切って通ってきました。その庭園にはいつもたくさん乳母車がやって来ており、チビさんたちや子守たちが大勢遊んでいるのです。三歳くらいのまん丸な顔をした女の子が、眼を輝かせてミミズの長いのを母親のところに持ってきました。そのミミズは子どもの短い指につままれて、体をくねらせていました。母親のほうはと言いますと、大声を上げて、子どもの手をはたき「ああ、バッチイ、バッチイ」と叫んで、そのいやらしい虫をパラソルの石突きではるか向うの方に投げ落としました。母親は驚愕で血の気の失せた顔のまま子どもを叱りつけ、大声で泣いている子どもの手を一所懸命こすってきれいにしていました。まあ、ぼくとしては、無理解な母親に憤慨してもよかったわけですが、しかし、母親の気持ちは充分過ぎるほどわかりましたのでね。赤くて長い、穴のなかに潜り込む虫。そんな物を目《ま》のあたりにしたとき、いくらダーウィン先生がミミズのすばらしい坑道掘りぶりを教えてくれたとしても、それが何の役に立つでしょう。

「ああ、バッチイ、バッチイ」これは母親の教育的叡智すべてを結集させた言い方です。子どもに気に入るものは、この一言でいやらしいものということになり、それに反対することはできません。垂れ流し、出しっ放しにする歓びは認めるわけにいかない。そうでないと、人間は——本当にそうなのかぼくにはわかりませんが——穢らわしいものになってしまうというのが、ふつうの人間の考えです。しかし、ぼくは研究の名においてお願いします。どうか一度、股と腕に尿をかけてみてもらいたいのです。そうでなければ子どもがその感覚をどれほど歓ぶものかがわからず、結局、ときどきそのような快感を得ようとするおとなを倒錯した、不自然な、いやらしい、病んだ人間だと考えるに決まっています。しかし、病んでいるのは単に、そこにある不安だけなのです。ぜひ、やってみてください。むずかしいのは、それをこだわりなしにやってみることです。それはたしかに非常に大変です。この実験をぼくが勧めるのは、別にきみが最初というわけではありません。で、これまでそれをやってみた人たちの報告をときに耳にすることがあるのです。それによりますと、どうもこの実験をやる人は、例外なくまずすべての生きとし生けるものを家から追い出し、自分は浴室に鍵をかけて閉じ籠り、すぐに体を洗えるように、裸になって浴槽のなかでそれを試みました。ぼくがそうするように忠告したのです。しかし、実際のところ、肌につくとそれほど汚らしいその液体を、人間はいつも自分の体内に入れて持ち歩いているのですが、そんなことは意識もしておりません。人間というのはおかしなものではありませんか。しかし、これだけ気をつけてみても、禁じられたことをするのだという不安は残ります。しかし、いい気持ちにはなるのですよ。やってみた人は誰一人として、いい気持ちだったことを否定はできなかったのです。ですから、子どもなら誰でも気にせずにする行動を、あれほどの不安で圧し潰そうというのは、どんなすさまじい抑圧する力の働きか、わかると思います。尿でさえこのありさまなのですから、ウンチを出しっ放しにして、その上にすわり込むなどということをやってみようとすれば、どんな騒ぎになるかは言わずもがなでしょう。それをどうやって試みるべきかを考えるだけで、何日ものあいだ頭を痛めなければなりませんし、実際にその実験を試みるだけの勇気を持てたのは、ぼくが指導して無意識の発達を熱心に研究していた人たちのなかでも、ほんの三人か四人だけでした。ただし、その人たちは実際、ぼくの主張の正しかったことを証明してくれました。ああ、心やさしきわが友よ、きみは何か哲学の本を読むとき、まるでカールヒェン・ミースニックの論文か何か読んでいるような具合に読みます。ぼくが書いた手紙を読むときもそうですね。無意味なものに対してきまじめに立ち向かっても、それは役に立ちません。生そのもの、かのエスだけが、心理学のことを多少とも理解しているのです。そして、エスの知っていることを言葉によって伝えてくれる仲介者は、ごくわずかな一握りの詩人にかぎられています。

しかし、ぼくはそんな話をするつもりだったのではありません。ぼくは例の「ああ、バッチイ、バッチイ」がぼくたちのミミズに対する態度に及ぼす影響を観察して見せ、きみにそのつもりがあるなら、ミミズ以外の嫌がられている生き物、植物、人間、思想、行動、物体についても、同じことができるのだと言うつもりだったのです。どうぞ自分で考えてみてください。どうぞ、自然研究というものがどれも大変むずかしいのだということを、はっきり頭に入れておいてくださいますように。フロイトは人間生活に存在するこの禁じられたものに関して本を一冊書きました。フロイトはそれをタブーと呼んでいます。どうぞその本を読んでください！　そしてそれを読んだあとで、一五分ほど空想の翼を広げて、どれほどさまざまなものがタブーであるかを考えてみてください。きっとびっくりしますよ。そして、その山のようなタブーにもかかわらず人類が成し遂げてきたことを考えて、感嘆するに違いありません。きっとこんなふうに自問せずにいられなくなるでしょう。人間のエスが、こんなふうに自分自身を弄び、ひたすらもっと苦労してそれを乗り越えるだけのために障害をこしらえたりするのはなぜなのだろうと。そして結局嬉しくなるはずです。まだ、その歓びがどれほど大きなものであるかはわからないでしょう。ぼくの判断では、それがつまり畏怖の念であるに違いないと思います。

ご存じの通り、教育は何ものも取り除くことはできません。ただ抑圧するだけです。ミミズに対する歓びだって、死んでしまうわけではないのです。その歓びの回帰の仕方はいろいろですが、妙な場合には回虫の形になって戻ってくることもあります。ぼくたちの内臓のなかにおいでになるこの珍客の卵は、そこらじゅうにあるとぼくは思います。ぼくたち人間はもう数え切れないほどしばしば、それを口に入れ、腹に入れているのです。しかし、ふつう、エスはその卵を使うに至らず、殺してしまいます。ところがある日、その人間のエスがちょうど子どもになり、子どもっぽくなって、ミミズのことをうっとりと思い出し、夢中になってそれを追いはじめます。とたんにエスは回虫の卵から、ミミズの似姿を作り出すというわけです。エスは保母のバッチイバッチイを嘲笑し、からかいますが、同時に、虫も子どもだということに気づきます。そこでエスはますます笑って内臓のなかの虫で妊娠遊びをはじめるのです。そのうちには「去勢」遊びも「子どもづくり」遊びもはじめるでしょう。そういう遊びをやってしまった後で、回虫——あるいは回虫でなく、小さな白い虫であることもあります。その虫がいますと、堂々と指を肛門に突っ込んで、思うさま肛門オナニーに耽ることができます——でなくともとにかくこれらの虫を、うしろの開口部から外に出すのです。

ああ、お願いです。どうぞここの部分を、あの衛生顧問官殿に読んであげてくださいませんか。とてもおもしろいと思いますよ。あの人が、このまじめな医者仲間の考え出した病気の成り立ちに関するまじめな理論をどういうふうに受け取るかが見られるわけですから。

もう一つ、ナメクジの話をしておかなければなりません。これは、きみもご存じの女性の話なのですが、しかし、彼女の名前は伏せておきます。きみはもしかすると、彼女をからかったりするようになるかもしれませんからね。ぼくは彼女と散歩に出たのです。突然彼女は震え出し、顔からはまったく血の気が失せてしまいました。心臓があまり激しく打ったために、首筋の動脈が脈打っているのがはっきり見えるほどでした。額には冷や汗が浮かび、とうとう吐き始めました。いったいどうしたのでしょう。道に一匹のナメクジが這っていたのです。そのときぼくたちは貞節について話し合っていたところで、彼女は夫について苦情を言っていたのでした。どうも浮気をしているらしいというのです。彼女が言うには、夫のペニスをむしり取って、踏みつけてやりたいという気持ちは、ずっと前から持っていたそうです。道を歩いていたそのナメクジは、夫のペニスがむしり取られたもののように思えたというのが、彼女の説明でした。それで話は通るはずだったのです。しかし、どういうわけかぼくはそれが気に入らず、彼女に向かってははっきり、もっと何かあるはずだと言い返したのでした。そんな猛烈な嫉妬に駆られるというのは、自分自身不実だからに決まっていると言ったのです。嫉妬している者自身不実でなければ嫉妬など存在しないというぼくの見方は正しかったのです。それはすぐにわかりました。つまり彼女は夫のペニスではなくて、ぼくのペニスのことを考えていたのです。ぼくたちは二人とも大笑いをしました。しかしぼくは当時まだ先生ぶるのをやめられずにいましたので、彼女に向かってこんな説教をしたものです。「きみがぼくを愛しているなら、きみは夫に不実です。夫に貞節なら、今度はぼくと、きみのぼくに対する強い愛を欺くことになるわけです。きみが一歩も進めなくなったのも不思議ではありません。ナメクジを、すなわちどちらのものかわからないけれど、とにかくどちらかの性器を踏みつけなければいけないという場に至ったわけですから」。こういう話はめずらしくありません。若いときに恋をして、その恋の相手を理想の恋人として心にしまっている。ところが、結婚するのは全然別の人なのです。そうなるとこの人たちは調子が狂ってしまう。つまり、結婚相手を何かで傷つけ、相手が腹を立てたりしますと、その理想の恋人を取り出してきて、現在の夫とくらべてみるのです。そして、自分は誤った相手と結婚してしまったと悔やみ、次から次へといくらでも理由をあげて、自分と結婚し、自分に腹を立てているその人物が、いかにひどい人間であるかを自分に対して証明して見せるのです。これはまあ利口なやり方かもしれませんが、やり過ぎと言わなければなりません。これをやっていますと、結局こういうことになるからです。つまり、自分は第二の人を選んだために、最初の恋人に不実を働いた。そして最初の人に執着していることで、その二番目の人にも不実を働いていると。姦通するなかれ、ですからね！

このような心の動きは、非常に広範囲に影響するものですが、これを理解するのは簡単ではありません。ぼくはかなり長いあいだ、この種の人たち——そういう人は決して少なくないのです——が果しない不実の事態にみずからを追い込むのはなぜだろうと考えました。しかし、このナメクジの話の友達のおかげで謎が解けました。ぼくがこの話をしているのも、そういう事情だからなのです。彼女は股関節のすぐ下方、太股の内側のところに、小さな指ほどの長さの、尾のような形をした肉腫ができていたのです。これは彼女をひどく苦しめていました。ときどき大変痛んだのです。非常に奇妙な巡り合わせで、ぼくが彼女を治療している間、何度かその痛みが現れ、そのたびに、抑圧されていた同性愛的衝動が表面に出てくるとそれがおさまるということがありました。彼女はそれ以前からずっと、肉腫を切り取る手術を受けるようにと勧められていたのですが、受けようとしなかったのです。ぼくは彼女の魂の上にほんの少々膝をかけて押してみました。その結果、数え切れないほどのコマ切れの小片になって出てきたのが、その尻尾のような肉腫は母親のためにつけているのだという観念だったのです。この母親のことを彼女はいつも、生まれてこの方ずっと憎みつづけてきたのだと言っていました。しかしぼくはそんなこと一度として信じたことはありませんでした。その憎しみとやらをいくつもの話にして繰り返し繰り返し聞かされてはいましたが。ぼくが彼女の話を信じなかったのは、ぼくに対する彼女のかなり目立った傾倒ぶりが、明らかに母親からの転移の様相を呈していたからです。相当長い時間かかりましたが、とにかくモザイク絵ができあがりました。もちろん欠けている部分がありはしましたが。そこには乳房、母親、その腕に対する熱い愛情、妊娠ということもあり、父親に遠慮して行なわれた抑圧、同性愛の余韻を伴った憎悪の発生が隠されていたのです。細かいことまで詳しく話せませんが、とにかく結論として、その次の年にぼくが会ったとき、その女性は肉腫の切除手術を受け、不実もナメクジも恐れなくなっていました。もちろん、きみがどんなふうに考えようと、それはきみの自由です。しかし、ぼくはぼくで、誰がなんと言おうと、彼女は母親のために小さなオチンチンを生やしていたのだと確信しています。ここでもう一つつけ加えてもよいかと思いますが、ナメクジというのも二重の象徴なのです。形と触角を見れば男根ですし、ヌルヌルしたところは女性器ですから。学問的に言えば、ナメクジ自身雌雄同体なのですよ。

山椒魚についても一つ話をしておかなければなりません。きっとベルリン水族館で見て、それがどれほど胎児そっくりか、もうご存じですね。その水族館の山椒魚の水槽の前にぼくがいましたら、ぼくの眼の前である女性が気を失ったことがありました。彼女も、母親を憎んでいるという話でした。まあ、いつでもそういうことになっているものなのですが。彼女は大変子ども好きでした。しかし彼女も母親が妊娠中に、母親を憎むことを覚えたので、全然子どもに恵まれませんでした。とても欲しがっていたのに。子どものない女性がいて、彼女が本当に子どもを欲しがっているようなら、よく注意してごらんなさい。そこには人生の悲劇があるものです、しばしば変容する悲劇が。そのような女性は例外なく――あえて例外なくと言いますが――心に母親に対する憎しみを抱えています。しかし、実はその憎しみの陰に、ひしゃげて、悲しそうに抑圧された愛情が座っているのです。その愛情を抑圧から助け出しておやりなさい。そうすればその女性は必ず夫を探し出し、子どもをつくるでしょう。

この話をこうやってつづけることは簡単ですが、しかし、どうしてもきみに話したい情景があって、それがぼくの心を離してくれません。最上のものは最後に来るわけです。ぼくは今、さきほど書きました、例の乳母車がたくさんくる円形庭園で手紙を書いているのです。ぼくの前で二人の子どもが遊んでいます。男の子と女の子。犬が一匹一緒にいます。犬は腹を出して寝ており、子どもたちは犬の腹をくすぐっています。くすぐられた刺激で犬の赤いペニスが姿を見せるごとに、子どもたちは笑います。子どもたちがあまりひどくくすぐりつづけたもので、とうとう犬は精液を迸らせてしまいました。子どもたちはそれを見てしょげてしまいました。二人はどこかへ行ってしまい、もうその犬のことなど構いません。

おとなたちはしょっちゅう長靴の先で犬をくすぐっているものですが、それを見たことはありませんか。子ども時代の思い出というわけです。犬はしゃべれませんから、よく観察して、何をしているかをよく見なければいけません。犬のなかには月経の匂いに反応するものがたくさんいますし、人間の脚に体をこすりつけてオナニーをするものもいます。犬が語らないのなら、人間に尋ねなければなりません。無遠慮に尋ねなければいけませんよ。そうでなければ答えは返ってきませんから。獣姦も倒錯ということになっていますのでね。ことに、犬によって体験したことは深く抑圧されます。犬は単なる動物ではなく、父親の、ワンワンの象徴なのですから。

動物の話をもっと聞きたいですか。よろしい。一、二時間動物園の猿の檻の前にいて、子どもたちを見ていてごらんなさい。少しはおとなも見てかまいません。それで千の書物に書いてあるよりも多くのことを人間の魂について学ばないとすれば、きみは自分の顔につけている眼に値しない方だと言わねばなりません。

心から、忠実なるきみの

トロール

30

なるほど、きみが長いあいだ沈黙していたのは、そういうわけだったのですね。出版すべきかどうかを再考してみて、書簡のうちぼくの分には印刷許可を出すけれど、自分の手紙は印刷させないと言う。よろしいでしょう。お気に召すようになさってください。

きみの言うように、まじめにエスと取り組むべき時がきているのかもしれません。しかし、言葉というのは生命を失ってひからびてしまっているのですから、どうぞ、ときおり書かれた言葉の周りを巡り、それをあらゆる側面から観察することを忘れないでください。その観察によって、何か意見を持つようになるはずです。大切なのはそうやって自分の見解を持つことなので、それが正しいか誤っているかはたいしたことではないのです。とにかく、おっしゃる通り、はっきりしたことを言うよう努力します。

ということになりますと、まず最初に情けないことを言わなければなりません。つまり、ぼくがあるものとしてきたようなエスはおそらく実際にはまったく存在せず、ぼくが自分でこしらえあげたものなのです。ぼくは人間、一人一人の人間を相手に仕事をし、おそらく死ぬまでそれをつづける以上、神の被造物全体から切り離された、人間と呼ばれる存在があるかのようにふるまわざるを得ません。ぼくとしては、人間と名乗っている者一人一人が何ともはっきり言うことのできないやり方で、ありもしない何かによって他の世界と隔てられており、その自称人間が自分で考え出した境界線の向うにある事物と、対等にわたり合えるだけの存在であるということにしておくしかないのです。ぼくは自分が間違っていることを知っていますが、しかしやはり断乎として、すべての人間はおのおの自分自身のエスであり、どこからはじまってどこでおわるかも、他者との境界線もはっきりしているという仮説にしがみつきつづけるつもりです。こんなことをこんなふうに言うのは、尊敬すべき友よ、きみがすでに幾度もぼくを誘惑して、世界霊だとか汎神論だとか被造物についてのおしゃべりをさせようとしたからです。ぼくにはそんなおしゃべりはおもしろくありません。ですからここではっきりと宣言させていただきます。ぼくは自分が人間のエスと名づけたもの以外は相手にしません。手紙の書き手という職権も使わせていただいて、このエスのはじまりは受精時だということにします。受精という過程は明らかにかなりややこしいものですが、その全過程のうちどの部分がはじまりであるのかという問題は、ぼくに言わせればどうでもよいことです。同じように、死亡の過程中どこを選んでエスのおわりということにしてもかまわないのですから、それはきみの好きなように考えてください。

こうしていちばん最初から、ぼくの仮説中にある意識的な間違いを明らかにしてあげたのですから、それ以外のぼくの議論のなかにある誤りも、どうぞお気に召すまま見つけてください。ただし、お忘れなきように。今話したいちばん最初の間違い、すなわち、生きたものも生きていないものも含めての事物、個々の存在は万物からそれだけを切り離せるものだという考え方は、ありとあらゆる人間の思考につきものであり、何を言ってもその影から逃れることはできません。

ところで、早速問題が起こります。ぼくはエスを完結したものと仮定し、そのはじまりは受精時と決めたわけですが、実際にはこのエスに、二つの単体エス（Es-Einheit）が含まれています。雌のエスと雄のエスです。ただし断っておきますが、卵子と精子からくるこの二つの単体エスが、これまた本当は単体でなく、アダムと原生動物の時代から連綿とつづく多数体の集まりなのです。この集合体内部に雌性と雄性とがひどくこんぐらかった団子になって、ただしどうも混合してしまうことはなく並存しているのです。しかし、これはあまりにも人を混乱させる事実ですから、ここでは無視することにします。雌性と雄性という二つの原則が、たがいに融合し合うことなく並立しているということを、どうぞ忘れないでください。これこそ、すべての人間のエス内部に二種類のエスがあり、それがどうにかして統一のとれた形に結びつけられてはいるけれど、独特のあり方で互いに独立していることの原因なのですから。

他の女たち――ばかりでなくもちろん男たちだって同じですが――と同じように、きみも、この受精卵がたどる運命について、現在わかっていると思われているわずかなことも全然ご存じないと考えてよいものかどうか、ぼくにはわかりません。ぼくとしては今のところ、これだけのことを言えばよいのです。すなわち、受精後この卵はただちに二つの部分にわかれはじめます。学問的に言いますと、二つの細胞に分裂するということになります。この二細胞が次には四つに、八つ、一六という具合にわかれてゆき、ついには一般に「人間」と呼ばれるものができあがるわけです。この過程の細かい点には、ありがたいことに立ち入る必要はありませんね。その代わり、ぼく自身にも腑に落ちないのですけれど、大変重要であると思われることを指摘しておきたいと思います。つまり、この受精卵というまことにチッポケな生命体のなかに、何かが、つまりエスが存在しており、その働きによって、細胞群を区分けしているのです。このエスの力が細胞群に形と機能を与え、あるものを皮膚に、骨に、眼に耳にそして脳に等々と区分けするのです。ところでこのエスは分裂の瞬間いったいどうなるのでしょう。明らかにエスも一緒に分裂しています。すべての細胞にはおのおのの存在可能性と分裂可能性があるわけですから。しかし、それと同時に、おのおのの分裂細胞には何か共通の要素、つまりエスが残り、その力によって分裂した細胞同士は結びつけられ、双方の運命はエスによって何らかの影響を蒙《こうむ》り、またエスのほうも、それらの細胞の影響を受けるのです。このように考えてきますと、どうしてもこんな結論に達します。すなわち、人間の個々のエス以外に、一つ一つの細胞に存するエス存在（Es-Wesen）がすさまじい数で存在していると。思い出していただきたいのですが、人間全体の個人的エスも、おのおのの細胞のおのおののエスも、その内部に雄のエスと雌のエス、さらには先祖代々の目に見えないほど細かいエス存在を有しているのです。

痼癪を起こさないでください。たしかにこれはこんぐらかっていますが、日常ふつうに話したり考えたりしているかぎり何でもないことを、こんなふうに言わなければならないというのは、別にぼくのせいではありません。願わくはどこかのやさしい神様が、ぼくたちを呑み込まんばかりのこの藪から出てゆく道を教えてくれますように。

その道が見つかるまで、ぼくはきみをもっと藪の奥深くお連れしようと思います。もう一つまた別のエス存在があるような気がしてきました。細胞は発達していって組織をつくり、上皮になったり結合組織になったり、神経組織の材料になったりしますね。ところでそのつくられた組織の一つ一つがおのおのまた独自のエスであるようなのです。そのエスの一つ一つがふたたび全体エス（Gesamt-Es）、あるいは諸細胞の単体エスおよび他の組織のエスに影響を与え、逆にそれら他のエスから影響を受けて生命表現が決定されるのです。いやおそらく、それでもまだ話は済まないでしょう。新たなエス形式（Es-Form）が今度は臓器となって登場してくるはずです。脾臓、肝臓、心臓、腎臓、骨、筋肉、脳、脊髄、等々。そしてさらにはおのおのの器官系内で、それぞれのエス勢力（Es-Gewalt）が誕生するのです。その場合にもそれ独特の単体エスがこしらえあげられ、それが奇妙な性質を発揮するのだと思われます。もっともそんなものはただ見かけだけで実体はないとも考えられますが。というわけで、たとえば、上半身のエスと下半身のエスがあるだとか、右半身のエスと左半身のエス、首のエスに手のエス、体腔のエスに体表のエスがあるなどということになるわけです。これらのエスはたしかに、かのすばらしい悟性の産物であるかのように思われる思考、対話、行動から生じたものと考えられるようでもあります。しかしそんなことを信じてはいけません。こんなことを考えるのは、世の中の何かを理解したいなどという見込のない絶望的なあがきの結果です。そんなことを思ったとたん、どこかに隠れている特別に意地の悪いエスがぼくたちをからかいはじめ、ぼくたちの思いあがり、偉ぶりたがる性質をばかにして、死にそうなほど笑いころげるのです。

どうぞ、心やさしい友よ、忘れないでください。ぼくたちの脳、ということはぼくたちの悟性も、エスの産物なのです。たしかにこれは創造的な働きをしていますが、しかし、それらが働き出すのはかなりあとになってからですし、その働く範囲もかなり狭いものです。脳が生まれるより前に、人間のエスは考えています。エスは脳ぬきで考え、そのあとで脳をこしらえるのです。これは人間の基盤とでも言うべきことであり、忘れてはならないことでありながら、いつでも人はそれを忘れてしまいます。人間は脳で考えるというこの考え、これは言うまでもなく間違いです。この考えのために、何千という数え切れないほどのばからしい事態が惹き起こされるのです。もっとも、立派な発明発見の源もこの考えであるわけですが。つまりこの仮説は、人間の生を飾るものおよび汚すものすべての源なのです。

ぼくたちが迷い込んだ藪の深さに満足いただけましたか。それともう少し話をつづけましょうか。まだまだ新しく生まれてくるはずのエス存在があり、それは色とりどりに姿を変えるということを。身体機能のエスがあり、食事のエス、飲酒のエス、睡眠の、呼吸の、歩行のエスがあるという話をしましょうか。肺炎のエスあるいは妊娠のエスがあることも明らかになりますし、職業、年齢、滞在地、便所、おまる、ベッド、靴、教会の堅信、結婚、芸術、あるいは習慣などから、この奇妙なものが生ずるという話もできますよ。混乱と言えば、たしかにかぎりない混乱です。明らかなものは一つもなく、すべては闇であり、わかつことのできないもつれと言えます。

しかし、どうしてどうして！　ぼくたちはこのすべてをちゃんと片づけているのです。ぼくたちはこのたぎり立つ流れの真中に踏み込み、その流れを堰《せ》きとめます。ぼくたちはこれらのエス勢力の尻尾をどこかで摑み、あちらこちらでビリビリに引き裂きます。つまりぼくたちはほかでもない人間であり、ぼくたちが手を出すというのは、多少意味のあることなのです。人間は秩序をつくり、分類し、創造し、完成します。エスに対しては自我があり、そして実際の経緯はどうであるか、もう少し詳しく言うべきではありますが、とにかく人間にとってはつねに、自我は自我でありつづけるのですから。

ぼくたちにはほかにどうしようもないのです。ぼくたちは、自分はエスの支配者だと思い込まざるを得ません。数多くの単体エスと、全体エスを管理支配しているのだと信じ込むのです。そればかりか、隣人の性格や行動も、生命、健康、死も管理できるとさえ信じ込みます。もちろんそんなことはできません。しかし、ぼくたちのつくった機構、ぼくたちの人間としての存在が、それを信じることを求めています。ぼくたちは生きていますね。そして生きているかぎり、ぼくたちは、自分の子どもを教育することは可能で、ものごとには原因と結果があり、ぼくたち人間は自由に考えた上でそれを利用したり妨げたりできると信じないわけにゆかないのです。本当は、ぼくらは事物のつながりなど何もわかっていないのですし、二四時間さきに自分が何をするかも決められません。そもそも意識して何かをすることができないのです。ところが、エスのために、ぼくたちはエスの行為、思考、感情を、ぼくたちの意識、意図、自我が生じさせていると信じさせられています。ぼくたちが永遠の誤謬のなかにおり、何も見ず、何も知らないでいるおかげで、ぼくたちは医者になって患者を診たりすることができるのです。

いったいなぜ、こんなことをきみに話しているのか、自分でもよくわかりません。たぶんこれは言い訳なのです。ぼくははっきりエスの全能を確信していながら医者であり、自分の意識の外にある必然性によってすべての考えや行動が決まっていることを充分承知していながら患者を診ることをやめず、自分にも人にも、その患者の治療がうまくいったりゆかなかったりするのは自分の責任であるというふりをしつづけているわけですから。人間は本質的に虚栄心が強く、自分を買い被《かぶ》るものです。この性質はどうすることもできません。である以上、相変わらず自分と自分の行動を信ずるしかないわけです。

基本的には、人間のなかで起こることはすべてエスの仕業です。そして、それはそれでいいのです。また、少なくとも一生に一度立ちどまり、物事がどれほど自分たちの知識と能力の外側で動いているかをできるかぎりよく考えてみることも有益でしょう。ぼくら医者にはとりわけこの反省が必要です。別にそれはぼくたちが謙遜になるためにというわけではありません。謙遜などという人間的でない、人間から外れた美徳など、いったい何の役に立つでしょう。第一そんなものは単なる偽善です。話はそんなことではありません。このような反省をしなければ、ぼくたちは一方的になり、自分にも自分の患者にも、これこれの治療法だけが正しいのだなどと嘘をつくことになってしまうでしょう。こんなことを言うと、信じられないばかばかしい話だと言われるかもしれませんが、しかし、本当を言って、病人に対する治療はすべて正しく、病人はどのような場合でもつねに正しく治療されるので、それはその患者が科学的な医者にかかろうと、病気治しの羊飼いにかかっていようと変わらないのです。その治療がうまくゆくかどうかは、ぼくたちが自分の知識をふるった処方の善し悪しで決まるのではありません。そうではなく、その処方に対して患者のエスがどう反応するかによって決まるのです。もしそうでなかったとすれば、正しく整復され、ギプスをはめられた骨折はすべて正常に治癒するはずです。ところが実際にはそうはゆきません。外科医の治療と、内科医、神経科医あるいは藪医者のやることに本当にそれほど大きな違いがあるのならば、たしかにうまくいった治療法を自慢し、失敗を恥じるべきだと言えましょう。しかし実際にはそんなことを言う権利はないのです。現実に自慢したり恥じいったりしてはいますが、しかしそんな資格があってやっているわけではありません。

どうもこの手紙は、妙な雰囲気になってしまいますね。このままこの調子で書きつづけますと、きみを悲しませるか、さもなくばきみは笑い出してしまうに違いありません。そのどちらもぼくの望むところではありません。ですからこの話はここでやめて、ぼくがどうやって精神分析をするようになったかという経緯をお話しすることにしましょう。この話を読んでいただければ、これまでゴチャゴチャ書いてきたことがどういうことだったのか多少はわかってもらえると思いますし、ぼくが自分の職業および仕事に対して、どんな変なことを考えているのかもわかってもらえるでしょう。

まず当時のぼくの精神状態を話さなければなりませんね。その精神状態を、一言で言うと、どうしようもなくなっていた、ということになります。ぼくは自分が歳だと感じるようになり、女にも男にも興味がなくなってしまいました。恋愛沙汰もめんどうくさく、何よりも明らかに、自分の医者としての仕事がいやになってしまったのです。ただ金儲けのためにいやいや仕事をつづけていました。ぼくは病気だったのです。自分が病んでいることはぼくにもよくわかりました。しかしいったいそれが何なのか、わからなかったのです。その状態が一、二年つづいたのちにやっと、ぼくの学問の上での批判者が、ぼくの病気を名指してくれたのでした。ぼくはヒステリーだったのです。その批判者はぼくとは面識がなく、ただぼくの書いたものを読んでぼくをヒステリーだと言ったのでした。ですから余計に、ぼくはその診断の正しさを信じたのです。つまりぼくの症状はそれほどひどかったに違いありませんからね。ちょうどその時期、ぼくはある重症の女性の治療を引き受けました。ぼくが分析者になったのはこの女性に強いられたのだと言ってよいでしょう。

この女性の長い病歴をお話ししてもよいでしょうね。ぼくは別に得意になってこんなことを言っているわけではありません。ぼくは彼女を完全に回復させてあげることはできていないのですから。もっとも、彼女と知り合い、治療してきた一四年の間に、ずいぶんよくはなったのです。本人の期待以上に。しかし、この患者の病気は「器質的」なもの、つまり本当の病気だったので、決して「想像した」病気、ぼくのようなヒステリーではなかったのだときみが了解してくださるように、以下の事実を述べておきたいと思います。この患者は、ぼくのところにくる前何年かのあいだに、二回の大手術を受けていました。ぼくのところにきたときも、山のようにジギタリスだとかスコポラミンを持ち、死を待つばかりの患者として、最後にかかっていた科学的医者から回されてきたのです。

はじめ、ぼくたちのつき合いはなかなかうまくゆきませんでした。ぼくの少々手荒な検査に対する反応として、たっぷり子宮および腸内出血が戻ってきたのは、別にたいしたことではありませんでした。そういう反応を見せる患者はよくあるものです。それよりぼくの注意を惹いたのは、この患者が、明らかに相当の知性の持主でありながら、ばかばかしいほど貧弱な言葉遣いをすることでした。ごくふつうの日用品を言うときにもたいてい、ひどく回りくどい言い方をするのです。たとえば簞笥と言わないで、服を入れるものと言ったり、煙突と言わないで煙用につくったものと言ったりするのです。また、彼女がある決まった動きに耐えられないというのも眼につきました。たとえば唇をちょっとつまむとか、椅子についている房を弄ぶ、などということががまんできないのです。したがって、日常生活に不可欠だろうと思われる品物で、その患者の病室には入れられないものがかなりいろいろありました。

今こうして当時の病像をふり返ってみますと、かつてぼくが、これらの症状をまったく理解していなかったなどとは信じられないように思えます。しかし、現実はそうでした。ぼくはたしかに、この患者の場合、いわゆる身体現象と精神が強く入り混じっているのだということは気づいていました。しかしそれがどうしてそうなったのかであるとか、どうすれば患者を助けられるのかということはわかっていなかったのです。たった一つ最初から明らかだったのは、何かはわからないながら神秘的なつながりが、患者とぼくのあいだにでき、そのおかげで患者がぼくを信頼してくれたということでした。当時まだ転移という言葉を知りませんでしたから、ぼくは単純に治療対象が一見、暗示にかかりやすいことに歓び、それまでやってきていた通り、その患者にも取りかかったのです。最初の往診のとき、すでにぼくは大成功をしました。それまでその患者はつねに、医者と一対一になって診察されることを拒んでいました。いつでも姉が同室するよう患者は求め、その結果、患者と話をしようとしてもすべて姉を介することになってしまっていました。ところが不思議なことに、ぼくが最初の往診の際、今度は二人だけでお話ししましょうと言ったところ、その提案はすぐに受け入れてもらえたのです。かなりあとになってから、これが一種の転移であったことに気づきました。

Ｇ嬢はぼくに母親を見たのです。

ここでちょっと、医者のエスについて一言言っておかなければなりません。ぼくは当時、あまりあれこれと患者に指図をするほうではありませんでしたが、しかし指示を出すと、それを極端に厳格に——こういう言い方をせざるを得ないのですが——無鉄砲に固守していました。ぼくはよくこういう言い方をしたものです。「処方を守らないのだったら死んでしまいなさい」。ぼくは本気でそう言っていたのです。ぼくはある一つの食べ物を食べると必ず胃が痛くなったり吐いたりしていた胃病の患者に、その問題の食べ物以外食べてはいけないと命じて、患者がその食べ物を胃に収める方法を学ぶまでそれをつづけたものです。別の患者で、関節炎か静脈炎で寝ついてしまっていた人には、起きて歩くように無理強いし、卒中の患者に毎日屈伸運動をさせました。それればかりか、あと何時間かのうちに死んでしまうことがわかっていた人たちに向かって、着替えて散歩にゆきましょうと言い、実際一緒に出かけたものです。そのうちの一人は玄関まできてそこで倒れて死んでしまいました。こういうふうに、力溢れる善意の父親として、権威あり、誤ることない父親らしい指示を与えるというのは、ぼくの父のやり方であり、「父親としての医者」の名人であったシュヴェニンガーに学んだものでもありますが、しかしぼく自身、生まれつきそういう素質がありもしたのです。ところがG嬢の場合は話が全然違いました。この患者はぼくに対して子ども——それもあとでわかったところによれば三歳の子ども——の立場を取りましたから、ぼくは無理やり母親役をやらされることになったのです。ぼくのエスのうちに眠っていた母親能力がこの患者のおかげで目覚め、ぼくの治療方針を決めたのです。あとになって、自分の医者としての治療行為をそれまでより詳しく反省してみたところ、この患者と同じような不思議な力によって、それまでにもしばしば患者に対して父親的でない態度で接していたことがわかりました。もちろん意識としてそして理論の上では、当時ぼくは、医者は患者の友達であり父親であって、患者を支配せねばならないと深く確信していたのですが。

ところが突然ぼくは、ぼくが患者を左右しているのでなく、患者がぼくを左右しているという信じがたい事実に直面させられたのでした。これを今のぼくの言葉で言い直すと、隣人のエスがぼくのエスを彼の都合に合うよう変形しようとし、実際にも変形しているということになります。

これだけのことを認めるのも大変なことでした。おわかりだと思いますが、これはぼくの患者との関係をそれまでと逆転させる認識なのですから。こうなってしまうと、もはや患者に規則を与え、ぼくが正しいと思うことを患者に押しつけるわけにゆかなくなります。ぼくは患者が必要としているようなものにならなければいけないのです。これがわかって以後も、その認識から生ずる結論の実行に至るまでにはかなりの道のりがありました。きみは自分自身でそのありさまを観察していたわけです。ぼくが積極的に指図をする医者から、受身の道具になってゆくのを見ていたのです。きみはぼくの変身を責めたし、今でも責めています。何度も繰り返し、忠告をしろとか、あそこで一言言えとか、あっちで命令し、こっちで思いやり深く患者を助けてやるようにと言います。ああ、どうぞやめてください！　ぼくはその種の救助者行為ではどうしてもダメだったのです。だから、忠告などしないよう気をつけているのですし、自分の無意識が患者のエスおよびその願望に対して抵抗を感じているようなら、できるだけ早くその抵抗をやめるよう努力しているのです。それでぼくは幸福なのですし、そうやれば成果もあがり、自分も健康になれたのです。こういう立場を取るようになって残念なことが何かあるとすれば、それは、今ぼくの歩いている道があまりにも広くて太く、ぼくとしては純粋の好奇心に押され、はしゃぎ過ぎて、その道から逸れ、穴やぬかるみで迷子になり、そのたびに、守ってあげなければならないはずの患者たちに苦労させたり迷惑をかけてしまうことくらいです。成りゆきに任せ、自己のエスあるいは隣人のエスの声に耳を傾け、それに従うというのは、世の中でいちばんむずかしいことではないかと思います。しかし、苦労してみる甲斐はあります。そうすることでだんだん子どもに近づくわけですが、ご存じの通り「幼子のようになりなさい、天国は彼らのものである」のですから。大きいことはいいことだという意識は、二五歳くらいで捨てなければなりません。それまでは成長のためにそれも役に立ちます。しかしそれ以降その意識が必要なのは、ごくまれな勃起のときだけでしょう。自分の肩の力を抜き、その脱力行為、脱力状態、尾を垂らしていることを自分にも他人にも隠さないでいること。これが大切です。ところがぼくたちは、いつか話した傭兵と同じで、木の男根をつけたがるのですからね。

今日はもうこれで充分でしょう。ぼくはきみがぼくの子ども還り、脱自我化の進み具合について何を言うかを一度聞きたくてたまりません。この過程はたいがいの場合、老いることだと呼ばれていますが、ぼく自身の判断ではぼくはまだそのはじまりのところにいるのではないかと思います。世間で老いというのは、つまり子ども還りだとぼくには思えるのですが。しかし、間違っているのかもわかりません。二年の間会わないでいたある女性患者がぼくに腹を立てて言った「あなたは精神的にお腹が出ましたよ」という言葉が、ぼくを多少安心させてくれましたけれどね。どうぞご意見を。

きみの忠実なる

パトリック・トロール

31

きみにこれほど叱られようとは思ってもいませんでした。大変お見それしました。はっきり書きなさいというわけですね、何よりもはっきり。はっきり、ねえ？　もしぼくにエスのことがはっきりわかっていたとしたら、ぼくは自分を神様だと思うでしょうね。ぼくが自分を神扱いせず、もう少し謙虚であることを許していただきたいのですが。

ぼくがフロイトの弟子になった経緯の話をつづけさせてください。G嬢は、ぼくを自分の母親としての医者の役に決めてしまうと、徐々にうち解けてくれるようになりました。マッサージのためにぼくがどんなことをしても、平気で受け入れてくれたのですが、そうなったあとでも、なかなかうまく話し合うことができないのでした。そのうち、ぼくは——自分ではそれを遊戯だと思っていましたが——G嬢の持って回った言い方に慣れるようになったのです。するとどうでしょう。しばらくあとに反省してみると、驚いたことに、以前は見えなかったものが見えるようになっているではありませんか。ぼくはつまり象徴というものを知ったわけです。これはずいぶんゆっくり起こったに違いありません。はっきりいつとは言えないのですが、とにかくいつの頃からか、椅子は単なる椅子ではなくて、全世界であること、親指は父親であり、七哩靴《マイル》を履いたりすること、また、父親は伸ばした人指し指でもあり、その場合には勃起の象徴であること、火の燃える暖炉は、体を熱くしている女人を意味し、煙突は男であること、そして黒い煙突が恐ろしい衝撃を惹き起こさせるのは、黒のなかに死が存在するから、つまり、この何でもない暖炉が生きた女とこの世の者ではない男の性交を表しているからなのだということを理解するようになっていたのです。

これ以上この話をつづける必要があるでしょうか。ぼくは当時、あとにもさきにもないほどの陶酔を感じていたものです。精神分析の知恵のうち、ぼくが最初に学んだのがこの象徴であり、そしてぼくは二度とそれを忘れはしません。当時から一四年という、長い長い道のりを歩いてきました。それを振り返ってみますと、まったく奇妙な象徴が溢れ、山のようになっています。目が覚めるほど色とりどりで、しかもその色はチラチラ光りながら変わってゆきます。こうして象徴を理解するようになったときぼくに働きかけていた力は、すさまじいものであったに違いありません。そういう見方ができるようになって何日も経たないうちに、ぼくは人間の外容の器質変化、つまり、通常、生体、器質障害と呼ばれているもののなかに、象徴があるはずだと考えるようになったのですから。ぼくは当時、精神生活が絶え間のない象徴化であることにまったく何の疑いも持っていませんでしたので、ずいぶんたくさんいろいろな新しい考え、少なくともぼくにとっては新しい考えや感情が湧きあがってくるのをすべて無視して、ジリジリしながら器質性病変中にみられる象徴化の働きを追っていたものです。この働きは、まさに魔法のように思えました。

よろしいですか、ぼくは二〇年間医者として仕事をしていましたけれども――シュヴェニンガーの遺産と言うべきでしょうか――ぼくの扱っていたのはいつでも慢性の、ほかの医者から見放されたケースばかりでした。ぼくには、ぼくのそれまでのやり方でゆくと、何がどうなるかがはっきりわかっており、ここで手に入った「それ以上の効果」を、ためらうことなく、学びつつあった象徴の力と考え、患者に対してもこの象徴学を雨あられと浴びせかけたものです。当時は本当に幸福でした。

象徴と同時にぼくはこの患者G嬢から、人間の思考につきまとうもう一つ別の奇妙な性質のことも教わりました。それがつまり連想強迫です。むろん、雑誌、聞いた話、おしゃべりなども、ぼくがそれに気づくに与って力がなかったわけではないでしょうが、しかしいちばん本質のところを教えてくれたのはG嬢です。この連想のほうも、患者に試してみたところ、すぐに効果が現れました。それ以来これもぼくの診察習慣から抜きがたい一要素でありつづけ、ぼくはそのおかげでときに誤りに陥っています。しかし当時はすべて大変うまくゆくように思われたのでした。

順調なあいだは。間もなく反動がやってきました。何かわからぬ不思議な力が突然ぼくに対抗して働き出したのです。のちにぼくはこれがフロイトの言う抵抗であることを学びました。そこでぼくはときどき、昔の命令ずくの方法に戻り、それがうまくゆかないのにガッカリし、結局、あっちへいったりこっちへいったりしながら何とか切り抜ける手段を学んだわけです。とにかくすべては予想よりはるかにうまくゆきました。戦争が勃発したとき、ぼくはある方策を講じて、ぼくの病院が徴発されるように取り計らいました。そうやって、野戦病院の医者になり、数ヵ月のあいだ、負傷兵を相手に、ぼくの素人ぽい乱暴な分析をやってみたのです。もっともぼくの分析が素人ぽくて乱暴なのは、当時だけではありませんが。負傷や骨折も、腎臓炎や心臓障害や神経症と同じく、エスの分析に反応するものだということが、その野戦病院での経験でわかりました。

ここまではけっこうなことだらけで、それに、もっともらしく聞こえますね。ところが、こうして順調に進んでいたはずのさなかに、何とも妙なものが入り込んでいるのです。つまり、ぼくは当時公然と、フロイトおよび精神分析に対する非難を発表しているのです。それは活字になって健康な人間と病んだ人間についての本に収められていますから、今でも読めます。ぼくはこれまでずっと、G嬢からはじめて分析を学んだと思い込んでいましたし、今でもそんな気がしてなりませんが、しかし、それは正しくないわけです。そうでしょう。そうじゃないとしたら、いったいどうしてフロイトのことなど知りもしないはずの時期に、その名を知っていられたはずがあるでしょうか。フロイトについてまったくわかっていなかったことは、ぼくが書いた攻撃の文面から明らかです。こんな戯言《たわごと》は見たこともありません。しかし、では、いったいどこから探し出してきて、ぼくはこんなことを書いたのでしょう。ごく最近になって思い出しました。まず第一に、ぼくがG嬢と知り合うはるか以前に読んだ日刊評論の記事があり、その次にぼくはある患者のおしゃべりからフロイトの名と「精神分析」という言葉を知ったのでした。この患者はそれをどこからか仕入れてきたのです。

虚栄心のおかげでぼくは長いあいだ、科学的精神分析に近づけずにいました。のちになってこの誤りを正そうとかなり努力しましたし、その努力はかなり実っているのではないかと思ってもいます。まあところどころぼくの分析上の思いつきやり方には、刈り切れなかった雑草が残っていることは認めざるを得ませんが。しかし、他人に教えを乞いたくないというわがままには、よいところもありました。知識によって抑制されることなく無闇によろめき走っているあいだに、ぼくはだいたいこんなことを考えるようになったからです。すなわち、脳の思考の無意識以外にも、ほかの器官、細胞、組織などには、おのおのそれぞれの無意識があって、それらの無意識のおのおのと生命体とが密接に結びついており、そのおかげで、脳の無意識の分析によって、それらのおのおのに、治療上よい効果が得られる、と。

これをぼくがいい気持ちで書いているなどと思わないでください。この思いつきが、おそらくきみのやさしい批判にも持ちこたえられぬもので、まして専門家にかかったら、コテンパンにやっつけられてしまうだろうということは、ぼくにもわからないわけではありません。しかし、ぼくは最近、論証などしないで言い張ることだけをもっぱらにしつつありますから、ここでも言い張らせてもらうことにして、こう言っておきましょう。人体の病は、それが心の病であれ体の病であれ、区別なく分析によって影響を受けるのです。ある病気に対して分析で立ち向かうか、外科処置をするか内科にかかるか、食餌療法をするか薬物治療をするかは、やり方の問題でしかありません。フロイトの発見によって影響を蒙らない医学の分野など一つもありはしないのです。

ぼくが開業医で、医学博士を名乗っているではないかというきみの指摘が、あまり手厳しかったものですから、もう少し病気のことについておしゃべりをして、ぼくが考えている病気の起こり方と治り方をわかってもらったほうがよいと思います。しかしその前にまず、病気とは何かを決めておいたほうがよいでしょう。ぼくたちはどちらも、世間の人たちがどう考えているかなどということは気にしませんね。ぼくたちはぼくたちの概念を立てることにしましょう。こういうのはどうですか。病気は人間の生体の生命表現の一種である。どうぞゆっくり、この定義について考えてください。返事をいただくまでは、きみもぼくの定義に賛成してくれていると仮定して話をさせていただきます。

たぶん、こんなことちっともたいしたことではないと言ってもらえるかと思います。しかし、ぼくのようにもう三〇年間も、毎日毎日この何でもない文章を数え切れない数の人にわかってもらおうと努力し、そのたびに自分の言うことなど人は全然聞いていない、と思い知らされるということを繰り返していますと、どうしても、きみがぼくの言うことをわかってくれるのをすばらしいと思わざるを得ないことが、わかってもらえると思います。

ぼくのように、病気も生体の生命表現の一つと考える者は、もはや病気を眼の敵にはしません。つまり、そういう人間は病気と闘おうとか病気を治癒させようとか、そもそも治癒しようという気もないのです。病気を治療するというのは、きみの嘲弄癖をこらしめてやろうというので、きみの書いてきた意地悪を、きみには気づかれないように、一つ一つ丁寧な言い方に書き直そうとするのと同じ程度の徒労であり阿呆らしいことです。

病気は患者の創造物であると認めた瞬間、ぼくには病気が、ある人の歩き方、しゃべり方、表情の動かし方、手の動き、その人の描くスケッチと同じような一つの特徴でしかないことがわかりました。その人の建てた家、結んだ契約、考えの辿り方と病気とは同じようなものなのです。つまり病気は、人間を支配する力の無視し得ぬ象徴であって、ぼくは自分が適当と認めた場合、この力に力を及ぼそうと努力するわけです。こう考えると、病気は少しも異常なものではなく、病気になり、ぼくに診てもらいにきているある人間の本性に規定された何かであることがわかります。ぼくたちが病気と呼びならわしているエスの創造物は、ときとしてその創造者自身、あるいはその周囲に望ましくない影響を及ぼすという点が、ほかのものと異なっているのです。しかし、そんなことを言えば、金切り声とか汚い字にしたって本人並びに周囲の人びとの迷惑になりますし、目的にふさわしくない建物は、炎症を起こしている肺と同じく改修の必要があります。かくして病気と、しゃべること、書くこと、建築することとのあいだには何の本質的差異も発見できないことがわかります。言いかえると、ぼくは病気の人を扱うのに、字が下手な人やしゃべり方の悪い人、あるいは建築の下手な人に対するときと違ったやり方をする必要を認められないということです。ぼくはその人のエスが、下手なしゃべり方をしたり、汚い字を書いたり、まずい建物を建てたり、病気になったりするのはなぜで、どういう目的があるのかを見つけるべく努めます。ぼくはエスがぼくにとって、そしてその人自身にとって不愉快な行為をやっている理由は何なのかを、その人自身、エスそれ自体に尋ねるのです。一回の話でうまくゆかなければそれを繰り返します。一〇回でも二〇回でも一〇〇回でも。とにかくその人のエスが、こんなふうにうるさく言われるのはもうたくさんだと思い、やり方を変えるか、あるいは自分の被造物である患者に働きかけてぼくから遠ざかるかするまでそれをつづけるのです。ぼくから遠ざかるには治療を中断するか、あるいは死ななければならないのですが。

　たしかに、ひどい建物はできるだけ早く改修するか、さもなくば倒してしまわなければなりません。同じように肺炎の人間はベッドに入らせ、看病しなければなりませんし、水腫の人間にはジギタリスを使って水を追い出さねばなりません。折れた骨は修復して固定せねばならないし、壊疽《えそ》を起こした四肢は切断しなければいけません。ぼくはそれが必要なことがあり得ること、それどころか多くの場合必要であることを認めるにやぶさかではありません。ぼくはこんな望みを持ってさえいるのです。施主に引き渡されたとたん、改修されたり壊されたりする建物を造った建築家は、みずから内省し、誤りをはっきり認識し、今後はそれを避けるようになるか、それとも建築という仕事をやめることにするはずだ。それと同じように、自分自身のつくり出したもの、たとえば肺だとか骨をみずから害《そこな》い、それによって痛みや苦しみを味わったエスは、分別を取り戻し、二度とそんなばかなことはしないだろうと。つまり、エスは、自分の力を病気をつくり出すことに費やすのが愚かなことだと経験によってわかってくれるはずだと思うのです。そんなことをする代わりに、歌をつくったり、商売をしたり、小便をしたり、性交をしたほうがずっといいのですから。しかし、だからといって、それで、ぼくが病気好きの隣人のエスの言葉に耳を傾け、必要であり可能である場合にはそのエスを論破してやらなければいけないことがあるという事情が変わるわけではありません。ぼくはぼくのエスによって医者にされているのですから。

この問題は大変重要ですから、もう一度別の方面から考えてみることにしましょう。ぼくたちはふつう自分たちの体験の原因を、気分によって外界に求めたり自己の内面に求めたりします。もし道で滑ったとしますと、ぼくたちはミカンの皮だとか石だとか、ぼくたちをひっくり返す外的原因となったものを探します。それに対して、ぼくたちがピストルを持って頭を打ち抜くときには、ぼくたちはそれを自己の意志にもとづいて意図的に行なっていると考えます。肺炎にかかれば、それは肺炎球菌による感染だということになりますが、椅子から立ちあがり、棚まで行ってモルヒネを取り出して服用するときは、それには内的理由があると考えます。ご存じのようにぼくは以前から知ったかぶりでした。で、誰かがぼくに、悪名高いいかのミカンの皮、あらゆる警察令にもかかわらず路上に投げ捨てられ、たとえばランゲ夫人の腕の骨を折る原因となったその皮を見せたとしますと、ぼくはランゲ夫人のところに出かけていって尋ねたものです。「どういう目的があってあなたは腕の骨を折ったりなどなさったのですか」と。また、たとえば誰かが、トライナー氏は昨夜寝つかれなかったからモルヒネを服用したのだと言ったとしますと、ぼくはトライナー氏本人にこう尋ねます。「いったいなぜどうして、昨日『モルヒネ』という観念があなたのなかで大きくふくらみ、あなたは眠れなくなってモルヒネを服用するまでになったのですか」。これまでのところつねに、この種の問いには、それほどひどくもない答えが戻ってきました。すべて物事には二面があります。したがって物事はつねに二面から観察できるわけで、そうすれば、そしてそのつもりで努力しさえすれば、人生の出来事にはいずれの場合も、外的な原因と内的な原因の双方があることがわかるでしょう。

このぼくの知ったかぶりゲームは、妙な効果をもたらしたものです。このゲームをやればやるほど、内的な原因ばかり探すようになりました。それは一つには、ぼくの生きているこの時代が、何かというとバイ菌のせいにしたがり、ほかの原因を探そうともしない傾向にあったからです。もっとも、風邪だとか胃病だとかいう言葉は、いまだに幅を利かせていますが。もう一つ別の原因は、かなり早い時期から——トロール家の人間らしい高慢のなせる業ですが——自分のなかにエスを、つまり、ありとあらゆる責任をかぶってもらえる神がいることをはっきりさせたいという願望でした。ところがぼくは、自分だけで神の全能をひとり占めするほど育ちが悪くはないものですから、結局ほかのすべての人間にもそのような存在を認めるべきだと考えました。つまりそれがきみの嫌いなエスなのです。そのおかげでぼくはこんなことを言えるようになりました。「病気の原因は外界にはない。人間は自分で病気をこしらえる。外界の原因と称されているものは、人間が自分を病気にするために用いる道具に過ぎない。人間は全世界という無尽蔵の道具倉庫から好みの手段を選び出す。あるときは梅毒のスピロヘータ、今日はミカンの皮、明日は銃弾、明後日は風邪という具合に。こうして人間は自分自身に苦しみを与える。人間がこれを行なうのは例外なく快感を得るためである。人間というのは本質的に苦しみを歓ぶものであるから。人間はつまり生まれつきみずからを罪ある者と感じており、この罪悪感を自己処罰によって取り除こうとするのである。なぜならばそもそも人間はいかなる不快をも回避したいのであるから。通常人間は、これらの奇妙な動きについて何も気づいていない。実際これらはすべて、エスの深淵に封じ込められ、そこで展開されているので、ぼくたちはそれを垣間見ることもできない。ただし、見極めもつかぬエスの層と、ぼくたちの健やかなる分別とのあいだには、無意識ではあるが、意識の側から到達可能な層が存在する。これはフロイトが意識化可能な層と呼んだ部分であり、そこを観察することによって、相当いろいろのおもしろいことが明らかになる。何よりも奇妙なことに、その意識化可能な無意識をさぐり回っていると、突然ぼくたちのいわゆる治癒が現実のものとなることがある。しかしそれがどうしてなのか、ぼくたちは何もまったくわからない。ぼくたちにははっきりしたことはちっともわからず、何の治療行為もしていないのに、症状が消えてしまうのだ」

手紙を了える前に、いつもの通りもう一つ、あるいはもう二つだけ話をしましょう。一つの話は非常に単純で、ぼくがそれをごたいそうに言うのを、阿呆らしいと思われるかもしれません。二人の将校が塹壕のなかで故郷の話をしていました。二人は、弾丸に当って、二、三週間か何ヵ月か故郷で休暇を過ごせたらどんなにいいだろうと話していたのです。片方はそれだけでは満足できず、ずっと故郷に残れるほどの負傷をしたいものだと言い、右肘関節を撃たれて、前線勤務不能になった知人の話をしました。「そういうのがいい」というわけです。三〇分後、その将校は右肘関節を撃ち抜かれていました。その将校は敬礼のために手をあげたところを撃たれたのです。敬礼さえしなければ、撃たれなかった。しかもその敬礼は、しなくてもよいものだったのです。敬礼した相手にはその前二時間のあいだに三回も会っていたのですから。きみにとってこの話は、何の意味もないかもしれませんね。それはよろしいのです。ぼくにとってこの話は自分の言いたいことを言うきっかけになってくれますので。ぼくはできるだけたくさん、負傷とエスの負傷願望とのあいだに内的つながりのある例を見つけようとしていますから、こんな話をするのも平気になっているというわけです。それだけ。

この話とは関係ない別の紳士が、戦争のかなりあとにぼくのところにやって来ました。それは大した問題ではありません。この紳士は癇癪の発作を起こすことがあると言って、その発作の一例として次のような話をしてくれたのです。彼もやはり前戦にいるのがいやになり、何とかしてあまりひどい目に遭わないで、うまくこの泥沼から抜け出せないかなあとしょっちゅう考えるようになっていました。そんなある日、彼は、ギムナジウムの六、七年生のときに、ひどく厳格だった父親からスキーを習うよう強いられたこと、それがどれほどいやだったか、そしてスキーをしているとき右膝蓋《しつがい》骨折を起こし、何ヵ月も学校を休む破目になった自分の同級生がどんなに羨ましかったかを思い出しました――実は彼がこの話を思い出したのも偶然ではなく、その少し前に彼が見たことが大いに影響しているのですが、また全然違うほうにいってしまいますのでその話はやめておきます――それから二日後、彼は砲兵中隊長として、偵察任務についておりました。彼の中隊はフランスの三中隊から砲撃を受けていたのだそうです。一中隊は軽砲隊で、射程が短か過ぎた。一つは通常砲で、左に偏って撃ってきており、最後の一つは重砲だった。その重砲弾はちょうど五分間隔で、彼の中隊と、彼のいた偵察所の真中に撃ち込まれていたそうです。したがって彼が、重砲弾の炸裂の直後に偵察所を飛び出せば、何の危険もなく中隊まで駆けつけることができ、実際、彼はそれを二回ほどやったそうです。そこへ、後方のもっと安全な偵察所にいる上官から、彼の中隊に場所を移動せよという命令が届きました。彼はこの命令にひどく立腹し、またもや故郷に戻るための負傷のことを考え、そして——ぼくとしては患者がぼくに言った通りを信ずる以外ないのですし、実際ぼくはそれを信用しているのですが——ちょうど、あれほどよく間隔を承知していたはずなのに、次の重砲弾が落ちてくる瞬間に、安全地帯を飛び出したのでした。結果は満足すべきものでした。二秒後、彼は右膝を滅茶滅茶にされて地面に横たわっており、癇癪の発作を起こした。で、気づいたときには前線を離れていたというわけです——もちろん、これは偶然ですとも。誰がそれを疑えましょう。ただし、この話には少々後日談がありまして、そのためにぼくもこの話をきみに聞かせているのです。彼はそのとき以来、脚が硬直したままでした。まったく動かないというわけではないのですが、ほぼ二〇度ばかり膝を曲げたところで強い抵抗に出くわしてしまうのでした。これは、それまでその患者がかかってきた外科医およびレントゲンの名人たち、実際大変高名な方もいたのですが、その方々のご意見では、膝蓋の傷による変形のためだということになっていたのです。ところが、彼がぼくに自分の負傷したときの話をしてくれた次の日、膝は二六度まで曲がるようになり、その翌日にはさらにもう少し曲がり、そして、八日後には彼は自転車が漕げるようになっていました。彼が負傷した日の話をしたとき、エスの信じがたい治療力が発揮されるようになったわけですが、そのとき別に膝に何かが起こったわけではありません。彼は、跪くことはできるようになりませんでした。残念なことです。彼の母親は大変信心深い方で、子どもの頃は彼自身、大変熱心にお祈りをしていたそうです。彼がまた跪いて祈るようになっていたら、母親は大層歓ばれたでしょうに。しかしどうも、彼は父親とどうしても折り合えず、彼にとっては神のイメージも父親のイメージに重なるものだったため、その前に跪くなんてことは決してできなかったようです。

もう少し話しておくことがあります。ある若い紳士がこのあいだ訪ねてきたのですが、彼はかなり以前にぼくの患者でした。当時彼は恐ろしい不安に苦しんでいて、明けても暮れても、その不安に怯えていたのです。ぼくのところに来たときには、患者はすでに、それが去勢不安であると知っていました。そして、治療がはじまるとすぐに、子どもの頃見た夢の話をしてくれたのです。二人の盗賊が父親の牧場に入り込み、お気に入りの黒馬——この患者は、兄弟二人と異なり、黒い髪をしていました——を去勢してしまうという。まだ半分子どもだった頃——たぶん九歳だったと思いますが——、彼は蓄膿症になり、それからほど経ずして、鼻中隔《びちゆうかく》の一片を切除したのです。ぼくにはよくわかるのですが、これこそ父親を象徴的に去勢しようとするエスの策略です。その一〇年後、彼は何の理由もなく両足の小指の切除手術を受けました。つまり象徴的に二人の兄弟を去勢したわけです。しかし、これらすべては何の役にも立たず、彼は不安に苦しんでいました。何年もの間、大変難航した分析をつづけて、やっとこの不安から解放されたのです。おもしろいことには、彼は、女として快楽を貪るというはっきりした空想をしつつ、同時に異性愛の方面で大変熱心に活躍したがっていました。彼はつまり、その夢でもわかるように、去勢されて女になりたいという願望を持っていたのですが、それを父親と兄弟に向かってねじ曲げてしまい、この悪しき願望の代償として鼻と足指の手術を受け、不安を抱え込んでいたのです。

エスというのはまことに奇妙な働き方をします。治すかと思えば病ませ、健康な四肢を切断させ、人間を弾丸に向かって走らせるのです。つまり、エスとは気まぐれで予想もつかぬ、ハラハラさせられるものと言えましょう。

心からきみの

パトリック

32

いいえ、愛する友よ、その患者の足指は生えてはきませんでした。エスの働きと分析にもかかわらず。しかし、それは必ずしも、いつの日か何らかの方法が見つかって、エスの力で切断された四肢が新たに形成される可能性まで否定してしまうわけではありませんよ。生体から取り出された器官の一部が、どのように増殖してゆくかを実験した結果、三〇年前にはまったく考えられなかったことが相当可能であることが明らかになっています。しかし、今日ぼくが話そうと思っているのは、それよりもっと不思議な話かもしれません。

そうですね、たとえば、きみは自我というものをどのように考えていますか。我は我なり、これはぼくたちの生きてゆく上での基本原則かもしれません。ぼくの言いたいのは、この命題、人間の自我感情の表出であるこの一文は誤りだということなのです。こんなことを信じてしまっては、世界が崩れ落ちてしまうと考えるかもしれませんが、実際にはそんなことは起こりません。つまり、人間はそんなことを信じないし信じられない、ぼく自身も信じてなどいないのです。ただし、この主張自身の正しさは間違いありません。

我はまったく我などではないのです。これはつねに変化しつづける形式なのでして、その形式を借りてエスがみずからを明らかにするのです。また自我感情などというのはエスの策略に過ぎません。エスはそれを用いて人間に正しい自己認識をさせないようにし、自己欺瞞を容易にし、人間に言うことをきかせて生の道具にしてしまうのです。

自我。ぼくたちは歳を取るとともに愚かになり、そうしてエスがふくらませて見せる偉ぶった考えになれてしまいます。ぼくたちはかつて自分が首をかしげつつこの概念に対峙していたときのことを忘れてしまうのです。ぼくたちが自分のことを第三者のように語っていた時代を。「エミー悪い子で、お尻ペンペンなの」。「パトリックいい子だったよ、チョコレートちょうだい」という具合に。いったい、これほどの客観性を自己に対してふるえるおとながいるでしょうか。

ぼくは別に、自我という概念、自分自身の人格という概念は、子どもが一人称代名詞という精神の貧困化のしるしを口にしはじめるまで存在していないと言いたいわけではありません。しかし、少なくともこれだけは言ってよいかと思います。自我の意識、ぼくたちおとなが自我概念を用いる用い方は、人間に生まれついているのではなく、大変ゆるやかに人間内部で育ってくるのです。つまり人間はその概念を習得するのです。

少し話が飛びますが、したがって、自我などという雑然たるもののなかでうまくやれる人間は一人もいないのです。どれほど時代が進んでも、そんなことをうまくやれる人間は出てこないでしょう。

ぼくはここまで意図的に、ぼくたちおとなが把えている自我意識のことを語ってきました。しかし実は、新生児にこの意識、つまり個人であるという意識があるのかないのか、まったくはっきりしていません。ぼくはむしろ、赤ちゃんにもこのような意識はあるのだけれど、単に赤ちゃんはそれを言葉で言い表せないだけなのではないかと考えています。いえそればかりか、胎児にもその種の意識はあるし、受精卵にも、無精卵にも、精子にもあると思うのです。このように考えてきますと、個々の細胞にもそのような個体意識があり、各組織、各器官、各器官系にもそれぞれ同じような意識があるはずだと思われます。言いかえると、すべての単体エスは、気が向けば、自分は個体だ、一つの人格だ、自我だと考えるようになり得るのです。

このような見方がすべての概念をガタガタにしてしまうことは承知していますし、きみがこの手紙をこれ以上読まないで捨て置いたとしてもぼくは驚きません。しかし、とにかくぼくははっきり言わないわけにいかないのです。人間の手にはそれ自身の自我があり、手は自分のしていることを知っている。それだけでなく手は、自分がそれを知っていることも知っているのだと。同じように腎臓細胞の一つ一つ、爪の細胞の一つ一つにも意識があり、意識的行動があり、おのおのの自我意識があるのです。ぼくにはそれを証明することはできません。しかし、ぼくがそう考えるのには充分な根拠があるのです。ぼくは医者ですから、これまでに何度も、同じようなことに出会っています。たとえば、胃は一定の量の食べ物に対してあるはっきりと決まった形で反応し、自分がどういうふうにどの程度分泌を行なうかゆっくり考慮し、自分に何が求められるであろうかとよく思いを巡らせてから、自分のやり方に合わせるものです。胃は眼、鼻、耳、口等々を自分の器官として役に立て、それらを使って、自分がどうしたいかをはっきりさせるのです。また別の事実として、ある人間の自我がくちづけをしたがっているのに唇のほうがやりたくない場合、唇が負傷し、水疱ができ、ゆがんで、持主に対抗する唇自身の意志を誤解の余地のない形で、はっきりと表現するということもあります。あるいは、ペニスが、全体自我の切望している同衾に逆らって、ヘルペス疱を出して反対するとか、あるいは持主のどうしようもない性衝動によって、無理やり言うことをきかせられるのに対して淋病や梅毒にかかって対抗するということもあります。また、女性の意識上の自我は心から妊娠を望み、そのために治療を受けたり手術を受けたりしているのに、子宮のほうは頑固にそれを拒むということがあります。人間の自我が不当なことを求めていると判断した場合、腎臓は任務を拒否します。それだけでなく、これら唇、胃、腎臓、ペニス、子宮の意識を、全体自我の意志に沿うよう説得することができると、すべての敵対表現、すべての症状が消失するのです。

ぼくのこの話がわかりにくいことはよく承知しています。ですから、きみがぼくの意図を完全に誤解してしまう前に、もう一つはっきり言っておかなければなりません。ぼくがさきほどから細胞、器官などにもあると言っている自我は、エスの自我とは必ずしも同じものではないのです。全然違うと言ってよい。この自我はエスの産物のうちの一つと言ったほうがよいでしょう。仕草、音、動き、考え、つくること、まっすぐ歩くこと、病気になること、踊ること、自転車に乗ることが、すべてエスの産物であるのと同じことです。単体エスは自らの生活デザインをあるときはこう、またあるときは別様に設定します。尿の細胞になったり、爪が生えるようにしたり、血球になったり癌細胞になったり、中毒にかかったり、とがった石をよけたり、ある現象に気づいたりというふうに。健康、病気、才能、行為、思考、とりわけ認知だとか意志だとか自己意識化などは、純粋にエスの力で行なわれる、エスの生命表現なのです。エスそのものについては、ぼくたちは何も知りません。

これはすべてかなり複雑な話です。考えてもごらんなさい。まず単体エスとエス全体がおたがいに反撥したり、協力して働いています。それもこちらかと思えばあちらで、今こうかと思えば今度は別様に合体し、そして分裂します。またそれらのエスは全体自我を利用して何かを意識化させるかと思うと同時にあれこれのことを無意識へと抑圧します。全体意識にのぼせられるものもあれば、単に部分自我にもってゆかれるものもあります。かと思うとそれまでとは別の形で囲いのなかに閉じ込められ、記憶ないしは熟慮の力でそこから引き出されて全体意識にのぼるようになるものもあります。しかも生命、思考、感覚、知覚、意志、行動の大部分は、そのあいだ絶えることなく解明され得ぬ深みで進行しつづけているのです。このすべての事情を考えれば、何かを理解したいなどというのがいかに思いあがった言い方か、少しはわかってもらえるのではないかと思うのですが。しかしさいわいなことに理解などというものは不要であり、理解したがるのはただ邪魔になるばかりです。人間の生体は非常に不思議なもので——気が向いたときだけですが——静かな言葉、やさしいほほえみ、手の一押し、刃物の一当て、ジギタリス一匙でおおいにいろいろなことをやってくれます。しかし、それは別に驚くべきことだと思われていません。日常茶飯のことだからです。ぼくは医者としてありとあらゆる治療法を——あれやこれや——やってみました。その結果すべての道がローマに通じていることがわかったのです。科学的医薬だろうと、インチキ医薬だろうと同じです。ですからぼくは、どんな道をゆこうとそれはあまり問題だと思いません。問題はあせらないこと、そして野心を持たないことです。ぼくの場合は習慣的治療法ができ上がっていて、ぼくはどうしても、それに従うしかないのです。悪いやり方でもないように思えるものですから。そしてこの習慣のうち、それもいちばん上のほうに精神分析がきます。つまり、無意識を意識化しようという試みですね。ほかの人はほかのやり方をします。ぼくはぼくのあげてきた成果に満足しています。

ぼくはしかしもともと、自我とその多様性の話をするつもりでいたのでした。自我というと通常、さきほどぼくが全体自我と呼んだもののことだと考えられていることが多いようです。この全体自我こそ、ぼくが精神分析を試みる際に攻撃の対象とするものですし、実際それ以外攻撃可能なところはありません。ところでこの全体自我にも大変奇妙なところがあります。人は誰でもそれを知っているのですが、あまりにも当然だと思ってしまっていて、ほとんど気にしないのです。この全体自我——話を簡単にするため、ここではこれを自我と呼ぶことにしましょう——はそうそう簡単に見通してしまえるようなものではありません。ほんの何分かのあいだにも、裂け目だらけでビラビラ、チラチラする表面のさまざまな面を見せるのですから。今、子ども時代からつづく自我だと思えばすぐ二〇代の自我になり、道徳的かと思えば性的、かと思えば人殺しというふうに。たった今信心深かったのに、次の瞬間にはふてぶてしく、次の日には将校か役人の、つまり職業自我となる。昼には結婚自我、夕方にはカード・プレイヤー、でなければサディストか思想家の自我という具合です。これらすべての自我たち——まだまだ数え切れないほどあることはわかりますね——がすべて同時に一人の人間に存在していると考えてみれば、自我における無意識の力がどれほどのものであるか、自我を観察することがどんなに興奮させられることであるか、この自我——それが意識的にぼくたちに向かっていようと無意識でいようとどちらでも同じことですが——に力を及ぼすのがどれほどの歓びであるか、おそらく想像していただけるのではないかと思います。ああ、心やさしき友よ、分析をやるようになってはじめてぼくは人生がどんなにすばらしいものであるかを知ったのです。そしてそのすばらしさは日毎に増すばかりです。

何度考えてもぼくを驚嘆させずにおかないものの話をしてもよいでしょうか。人間の考え——エスの考え、あるいは少なくとも無意識の自我生命——は球形の運動をするらしいのです。ぼくにはそんな気がします。ひたすらきれいに丸い球ばかりが見えるのです。思いつくままに言葉をいくつか書きつけて見ていますと、それらの言葉は自動的に球状の空想をつくり出し、球形の詩になります。ほかの人間に同じことをさせますと、それも球になります。それらの球はころがっていき、急に曲がったりゆっくり向きを変えたりして何千もの光に輝きます。色とりどりに、すばらしく美しく、ちょうど眼を閉じたときに見える色のようです。本当に豪華絢爛たるものです。あるいは、別の言い方をすれば、エスは幾何学図形で連想することを強いるとも言えるでしょう。それらの図形は――色の上で――ちょうどあの万華鏡と呼ばれている愛らしい覗き筒を動かしていくと、小さな色つきガラスのかけらが、次々に新しい形をこしらえるように、次々と新しい形をつくり上げていくのです。

さて、きみの言葉に従えば、病気の発生について何か話さなければならないところです。しかし、ぼくはそれについて何も知りません。また治癒についても話をしろとのことですが、それについてはまさに何一つ知らないと言う以外ありません。ぼくはそのどちらも、既存の事実として受け入れるだけです。ぼくがお話しできるのはせいぜい治療についてだけです。ですからその話をすることにしましょう。

治療の目的、医者の行なうありとあらゆる治療の目的は、相手の人間のエスに対する影響力を得ることです。ふつうは、この目的のために、単体エスの特定の集団に直接働きかけるのがならわしになっています。メスで切ったり化学物質で攻撃したり、光を当てたり空気にさらしたり、温めたり冷やしたり、電気をかけたり何か光線を浴びせたりというわけです。どんな結果が出るか予想もつかないやり方を試みる以上のことは誰にもできません。そのような新しい攻撃に対してエスがどう反応するかは、かなりの場合、だいたい予想がつきます。しかしボンヤリした希望にもとづいて、エスはいい子にして、ぼくたちのやり方を好意的に受け取り、エスのほうで治癒力を発揮してくれるだろうというのでやってしまうこともあります。しかし、いちばん多いのはやみくもであてずっぽうなやり方なので、これについては批判しても何の意味もありません。しかし、これもやってやれないわけではありませんし、何千年の経験でわかったところによれば、このやり方でも結果、それもよい結果が出ることがあるのです。ただし忘れてはなりません。治癒をもたらすのは医者ではなく患者本人なのです。患者自身がみずからを治します。自分の力で。それはその人が自分の力で歩き、食べ、考え、呼吸し、眠るのと何ら変わりません。

この種の治療は、外に現れてきている病気のありさま、つまり症状を相手にするものですから、対症療法と呼ばれています。そして通常は、この対症療法で話が済んでいるわけです。それでいけないなどと言える人は一人もいるはずがありません。ところがぼくたち医者というものは、その職業のゆえに主なる神を演じたがるよう決められており、思いあがった願望を抱き、症状ではなく、病気の原因を取り除く治療ができないだろうかなどと願うようになるのです。医者はかくして因果療法を行なおうとします。まあラテン＝ギリシア語の医学用語でそう言っているのですが。そうしてあれこれやっているあいだに、疾病の原因などというものについてもいろいろ考え、山のように言葉を費やした挙句、やっと理論的に次のようなことを明らかにしました。すなわち、病因にはまったく性質を異にする二つの種類がある。一つは内的、つまり人間の自己内部から発するものでこれが内的原因（Causa interna）、もう一つは外的なもので外的原因（Causa externa）。こちらは外界から生じます。こうしてぼくたちは大変見事に病因が二分されるという点について意見の一致を見たわけですが、そのあとで完全に怒りにわれを忘れて外的病因に飛びかかりました。バイ菌、風邪、食べ過ぎ、飲み過ぎ、事故、労働など、ありとあらゆるものが、外的病因とされました。そして、内的病因のほうは忘れられてしまったのです。なぜでしょうか。それは、自己の内奥を覗くというのが大変不愉快なことだからです――内的原因の、素質の暗闇を照らすわずかな光は自分自身のなかにしか見つかりません――つまりフロイトの分析で、コンプレックスの抵抗と呼ばれているものがあるからです。エディプス・コンプレックス、不能コンプレックス、オナニー・コンプレックスなど、コンプレックスにはさまざまあり、しかもそれらはひどく恐ろしいからです。にもかかわらず、どの時代にも、人間は自分の病気をみずからつくり出すのだ、人間のうちに内的原因があって、それこそ病気の原因であり、ほかの原因など探さなくてよい、と声を上げて語る医者は存在していました。そのような医者たちの言葉に人びとはうなずき、自分でもそんなことを口に出すのですが、しかし結局外的病因のほうに引きつけられて、予防薬だ殺菌だということになっていたのです。そこへ今度は大きな声の人びとがやってきてひっきりなしに免疫！　と叫びます。これは実のところ、病人自身が自分の病気をこしらえているという真実を強調しているに過ぎません。ところが実際に免疫にかかわろうとしたとたん、話はまた症状のほうに移ってしまい、こうして見たところ因果治療であったはずのものが、知らぬまに対症療法になってしまっているのでした。暗示療法についても、精神分析に関しても同じことです。精神分析にしても症状を利用します。症状しか利用しないと言ってもよろしいでしょう。ただし精神分析には、病気の原因は人間以外の何ものでもないことは、よくわかっています。

これでぼくはスプリング・ボードに到達しました。対症療法以外の治療はなく、同時に因果治療以外の治療もありません。つまり二つは同にして一なのです。双方の概念には何の違いもありません。治療するものは、内的病因、すなわち人間、病気をみずからのエスによってつくり出している人間を治療するのです。同時に、その人を治療するには、医者は症状に気をつけねばなりません。聴診器とレントゲン撮影機を使おうと、舌が荒れたり尿が濁ったりしていないかを観察しようと、シャツが汚れていて髪がいくふさかチョン切られているのに注目しようと、それが症状であることに変わりはありません。本質的には、あらゆる注意を払ってすべての病気の徴候を調べ回そうと、患者からきた手紙を一通読んで済まそうと、その人の手相を見ようと、あるいはその人と夢中になって仕事の話をしようと、すべて同じことです。それはすべて人間を治療していることであり、したがってその人の症状の治療なのです。人間とはエスの症状として現れるものであり、エスこそすべての治療がその対象としているものです。人間の耳は人間の肺の雑音と同じく一つの症状であり、眼も、猩紅熱の際の赤らみと同じく一症状、エスの表現です。人間の脚は骨がきしんで脚が折れたことを知らせてくれると同じく、同じ意味で症状だと言えます。

さて、きみはきっと質問するでしょう、こうしてすべては一つであるということになるのなら、パトリック・トロールが長い本を書き、そこで、あたかも新しい考えであるかのごとく聞こえる文章を並べているのはどういうわけだ、と。どういたしまして。ぼくの書いた文章は、別に何も新しがっているわけではありません。ただそう聞こえるだけです。実際のところぼくは確信していますが、精神分析を用いるようになっても、ぼくのやっていることは以前とちっとも変わっていないのです。熱い風呂に入れと言ったり、食餌療法を指示したり、マッサージしたり、偉そうに命令したり。これはすべて、今でもぼくのやっていることです。新しいのはただ、治療の攻撃地点だけです。あらゆるかかわりのなかに存在しているように思われる症状、すなわち自我が、それであるわけですが。ぼくの治療に以前と異なった点があるとすれば、それは自我の無意識のコンプレックスを意識化しようという努力でしょう。一定の方法に従い、ぼくの使えるあらゆる策略と力を用いてそれをするところが、少しは新しいと言えるでしょう。たしかにそれは新しいことではありますが、ぼくの考え出したことではなく、フロイトがやりはじめたことです。ぼくがそれにつけ加えたと言えば、フロイトのやり方を器質的疾病にもあてはめたという点だけです。ぼくは、医者の扱うべき対象はエスだと考えております。エスはみずからを支配する力を有しており、鼻をこしらえ、肺炎を起こし、人間を神経質にし、息をつかせ、歩かせ、行動をさせます。ぼくの信ずるところでは、無意識の自我コンプレックスを意識化することによって、エスに影響を与えられるはずで、それは腹部切開の場合と同じでしょう。ですからぼくにはわからないのです——より正確に言えば、わからなくなってしまいます——精神分析は神経症の患者にしか効果がなく、器質的疾病にはほかの方法を用いなければならないと信ずる人がいるとは。

そういう連中のことを笑ってしまうのをお許しください。

つねにきみの

パトリック・トロール

33

ぼくは大いに安堵しました。きみは「もうあなたの手紙を読むのはあきあきしました」と言います。ぼくも言わせていただきましょう。「きみに手紙を書くのはあきあきしていました」。残念ながら、きみは今一つ望みがあると言っています。——きみの望みはぼくにとってすなわち命令です——手短にはっきり、ぼくが「エス」という言葉で考えているのは何なのかを説明せよとおっしゃるのですね。以前もうご説明したではありませんか。「エスは人間を生かすものであり、人間をして行動させ、考えさせ、成長させ、健康にまたは病気にさせる力である。まとめて言えば、人間を生かしている力ということになる」と。

でも、こんな定義はきみには何の役にも立たないわけですね。ということだと、結局いつものやり方に戻って話をするしかありません。どうぞ忘れないでほしいのですが、ぼくがお話しするのはかなり長い話のなかから選んだほんの一部で、手間のかかる治療のあいだの目立った事件だけです。これをお断りしておかないと、まるでぼくが自分のことを奇蹟の医者だとでも思っているかのように見えるに違いありません。現実はまったくそうではないのです。話はむしろ逆で、医者としての経験を重ねれば重ねるほど、患者の回復に対して医者ができることは、ほんのわずかしかないということがいやと言うほどわかってきます。患者は自分で自分を治すのです。医者、そして分析者などというものに、できることは一つしかありません。それは患者に、患者のエスが今この瞬間どのような策略を用いて病気でありつづけようとしているかを教えるという役目です。

つまり、病人が医者に行くのは、治して欲しいからだと思うのは間違いです。患者のエスのうち健康になりたいと思っているのは半分に過ぎません。あとの半分は病気のままでいたいのです。ですからそちら側のエスは治療を受けているあいだじゅう、医者から害を受ける機会はないかと眼を皿のようにして待ち構えているものです。治療にあたってもっとも重んずべき規則は、患者を害しないことだという原則は、この何年かのあいだ、ぼくの骨身に沁みて感じていることです。思うに、治療中患者が死亡したり、容態が悪化したりするのは、実のところすべて医者の責任なのです。医者は、悪意に満ちた患者のエスの誘いに乗って、容態を急変させるような過ちをしてしまったのですから。まったく、ぼくたちのやっていることには何一つ神々しいことなどありません。ぼくたちが医者をやっているのも、神のごとくありたいという願望あればこそなのですが、この願望がぼくたちに復讐するのです。ちょうどエデンの園にいたぼくたちのご先祖様に起こったと同じように、罰と呪いと死が報いとしてくだるのです。

これからお話ししますのは、ごく最近起こったことですが、この話からはっきり、患者の深く隠されたエスがぼくに反撥している様子がわかってもらえるはずです。患者の意識的自我のほうはぼくに感嘆し、感謝に溢れてぼくを仰ぎ見ていたのですが。話というのは、ある患者が一晩のうちに見た二つの夢のことなのです。その二つの夢だけで、ずいぶんいろいろなことを教えてくれました。最初その患者は、はじめに見たほうの夢はきれいに忘れてしまったと言っていました。しかし、その忘れてしまった夢にひどくこだわっていたことから、そちらの夢にこそ謎を解く鍵があるのだとわかったのです。そこでぼくはかなり長い時間辛抱強く待って、とにかく何か思い出せないかどうか試してみることにしました。しかし患者は何も思い出しません。やむを得ずぼくは患者に何か好きな言葉を言ってごらんなさいと言ってみました。こういうちょっとした工夫が功を奏することもよくあるのです。たとえばあるとき同じようなことがあったのですが、そのときにはアムステルダムという言葉が出てきました。そしてこの一つの言葉を中心にしてそのあと一年近く大変すばらしい、まったく文句ない治療を進めることができたものです。さて、お話の患者はぼくに答えて、家という言葉を挙げ、それに加えてこんな話をしてくれました。その前の日にぼくの療養所を外から眺めて思ったのだが、全然何の意味もない尖塔はあるし、建っている場所が悪くて非常口用に橋は架けられているし、おまけに屋根はひどいものだと。ぼくは何も文句を言えませんでした——きみもその建物を知っていますから、わかってくれますね——その患者の言う通りだったからです。しかし、そんなふうに見えていても、実のところこの患者が言っていたことはまったく別の、もっとずっと重要な、患者自身とぼくの治療にとって決定的な問題だったのです。二番目の夢がそれを教えてくれました。患者はこんなふうに説明したものです。

「まったくばかばかしい夢なんですよ」。そう言いながら患者は笑いました。「ぼくはある家に人を訪ねようと思ったんです。その家の持主は靴屋でした。家の前で男の子が二人喧嘩をしていて、そのうちの一人は泣きながら逃げ出しました。靴屋の名前はアーケレイと言いました。全く誰の姿も見えません。そのうち召使いは出てきたのですが、ぼくが訪ねようと思っていた靴屋は姿を見せないんです。そのうちぼくの母の昔の男友達がやってきました。その人は本当は丸ハゲなのですが、夢のなかでは奇妙なことに黒々と髪が生えているのです」。もしこの患者がこの話をするとき笑わなかったら、あるいはその前にぼくの療養所の外観についてあれこれ言っていなかったら、この夢の解釈ができるまで何週間もかかったことでしょう。しかし、現実には大変早く片がつきました。最初のヒントになったのはアーケレイという言葉でした。これはその少し前に出たばかりのアルノ・ホルツの作品に出てくる名前ですが、この作品のタイトルは『ブリキ鍛冶』というのでした。作品そのものは、大変機知に富み、エロティックなドタバタだそうですが。

このように辿ってきますと、ぼくという人間に対する嘲弄がはっきり見えてきます。ことにこの患者は、その少し前に、ぼくたちの共通の友人グロデックの編集したぼくの本『魂を求めるもの』を読んでいたことですし。つまりその本が『ブリキ鍛冶』で、靴屋のアーケレイがぼく、靴屋の家がぼくの療養所というわけです。この患者が療養所に着いたとき、部屋に案内してくれる者がいなくて、しばらくのあいだ本当に廊下に立っていなければならないということもありました。ぼくに会ったのはその翌日になってからでした。こんなふうにして患者は自分を診察する医者を判断するわけで、それは別にこの患者にかぎったことではありません。そして、この種の批判的な判断は、決して表立って出されることはないのですが、実によく当っているのです。ぼくがここでこの夢の話をしているのも、この夢のなかに、この患者がぼくを軽蔑している理由がちゃんと見て取れるからにほかなりません。靴屋の代わりに、夢のなかでは患者の亡母の男友達が登場し、奇妙なことにその人には黒々と髪が生えていたのでした。この母の男友達というのは父親のことで、この父親も亡くなっているから頭が黒いわけです。つまり患者の憎しみは、直接にはぼくではなくこの母親の男友達に向けられており、その男友達の陰には患者の父親がいるわけです。つまりそこでは三つの人格が一つに凝縮されているわけで、これだけでも患者がぼくに対してどれほどの抵抗を転移させていたかはっきりわかります。しかし、この母親の男友達というのは患者自身のことも示しています。患者には豊かな黒い髪が生えておりますから。つまり患者の無意識は夢のなかで、靴屋のトロールなんかの代わりに患者本人が治療をやっていればどれほどすべてがうまくいったことだろうにと言っているのです。この言い分はそれほど間違っているわけではありません。患者はいつでも医者より事情がよくわかっているものですから。残念ながら患者は自分にわかっていることをちゃんとした考えにまとめることができず、夢、動作、服装、性質、病気の症状などで表現するだけです。つまり、患者は、自分にもわからない言葉でしか、自分にわかっていることを語れないのです。患者がここで自分を母親の男友達や父親と同一視していたことは、患者自身が感じていたよりはるかに多くのことを示すものです。そこにはつまり近親姦願望、母親の愛人になりたいという、幼い頃の望みが隠されているのですから。ここでまことに不思議な転回が生じます。患者はほがらかにほほえみながらこう言ったものです。その母の男友達の名前はラメール（Lameer）といったけれど、この人はフラマン人だから、ラメールと言ってもお母さん（la mère）という意味は全然ないのです、と。

本当に全然ないでしょうか。そんなことは断じてないと思いますね。それに治療にとってはそこに関係があってくれたほうがありがたいのです。もしもこの患者がぼくを、母親の男友達、夫と同一視するだけでなく、母親本人とも同一視しているのだとすれば、患者は母親に対する感情もぼくに転移させているはずです。ところで患者の母親は患者が六歳になろうとしていた年に亡くなったのですから、患者の母親に対する感情は本質的に当時のままであるはずです。その当時の母親に対する患者の意識が肯定的なものであったという前提が成り立てば、患者が母親から助けてもらうという構造は患者にとっても悪くないもののはずです。しかし、誰にわかりましょう。子どものときにも母親を愛していたというよりは憎んでいたということだっておおいにあり得るのですから。

そこで今度は夢のはじめの部分と取り組みます。男の子が二人靴屋の家の前で喧嘩をしていたという部分です。この解釈は何でもありません。この子たちは同じものが異なった時期に見せる二つの姿を表しているのです。一人は勃起状態にある男根であり、もう一人の、泣きながら逃げて行くほうは、同じペニスが射精しているところなのです。しかし、この解釈の裏に別の解釈が潜んでいます。その二番目の解釈によれば、一人の子は夢を見ている本人であり、泣いているほうの子は、その兄です。この兄は患者のために両親からうとまれるようになったのですから。そして第三の、裏の裏の解釈によれば、一人の子は患者自身であり、その患者が別の子、つまり自分のペニスに自慰をしているということになります。この自慰が行なわれるのは靴屋の家の前ですが、夢を見ている患者のエロス的な空想の対象となっているのは靴屋だけでなく、母親の男友達もそうです。そしてこの男友達は患者の父親のことでもあるし、大変うまく隠されてはいるけれど、母親本人も空想の対象になっているわけです。ラメールですから。

この夢は、夢見ている本人は気づかぬまま、治療のどこに攻撃すべき点があるのかを教えてくれているのです。だからこそぼくはこうして話してきたのです。注意深く患者の言うことに耳を傾けていれば、患者本人よりもさきに、医者に対する強い抵抗があることに気がつくでしょう。しかしこれこそ、治療の際にもっとも重要な点なのです。この点に至らなければ話はまったく進みません。つまり、意識的にであれ無意識的にであれ、とにかくこの抵抗の存在を認め、それを知り、そして取り除くことにこそ医者の仕事のもっとも本質的な部分があるのですから。もちろん、医師が情勢をはっきり見極めているほど、仕事はうまくゆくに決まっています。この夢はそれだけでなく、この抵抗がどこから生じたのかも教えてくれます。この抵抗はつまり愛する母の男友達にして夫たる人物に対する敵意から生じたものであり、もっと遡れば、母親に気に入られようとする二人の兄弟の争いから生じたものなのです。この母の姿は何重にも隠されていますが、しかし、家、つまり療養所の本来の持主としてはっきりと表されています。患者はその療養所、つまり母の懐に入って、治されるわけですから。患者はまたこの夢のなかで、自分にあるコンプレックスも明らかにしています。エディプス・コンプレックスとオナニー・コンプレックスがそれです。

こうしてこの夢のなかでは無意識、抑圧されたものが自己表現をしようとしているわけです。しかし、こんなことは釈迦に説法でしたか。もうフロイトの『夢判断』をお読みになったと書いていましたね。どうぞ何度も何度も繰り返して読んでください。きっと役に立ちます。自分で、考えもつかぬほどに。とにかく、かの名人本人が、何千という弟子と一緒にあれこれと新しいことを言っていて、その気のある人にはいつでもそれを教えてくれるというのに、ぼくなどが今さらあれこれと言う必要はまったくないですね。もっともそう言えば、次にする話も、もうとっくにご存じに違いないたぐいの話ではあるのです。

これは八つの女の子の話なのですが、この子は、ずっと歓んで行っていた学校に、しばらく前から怖くて行けなくなってしまいました。計算と編み物がいやでいやで仕方がないのです。ぼくがいちばんいやな数字は何かと尋ねますと、即座に2という答えが戻ってきました。この子は2を描いて見せて、こう言ったものです。「このカギはいやだわ。急いで書くときは書かないでおくの」。そこでぼくはこのカギで何を思い出すかと尋ねます。するとこの子は考えもせず「肉のカギ」と答え、「ハムだのソーセージだのの」とつけ加えました。このこの妙な答えの与えるだろう印象をやわらげようとしたのか、あるいは何か説明しなければいられなかったのか、この子は大慌てでこう言います。「編み物していると編み目を落としちゃって、そうすると穴があくの」。この子がつけ加えた「穴があく」という言い方から考えてごらんになれば、肉のカギというのが肉製のカギであることがおわかりでしょう。つまりこの子は、二つの性があるという事実と徹底的に取り組む時期に当っていたわけです。非常に抑圧された形でこの子は、自分なりの理論をつくり出しました。その理論はカギを捨てることと編み目を落すという失敗と不安によって作り上げられたのですが、その理論によれば、女、家族における2である女には肉のカギがないが、それは、あまりにも早く書いてしまったために、つまりオナニーのために失ったことになります。また忙しく編み針を動かし、入れたり出したりすることで大きな穴があき、早くも欲情を催した女の子の液体がその穴からしたたり落ちてくるわけです。ところが男の子はペニスの小さな穴から輝く液体を撒き散らせる。これは間違いなく小さな女の子の頭にはむずかしい問題です。この子が計算と編み物をいやがったのも無理はありません。その次の日、この子は自分の知っていることをもう少し教えてくれましたが、ぼくとしてはその子がそういうことを知っていてくれておおいに安堵したものです。この子はつまり、便通のときにひどく痛いのだと言ったのですが、それが実際に意味しているのは、女の子は肉のカギを取りあげられてしまいはしたけれど、その代わりに子どもを産めるということなのです。ただし、それは痛みを伴う。この子はその話をしたあとで、自分のことをはっきりわかってもらおうという無意識の衝動に突き動かされるまま、こんな話まではじめました。自分の子どもは何も知らないと信じていた母親は、それを聞いてビックリ仰天したものです。つまり、自分は雌牛の腹から仔牛を引っぱり出しているところを見たことがあるし、母猫のなかから可愛らしい仔猫が三匹生まれるのも見たというのですね。まったく、子どもの心を抑圧しているもののどこかに裂け目が入り、その子どもが魂の底から湧き出すままにおしゃべりをしている様子というのは、たとえようもなく愛らしいものですよ。

無意識というものはこの種の象徴的な行動ないし失敗として、けっこうしばしば姿を現しているものなのです。このあいだ、ぼくは患者の一人が自分の鼻メガネを壊してしまって不機嫌になっているのに出喰わしました——この患者はいわゆる同性愛者なのですが——これなども、その恰好の一例と言えましょう。この人はテーブルの上にあった花瓶を片づけようとして、ちょうどそれを持ちあげかけたときにメガネが落ちたのです。ぼくがそのときテーブルの上にはほかに何があったのかと尋ねますと、患者は自分の男友達の写真があったし、それは今でもそこにあると答えました。実際にはその写真はクッションだの膝かけだのの下敷きになり、裏返しにされて、つまり写真が見えないような形で置いてありました。ぼくが聞き出したところでは、つまりその男友達は女の恋人ができて患者を裏切ったということだったのです。その娘と若者を引き離すことは患者にはできない相談だったので、患者は少なくとも象徴的に二人を引き離そうとして、女の子を表す花瓶をテーブルからどけたのです。写真を裏返してその上にクッションを載せたのも、鼻メガネが壊れたのも、そのあと自動的に起こったことでした。意識的な言葉に翻訳しますと、これはこういうことです。「ぼくはこの裏切者を見たくない」。「それでもあいつの後ろ側はまだぼくのものだ。女の子にはあいつの後ろ側のよさなんてわからないのだから。だから写真は裏返しておくことにしよう」。「しかし、後ろ側も取られてしまわないように隠しておいたほうがいいかもしれんぞ。クッションをかぶせておくことにしようか」。「これでよし。膝かけまでかぶせたのだから、これでもうあいつの影も形も見えないぞ」。「まだダメだ。ぼくの苦しみはあまりにも深い。いちばんいいのは、眼を見えなくしてしまうことだ。眼さえ見えなければぼくはあいつの裏切りも見ず、あいつのことを好きなままでいられる」。こうしてこの人の鼻メガネの柄は折れたわけです。

無意識は眼に対して大変奇妙なことをやるものです。網膜に何かの像が結んでも、それが耐えがたいものである場合には意識から閉め出すことさえあるのです。ある日ぼくは女性患者の一人に、机の上にあるものをよく見て、頭に入れてくださいと命じました。そのあとで何があったかを言ってもらったところ、その患者は一つ一つ全部数えましたが、自分の二人の息子の写真だけは思い出せませんでした。ぼくは何回も、忘れているものが二つありますよと言ったのでしたが、それも思い出す役には立たなかったのです。その後でぼくが、どうしてその二枚の写真のことを忘れたのかと尋ねますと、患者はひどく驚いて、こう答えました。「わたしは確かに二つとも見ましたわ。それに、本当に変でございますねえ。わたしはその二つとも毎日拭いておりますし、今日も拭いたんですからね。でもきっとそうなのですわね。ごらんの通り二人とも軍服を着ておりますでしょう。一人はもう戦死の知らせがきておりますし、もう一人は今ちょうどワルシャワ攻略戦のまっただなかですの。見てしまえば苦しむことがわかっているのですもの、それを見なかったことにしてしまうのも当然でございますわ」。

またある別の患者は、目の前が真暗になってしまったと言ってきました。それによくこんなことになるのだと。ぼくはこの患者に、黒い霧が襲いかかってきた場所まで頭のなかで戻ってそこに何が見えるか言ってごらんなさいと命じました。答えは「石」というのでした。「ぼくは階段をあがっているところで、ぼくに見えていたのは石でできた階段でした」。これではたしかにあまり役に立ちそうに聞こえませんね。しかしぼくが頑固に、めまいの原因は石を見たからだと言いつづけたものですから、患者も気をつけてみますと約束して帰りました。そして本当に次の日、この患者は、またためまいがしたけれど、そのときやはり石を見ていたのだったと言ってきたのです。患者が言うには、しかしやはり問題は少し違うのではないか。なぜなら、今思うと、この種のめまいにはじめて襲われたのはオステンデでのことだったが、オステンデというのはいつも、どうしようもない石の集積とあまりにも冷たい心の人間たちの集まりのように思われる町だったからというのです。それを聞いてぼくが、そんな石の集積や人間の集まりはいったい何なのでしょうねと尋ねますと、患者はこう答えました。「墓地です」。この患者はベルギー育ちだということを知っていましたので、ぼくは石がピエールと発音されることを患者に納得させようとやってみました。患者はしかし、ペーターであれピエールであれ、自分の人生にそんな人は一人もかかわりを持っていないと言ったものです。ところがその翌日、今度は彼のほうからその話をはじめました。ぼくの暗示は正しいかもしれないというのです。彼の両親はサン・ピエール通りに住んでいた。彼はここに六歳までしか住んでいませんでした。彼が六歳のとき、その家で母親が亡くなり、そのすぐあと、父親はオステンデに引越してこの家を売ってしまったからです。亡くなった母親はサン・ピエール教会に埋葬されたのではなかったが、しかし、彼のいた子供部屋の窓はサン・ピエール教会の広大な石の集積に面していたのでした。彼は亡くなった母親とよくこの教会に出かけたが、教会内陣の石の量感と、思いに沈む人びとの群れのために、いつもひどく恐ろしい思いをしていた、というのです。またオステンデという言葉を聞くと、彼にはロシアが思い浮かぶとも言いました。ロシア人の土地、黒い土地、死の国という具合に。この抑圧されていたコンプレックスが意識化された日以来、彼の眼の前が真暗になるという症状は消えました。しかし彼のエスは、他のやり方で抑圧をつづけ、そちらはやめようとしなかったのです。つまり、彼は、母親から厳しいカトリックの教育を受けていましたが、抑圧願望の圧力に押されて信仰を捨ててしまっていました。ところがこうして抑圧が除かれた後になっても、結局彼は教会には戻らずじまいだったのです。

フォン・ヴェッセルス夫人のことを覚えていますか。夫人がどれほど子ども好きで、自分の子どもがいないということをどんなに苦にしていたか。ある日ぼくは夫人と一緒に森のはずれにすわっていたことがあります。ぼくたちの話はその少し前から何となく弾まず、とうとうとぎれてしまいました。突然、夫人はこんなことを言い出したのです。「わたしは一体どうしたのかしら。右側にあるものが全然見えませんの。左側にあるものははっきりきれいに見えますのに」。ぼくがいつからそうなったのかと尋ねますと、夫人は答えました。「先刻森のなかで、もう変だと思っておりましたわ」。どこかぼくたちが通って来た道で目印になる所をあげてほしいとぼくが頼みますと、夫人はある十字路をあげました。ぼくは「そのときあなたの右側には何がありましたか」と尋ねます。夫人は答えて「ご婦人が一人、小さな坊やを連れて歩いておいでででしたわ。あら、わたしまたきれいに何でも見えるようになりましたことよ」。それから夫人は笑いながら、その十字路に来るまで自分が空想の話をしてぼくをおもしろがらせていたことを思い出しました。人里離れた小さな家でニワトリだのアヒルだのいろいろさまざまな家畜を飼い、息子と二人でそこに住んで、子どもの父親はたまに一日訪ねてくるだけ、という話です。夫人はこう言いました。「わたしは、すべての病気はエスが何らかのはっきりした目的のためにつくり出しているものだというご説を以前から存じておりましたけれど。もし知らないでいたとしても、これだけですっかり納得していたに違いございませんわ。わたしが半分眼が見えなくなってしまったのは、あの、坊やを連れたお母様の姿を見るに耐えられなかったからに違いございませんもの」。

ヒステリーですか。たしかに、どんな医者も、どんな学者も、そう言うであろうと思われます。しかし、ぼくたち二人、つまりきみとぼくは、ヒステリーなどという言い方を軽蔑することに決めたのではなかったでしょうか。ぼくたちは二人ともフォン・ヴェッセルス夫人がを知っていますし、ご立派な学者先生方に敬意を表して言えることはせいぜい、この婦人が三〇分ほどヒステリー状態になったということくらいです。しかし、いったいこのヒステリーなどという阿呆らしい、悪質な言葉で、それ以上何がわかるというのでしょう。そんな言葉を弄ぶより、二、三年後に起こったことをお話ししたほうがずっと役に立つでしょう。

ある晩、ぼくは劇場がはねたあとでフォン・ヴェッセルス夫人にばったり出会いました。夫人が言うには、二、三時間前に来訪者案内で旧知の人の名を見つけて、もしかしてその人に会えるかなと思って来てみたとのことでした。夫人の左上瞼《まぶた》はひどく赤く腫れていました。夫人自身はまだそれに気がついていず、ぼくが話したので手鏡を出して眼を見、こう言ったものです。「またエスがわたしを半分ものが見えないようにしてばかにしようとしているのかもしれませんわ」。そしてまた夫人は、思いがけなくその旧友がこの町にやって来たという話をはじめましたが、突然その話をやめてこんなことを言ったのです。「わかりましたわ、どうして眼が腫れたのか。来訪者案内にわたしの崇拝者の名前が出ているのを見てからですわ」。そうして夫人は最初のご主人が不治の病いに臥していた間、自分がこの紳士とどれほど遊び歩いたかを告白したのです。夫人はその当時のことをこまごまと話して、ますます、自分の眼が腫れたのは、この恥ずかしい名を見ずにすませられるようにということだったのだという考えに取り憑かれてゆくようでした。夫人のエスは今になって、夫人が罪深い行ないをしたその体の部分に罰をくだしているのかもしれませんねというぼくの考えにも、夫人は賛意を表したものです。ぼくたちの考えは当を得たものであるように思われました。夫人と別れの挨拶をしたときには、腫れはすっかり引いていましたから。その次の日、夫人は二番目の夫と継娘のことでひどいいさかいを起こしました。その日の午後、ぼくは夫人のところにお茶に呼ばれていましたが、お茶のあいだじゅう夫人は左側に座っている継娘から顔をそむけていました。そしてそのうち夫人の瞼がふたたび腫れてきたのです。夫人とぼくはあとでその腫れのことを話し合いました。はじめ夫人は、自分には子どもがないから、継娘を見るのが耐えられず、それでたぶんまた眼が腫れたのではないかと思うと言いました。そこで何か考えついたらしく、夫人はしばらくその新しい考えを追っていました。もしかするとその前の晩、瞼が腫れた原因も、この継娘だったのかもしれないというのです。しかしすぐに、やっぱり昨晩のは、来訪者案内に出ていた自分の昔の恋人の名前のせいだという、前の考えに戻りました。夫人が言うには「あと二、三日で、わたしの最初の夫の命日が参ります。もう何年ものあいだいつも、わたしはこの時期になると病気になったり気鬱になったりいたしますの。わたしがカール——これはフォン・ヴェッセルス氏のことです——と喧嘩をいたしましたのも、はじめの夫のために泣く理由が欲しかったからだと存じますわ。間違いございませんことよ。今思い出しましたけれど、わたし、おととい、つまり腫れが起こる一日前に、病院で腎臓病の患者を見ましたの。その人はわたしのはじめの夫と同じように尿毒症独特の臭気を立てていて、やはり夫と同じにヘラで舌苔をこそげ取っておりましたのよ。その日の晩、わたし、ホースラディッシュのソースを見てひどく気分が悪くなりましたけれど、ホースラディッシュが舌苔によく似ているのだと気がつきましたらスッと気分がよくなりましたわ。継娘を見るのがいやなのは、あの子がそこにいるだけで、わたしの最初の夫に対する裏切りの証拠が眼の前にあることになるからですわ。だって、おわかりでしょう。わたし、夫が亡くなりましたときには千回も繰り返して、二度と結婚などしませんからねと誓ったのでしたもの」。このときも、夫人とぼくが話をしているあいだに、夫人の眼の腫れは消失しました。

　瞼の炎症は、そこで完全におしまいになりました。ところがその次の日、フォン・ヴェッセルス夫人は恐ろしく上唇を腫らして現れました。唇の上端の縁に沿って真赤な腫れが走り、そのために唇の赤みがほぼ二倍にふくれあがって見えるのでした。なかば笑いつつ、なかば憤慨して夫人はぼくにある手紙を手渡しました。その手紙は夫人のちょっとした知り合いの女性が夫人の友人に宛てたもので、その友人はまったく逆上して夫人にそれを送ってきたというのです。女性が友達のあいだでよくやることですが。つまりこの手紙には、いろいろやさしいことが書いてあるのと並んで、フォン・ヴェッセルス夫人は、誰にでもすぐ見て取れるけれど、ひどく好色な本当の魔女だと書いてあるのです。夫人は皮肉たっぷりに言ったものです、「わたしの唇をご覧なさい。このふくれ上がった真紅な唇以上に、わたしのひどく好色な本性を明らかにする証拠がございまして？　H嬢がわたしのことを魔女だと言ってらっしゃるのは本当なのですわ。あの方を嘘つき呼ばわりはできませんことよ」。この問題にはいろいろおもしろいところがありました。そのうちの一つはもう少しあとでお話しします。ぼくは何日間か、かなり時間をかけてこの現象の徹底的な分析と取り組みました。その結果を簡単に話しておくことにしましょう。

問題の中心にあったのは夫人の亡夫でも継娘でも、あるいは昔の崇拝者でもありませんでした。いちばんの問題は、夫人の唇を腫れあがらせる手紙を書いたこのH嬢その人だったのです。この女性は何年も昔からフォン・ヴェッセルス夫人の敵だったのですが——ここではパウラと呼ぶことにしましょう——ちょうどあの左の瞼の腫れがはじめて現れた晩——八月一六日金曜日、彼女も同じ劇場に来ていたのです。しかも彼女はフォン・ヴェッセルス夫人の左側に座っていたのでした。そのちょうど一週間前、八月九日にも、フォン・ヴェッセルス夫人は劇場にいました——ご存じの通り夫人の劇場通いは少々度が過ぎていますからね——その晩は夫人は現夫と同道だったのです。そしてそのときも同じパウラ嬢が夫人の左側に座っていたのでした。夫人はこのパウラが自分の夫、フォン・ヴェッセルス氏を追いかけていて、結局思いを果せなかったことを知っていました。フォン・ヴェッセルス夫人はこの第一の金曜——八月九日——の晩、パウラのよく目立つ灰色の眼が、憎しみに溢れて自分をにらみつけているのに気づいたのです。この視線は夫人に何とも厳しい刺すような印象を与えたのでした。そして一五日の木曜日、舌苔のために夫人に吐き気を催させたあの腎臓病患者の妻も、それと同じ厳しい刺すような眼をしていたのです。つまり尿の臭気で夫人に最初の夫の亡くなったときのことを思い出させたその病人と会ったとき、灰色の眼をしたその病人の妻もそこにいたわけです。この女性は名前をアンナと言いました。ところがアンナというのはフォン・ヴェッセルス夫人が子どもの頃とんでもないいじめられ方をした夫人のいちばん上の姉の名前だったのです。そしてこのアンナという姉が、パウラ嬢と同じ厳しい刺すような眼をしているのでした。さて、ここで話はおかしなほうに進みます。このフォン・ヴェッセルス夫人の姉、アンナは八月二一日が誕生日なのです。ヴェッセルス夫人は八月一五日に予定表を見て、お祝いの手紙を書こうと思ったのでした。一六日に書くつもりにしていたのですが、結局書かないでバレエを見に劇場にいってしまいました。つまり、きれいな脚を見に行ったわけです。次の一七日にも書かず、やっと一八日、つまり唇の腫れあがった日になってお祝いを書いたのでした。そして二一日、誕生日当日には唇の腫れは急速に消失し、それまでひっかかってばかりいた分析も突然急に進展を見せ、ひどくこんがらかっていた問題もかなりあったのですが、多くは解決したのです。

フォン・ヴェッセルス夫人はこんなことを話してくれました。

「わたしが一四歳くらいのときでしたが、はじめて妊娠のことを習い、当時本当に心の底から憎んでいた姉のアンナの誕生日と両親の結婚した日をくらべてみたことがありました。そうしますとどうも姉は結婚式より前にできていたらしいということがわかったのです。このことからわたしは二つのことを思いつきました。第一にわたしの姉は正式の嫡出子ではない——わたしがふだんは全然何とも思っていないわたしの継娘に対して八月一七日にひどくいやな感じを持った事情も、同じだったようです。この娘はわたしの子ではなく、したがって本当の嫡出子ではない、婚前にできた子だというので——。そしてもう一つ、当時姉と同じくらい心から憎んでいた母は、ひどく好色な女だと。この思いつきは当時大変もっともらしく思われました。ちょうどその半年前——つまりわたしがまだ一四歳のあいだに——母はまた一人子どもを産んだところでしたから。あなたは分析者でいらっしゃるのですもの、こんな歳を取ってから母親が妊娠すると、上の女の子の胸にどれほどの嫉妬が燃えあがるものかよくおわかりでいらっしゃいますわね。姉のアンナを母が身籠っていた時期を計算したのは、わたしの生涯でもっとも情けない行動だと、今でも忘れることができません。今になっても、こうしてお話しするのがとても恥ずかしいのです。母を好色だなどと考えた恥知らずに対しては、わたしは自分自身の好色を全世間に公表するという形で自分を罰しています。もうパウラさんがそう言って非難していらしたことでもありますし。それはまあ、でもそこまでにしましょう。わたしは、姉が、わたしから出す誕生日カードには、一〇月に招待する旨書いてあるはずだと思っているのを知っていました。わたしはでも、姉に来てほしくないのです。そんなふうに思うのが良くないことは充分承知してはいるのですが。だからこそ、姉に招待のことを言い出せない唇を罰さねばならなかったのです。またこの同じ唇は、別の罪でも罰せられる必要がありました。つまりちょうど姉の誕生日と両親の結婚の日付を計算してみた頃のことでしたが、わたしはこの唇でひどい誓いを立ててしまったのです。決して子どもなんか産まないという。この誓いは、わたしがふとしたことから陣痛で苦しんでいる人の叫び声を聞いていなければならなくなったときに、口から出てしまったのです。わたしの口と妊娠とのつながりは、ある知り合いの女性によってつくられました。彼女は長い長いあいだ、お子さんがなかったのですが、とうとう妊娠なさいました。そして昔はキッと結ばれていた唇が今ではほころびて赤く色づいているのです。わたしはこの知人に八月一五日にお目にかかり、彼女と生まれるはずの子どもの話をしたのでした。唇の腫れについて思いつくことは、このくらいでしょうか。眼のほうの話は、実は大変単純です。わたしの母は幾度も妊娠しましたが、わたしは一度としてそれに気づいたためしがありません。いちばん下の子のときも同じでした。そのときわたしはもう一三歳で、子どもがどうやって生まれてくるのかなどちゃんと知っていましたのに。つまり、わたしから妊娠を見えなくしようという試みはかなり古くからのものなので、わたしがときどきそのために自分のよく見える左眼――右眼はあまり役に立つとは言えません――を見えなくしてしまうという効果的手段に訴えるということも、それが母の妊娠コンプレックスにひっかかっておりますれば充分考えられることだと思います。でも問題はそれだけではありません。たとえば、わたしが腎臓病の方と会ったとき、わたしをひどくいやな気分にしたのは尿の臭いではなく、本当は便の臭気だったのです。つまり、夫の死の思い出の背後に、深く隠されている別の、ひどく恥ずかしい思い出があるのです。あるとき母がわたしの頬を撫でてくれたのですが、わたしはそのやさしさを歓ぶどころか、その母の手に便の臭気がしたと思い込んでしまったのでした。別の言い方をしますと、わたしは、子どもの頃自分がしょっちゅうやっていたことを、母のやったことにしてしまったのです。ホースラディッシュ（Meerrettich）が母と何かかかわりがあるのかどうかは、あなたのご判断に委ねますわ。――あなたのお言葉に甘えて言いますと、メール（Meer）というのはフランス語の母（mère）と関係があるように思われますし、ラディッシュ（Rettich）のほうは、よく知られている通り男性象徴です。ラディッシュを尻の穴につっこむという言い方がありますが、これで便所の匂いの説明がつくでしょう。——この嗅覚印象が改めて腎臓病患者の奥さん、それもその奥さんの灰色の眼につながり、パウラの厳しい眼と姉のアンナにつながってくるのです。間違いなくわたしはパウラを怖がっていますけれど、それもこの眼のせいなのです。パウラの眼はつまりアンナの恐ろしい眼なのですもの。わたし、さきほど姉のアンナを憎むと言いましたわね。これは少し割引いて考えていただかなければなりません。この姉にもわたしが何よりも愛しているところがありました。それは姉の脚と下穿きでした。わたしは女学生時代、ノートの隅にレースの下穿きをはいたアンナの脚をいくつも描きましたけれど、今でもその頃のノートをたくさん持っています。とにかくわたしがバレエを好きな理由のかなりの部分に、このアンナの脚は関係がありますのよ。そして、ご記憶でしょう。八月一六日にはわたしはきれいな脚を見に劇場へ参っておりました。ここからまた一つ別のつながりが出ているのですが、これはわたしの子ども時代もはるか昔につながっています。そしてそこから先はもうたしかな道筋が辿れず、ただ空想に任せるほかありません。つまり、厳しい眼に対する不安はわたしの祖母にまで遡るのです。わたしはこの祖母が恐ろしくてたまらなかったのです。わたしどもが参りましたときにこの祖母がまずいたしますことは、スカートを持ちあげて、パンツが汚れていないかの検査でした。わたしはもうその頃から、祖母がこんなことをしてみせるのは、わたしどもが嫌いだからというよりは母に対するあてつけだとわかっていました。そして実際祖母が母を目の敵にしていたために、わたしは祖母ががまんできなかったのです。ところが、そういう事情にもかかわらず、もしかしたらこの下穿き検査はわたしにとって大変おもしろかったのかもしれないという可能性を捨て切ることはできません。お考えくださいませ、汚れていると言って非難するのはひどいと祖母のやり方をわたしは悪く言っておりますけれど、それと同じ非難をわたしの頬を撫でてくれた母に向かってわたし自身が投げつけていたのですから。ひどい話ですね。まだほかにもあります。叔母たちの一人が――その話を聞いたのはずいぶん小さい頃でしたが――結婚する前に婚約者の子どもを孕んだというので祖父に家を追い出されたことがあったのです。これもやはりのちになってわたし自身が母に向かって投げつけた非難と同じものです。祖母はわたしには間違いなく魔女そのものに思えました。この魔女という言葉はまたパウラと、ここ何日間かに起こったことと関係があります。パウラという人はオカルト染みたことで頭をいっぱいにしている人ですが、わたしにテレパシーの能力があると思い込んで、魔女呼ばわりしていることは知っていました。同じようなことをわたしは継娘の母親について考えていました。もっとも、わたしはその人を外見でしか、というよりほとんど噂話でしか知りませんでしたけれど。その人の声をはじめて耳にしたときには、体じゅうが冷たくなるかと思いました。その声のなかに、子どもの頃知っていた何かひどくいやなものがあると感じたのです。で、次にその人を実際に見たとき、すぐにわかったのですが、この人はわたしの姉アンナと同じ厳しい眼をしていて、声のほうはわたしの祖母、つまり魔女の声だったのです。一七日にわたしが継娘を見るのをあれほどいやがっておりましたのは、わたしがあの子の母親をわたしの祖母と姉とわたしの敵パウラと同一視していたから、つまりあの子のおかげで心のいちばん奥深く押し込めてあった記憶が甦ってきてしまったからだったのです。わたしがこうして考えてわかってきたかぎりでは、わたしの眼と唇の故障の原因は、わたし自身の祖母、母、長姉との軋轢に求めるべきなのです。この軋轢は抑圧され、眠っていましたものを、誕生日が近づいたりパウラに会ったりしたことのおかげで目覚めたのでした。実を言えば毎年この時期になると現れてくる最初の夫に対する哀傷というのは、この不愉快なコンプレックスを覆い隠しておくための試みだったのです。瞼が腫れて眼が見えなくなりましたのも、これと同じ試みですが、その形が異なり、病気の症状になって出てきたのでした。わたしは見たくないというのがその症状の語っていることでした。あれこれの現象が重なってコンプレックスを見ることが避けられなくなると、少なくともそのことを口には出すまいという願望が現れて、唇が腫れ、しゃべることがむずかしくなったのでした。それだけでなく、このどちらも、きれいな脚を見ることと、妊娠など絶対しないという誓いを立てたことに対する罰でもあるのです」。

フォン・ヴェッセルス夫人の考えが正しいかどうかは措くことにしましょう。夫人が語らないで隠していることはまだまだ山のようにあるでしょうし、話をした問題についても、半分もわかっているかどうかだと思います。ぼくがこの話をしているのは、ここで、決して愚かとは言えない女性が、大変わかりやすい形で話をしていて、しかもそれが、症状によるエスの表現形式だとぼくが考えているものを見事に表現しているからです。しかし、これをこんなふうに詳しくお話ししたのには、さきほどちょっと言いましたが、もう一つ別の理由もあります。フォン・ヴェッセルス夫人が眼や唇の腫れに襲われ、尿毒症の匂いの話をしてくれたとちょうど同じ頃、ぼくの病院にも腎臓病の患者がいて、この独特の匂いをさせていたのです。この患者はもう手遅れの状態になってからぼくのところに連れてこられたのでした。ぼくはこの患者を引き受け、患者が死んでゆくのを観察すると同時に、患者ができるだけつらくないように気をつけることを引き受けました。それは、この患者の唇がひどく引きしめられて薄く、エスは尿をとめてしまうことで、口を嚙みしめるときと同じことを表現しているのではないかというぼくの考えを証明してくれているように思えたからです。ぼくの考えでは、尿毒症というのは、抑圧しようとする意志と、つねに表に現れようとする抑圧されているものとの死に物狂いの危険な闘争です。生まれたばかりの頃からつづいており、体質の奥底にあって働きつづけている尿分泌コンプレックスとの闘争なのです。この患者はしかしながら、ぼくの空想的非科学的研究を、とりわけ進めてくれたわけではありませんでした。ぼくは自分自身腎臓を悪くしましたから、この問題には個人的な興味も持っていたのですが。で、当時ぼくとしては、この患者が死んでゆく過程に現れるいくつかの奇妙な現象を、エスの働きを明らかにするための実験と結びつけずにはいられませんでした。言っておかなければなりませんが、この患者は分析を受けた最初の日に、何十年と便秘をしていたのが下痢になり、それはすさまじい臭気を発しておりました。ばかばかしいことながら、その臭気から、エスの嘲り声を聞き取ることも不可能ではなかったわけです。すなわち、たしかにこれまでしまっておいた肉体的汚物はこうして出してやろうよ。しかし魂の汚物は渡さないぞ。嘔吐についても同じような解釈が可能です。――尿毒症には下痢も嘔吐もつきものなのですが――少々想像をたくましくして言いますと、尿毒症に見られる痙攣発作――これは結局死に至るわけですが――も、コンプレックスが意識化されることを妨げようとする、抑圧するエスの強制手段だと考えられます。最後にはこれまでぼくも見たことのなかった、大変めずらしい水腫様の唇部膨脹が観察されました。そのために患者の唇はそれまでの嚙みしめたような様子をまったく失いましたが、これはまるでエスが唇を嘲弄して自由を返してやっているところであるかのようにも見えるのでした。ところが実際のところは、水腫のためにしゃべることができなくなっているのです。しかし、これはすべて、ぼくの思いつきに過ぎません。しかし、まったく現実的な裏づけも何もありません。ただこの患者にかかわっているあいだにちょっとおもしろい経験をしました。この経験はぼくが実際にこの身で受け取ったものですから、ぼくの解釈はかなり当っているものと思います。フォン・ヴェッセルス夫人の唇がひどいことになって、そのためにかなり一所懸命に夫人の分析に取り組んでいたときに、ちょうどぼくの患者の最初の尿毒症痙攣がはじまったのでした。ぼくは療養所に泊り込み、寒い時期でしたのでゴム製の湯たんぽを持ってベッドに入りました。眠りに落ちる前ぼくは鋭いペーパーナイフでフロイトの精神分析誌のある号のページを切って、パラパラとめくって見ていました。フェリックス・ドイッチュがウィーンで精神分析と器質疾患について講演をしたという報告が出ていました。ご存じの通りぼくは何年も前からこのテーマにこだわっています。きみも知っている友人グロデックにこの問題の処理を任せたのもご存じですね。ぼくは雑誌とペーパーナイフを枕の下に置いて、少しばかりこの問題について空想をめぐらせはじめました。ぼくの空想はすぐに例の尿毒症の患者のところにゆきつき、排尿の抑制を抑圧の徴候だとするぼく自身の解釈のことを考えはじめました。ぼくはそのまま寝込んでしまいましたが、明け方、体が濡れているという大変妙な感じがして目が覚めました。はじめぼくはベッドでオシッコをしてしまったのかと思ったほどです。実際には眠っているあいだにペーパーナイフでゴムの湯たんぽを刺してしまい、湯がポコポコとあふれ出していたというわけでした。――さて、その次の晩もぼくは泊り込みをつづけ、ベッドでちょっとものを食べるのが好きなものですから、その晩はチョコレートを二、三片ベッドに持って入ったのです。よくやるのですが。何が起こったとお思いになりますか。次の朝目が覚めたとき、ぼくの寝巻もシーツもチョコレートでベタベタでした。そのシミはまったく信じられないほどウンチに似ていたものですから、ぼくは恐ろしく恥ずかしくなってしまい、慌ててシーツをはがしたものです。メイドがそれを見て、ぼくがベッドで大きいほうをやってしまったなどと考えないように。しかし、シーツをはがしておかないと、ぼくがどうしようもなくてベッドでやってしまったと思われるだろうというのは大変おかしな考えです。そこでぼくは少し自分を分析することにしたのでした。湯たんぽに穴をあけてしまったときにも、オネショだと思われると思ったことを思い出しました。そのときぼくは尿毒症の患者のことで頭がいっぱいだったものですから、自分のこの状態をこんなふうに説明したものです。おまえのエスはこんなことを言っているのだ。おまえの腎臓もきれいで文句なしというわけではないけれど、おまえは尿毒症になるかもしれないなどと心配しなくてよい。見ろ、おまえはこんなにあっさり小便も大便も出せるじゃないか。おまえはしまい込んだりしない。抑圧もせず、ちょうど赤ちゃんのように心も腹も罪なくこだわりがない。エスがどれほど狡猾か知らなかったとしたら、ぼくはこの解釈で満足していたでしょう。しかし、ぼくは気に入りませんでした。と突然フェリックスという名前がピンとひらめきました。フェリックスというのは精神分析と器質疾患について話をした人物の名前でした。しかしぼくにはフェリックス・シュヴァルツという名の学校友達があったのです。そしてこの友人は猩紅熱をこじらせて尿毒症になり、死んでしまったのでした。シュヴァルツ（Schwarz）は黒ですから、つまりは死です。フェリックスという名には幸福という意味が含まれておりますね。フェリックスとシュヴァルツ、幸福と死が結びついているといえば、性の快楽の絶頂の瞬間以外のことではありません。この瞬間は死によって罰せられるのではないかという不安と結びついています。つまり、これもまたオナニー・コンプレックスだったわけです。これは非常に古いコンプレックスで、腎臓病のことを考えるときには例外なく、水面下でこのコンプレックスが動いているのです。――これで、ぼくがベッドで起こした二つの事故に対する解釈の正しさが証明されたように思われました。つまりぼくのエスはこう言いたかったのでしょう。正直にして、何も抑圧するな。そうすれば何も起こらない。しかしその二時間後、もっと別のことがわかったのです。尿毒症の患者のベッドに近づいたとき、突然浮かんできた考えがありました。この患者はヴォルフ兄さんに似ている。そのときまでぼくは全然それに気がついていなかったのですが、明らかに二人は似ているのです。同時に重苦しい疑問が頭をもたげてきました。おまえの兄のヴォルフ、あるいは狼《ヴォルフ》という言葉は、おまえの抑圧とどういう関係があるのか。次から次に疑問が現れ、いくら分析をやってもそれは終わらない。そして解決は決して見つからないのだ。今、おまえの頭にひらめいた考えにしても、完全な、最終解答ではあり得ない。

そうではありますが、やはりその答えも話しておこうと思います。まだずいぶん小さい頃——と言ってものを憶えることができるくらいにはなっていたのですが——ぼくはよく尻の切れ込みに傷を作り、つまり股ずれができていたわけです。それが痛くなるとぼくは母のところにゆきます。母はこすれているところに軟膏を塗ってくれるのでした。これは間違いなく後のオナニーにつながる刺激を与えてくれる行為でした。これ自体一種の子どものオナニーだったと言ってもよいでしょう。ぼくは半分意識的に、驚くべき策略をもって、この恥ずべき行為のため母の手を煩わせたわけですが、これは明らかに、すべての赤ちゃんが、世話をしてくれる人におむつを換えてもらうときに感じていた快感の記憶とつながっているのです。ここまで分析遊びをやってきたときに、ふと思い出したのですが、その前日ぼくは実際自転車を漕ぎ過ぎて両股に股ずれをこしらえていたのでした。これこそおまえがこんなに長い間探しつづけていた狼瘡《ヴォルフ》じゃないか。内心ぼくは大歓びし、上機嫌で患者の妻君がつらい時間を過ごすのを支えてあげました。しかし、患者の病室のドアを出たとき、ぼくはわかっていました。これも本当の答えではない。おまえは抑圧している。おまえのエスやおまえの友人たちが、何て率直なんでしょうとおまえを賞讃するにしても、おまえは全然他の人びとと変わらないのだ。正直だと言える人間は、聖書に出てくるかの税吏のような者だけなのだ。神よ憐れみ給え。ところで、この最後の文句、この言い方こそ、ひどい偽善だと思いませんか。

さよなら、心やさしい方よ。きみの

パトリック

訳者解説

岸田さんからグロデックの『エスの本』の翻訳を手伝ってくれないかとお話があったとき、光栄だと思うと同時にひどくとまどったのを憶えている。

アリス・ミラーやマリアンネ・クリュルの本を訳していたからいただいた話だと思うのだが、私はつまり正統フロイト派の精神分析に反旗を翻したり、フロイトの「理論的成長」は、幼い「可哀そうなフロイトさんちのジークムントちゃん」が自己および父親像の救済のために続けた放浪の跡である、などと言っている女たちの本しかまともには読んでいない。「そんなのでいいのかなあ」と少々不安だったのだ。もちろんグロデックという名前もそのとき初めて知った。

「エスということを初めて言い出した人」というのに何となく興味を引かれたし、一つくらいフロイト批判ではない本と取り組んでおかないと、精神分析に義理が悪いような気もしてお引き受けしたのだった。

仕事は終えたが、何となくスッキリしない。常々「精神分析」に対して私が感じていたのが、この「何となくスッキリしない」という気持ちだったから、グロデックは私のなかの

「スッキリしない精神分析」というイメージ強化に役立ってくれてしまったようである。もっとも、グロデック、本書中でのパトリック・トロールは、そういう反応こそ望むところろだと喜んでニヤニヤ笑うかもしれない。

本書の特徴の一つは、諧謔である。一九世紀後半のドイツで市民家庭に生まれ育ち、本書出版時は高級温泉保養地として名高いバーデン＝バーデンで、小規模なサナトリウムを経営していたグロデックは、当然、当時の中・上流階級の常識を弁えていたはずである。一九世紀後半から二〇世紀前半というのは、白人至上主義的、家父長主義的、キリスト教的価値観および道徳観が、随所で綻びを見せつつ、しかしヨーロッパの人々の心性を未だ強く支配していた時期と考えられる。

その中にあって、グロデックは敢えて「常識」的には口にしないはずのことがらを言葉にし、「常識」の逆を行くような論法で読者を煙に巻いてみせる。グロデックが逆らう「常識」の中には、「女性には生得的に『母性愛』が備わっている」とか、「女性には性欲はない」などという、当時の中・上流階級の女性たちを縛っていた「道徳」も少なくなく、その点、本書、そしてグロデックは、当時の（もしかすると現代も？）社会の桎梏から読者を解放してくれる。

とはいえ、やはりグロデックも時代の子であって、本書にもポリティカル・コレクトネスが重要視される現代では許容され難い表現が頻出する。正直、訳者としても困惑することが少なくなかった。グロデックが本来ねらっていたかもしれない「文学的」効果が、翻訳と時代状況によって薄弱なものになっているかもしれないことを、ここでお断りしておきたい。

では、このグロデックというのはどういう人物であるのか。本来私などは全くその任ではないのだが、以下でグロデック研究のドイツにおける第一人者、ヘルベルト・ヴィル著の評伝（Herbert Will, *Georg Groddeck. Die Geburt der Psychosomatik.* Deutscher Taschenbuch Verlag. München, 1987）からかいつまむ形で紹介する。

ゲオルク・ヴァルター・グロデックは一八六六年一〇月、ザーレ川畔のバート・ケーゼンに生まれた。この町は東部ドイツの中心的な諸都市、ライプツィヒ、イェナ、ハレ、ワイマルなどの中間に位置し、古い城砦跡などもある保養地のようである。

グロデックの父も医師で、この町で温泉療養所を経営していた。ゲオルクは五人の子どもの末子だが、父親が開業医で、大学での医学研究のあり方に批判的であったこと、そしてその父の末子として生まれたことは、グロデックの生涯に深い影響を与えた。一八八三年、父の破産に伴い一家はベルリンに移転、ゲオルクはそこで大学医学部での教育を受ける。大学入学前のギムナジウム時代、父の持っていたラーデマッヒャーの実践治療の書を読んだこと、ならびに大学生時代エルンスト・シュヴェニンガー（一八五〇―一九二四）を師として得たことが、グロデックの医師としてのあり方を決めることになる。

ついでに言えば、グロデックが学んだギムナジウムは、母方の祖父が校長をしていた全寮制のエリート校であった。フリードリヒ・ニーチェもそこで学び、校長宅やその女婿、つまりグロデックの生家にも出入りしていたという。

グロデック終生の師というべきシュヴェニンガーは、当時ベルリンのシャリテ皮膚科部長であり、大学の主流であったウィルヒョウなどの研究中心の医学者と鋭く対立していた。シュヴェニンガーのシャリテ就任は、時の宰相ビスマルクが大学学部の意向を無視して強行した人事で、ウィルヒョウとシュヴェニンガーの対立、また逆にウィルヒョウとビスマルクの長年にわたる政治的対立の原因の一つはここにある。

ビスマルクがなぜそのような横車を押したかといえば、長年に及ぶビスマルクの肝障害（と思われていたもの）をシュヴェニンガーが治してくれたからであった。その治療の中心は食餌療法と物理療法だったそうである。シュヴェニンガーは患者こそ医療の中心であるとして、徴候からの疾病の正しい診断を重視する当時の科学的医学に批判的であった。

シュヴェニンガーの名医としての評判はビスマルクを治したということからヨーロッパの上流階級に広がり、スウェーデン国王、セシル・ローズやロスチャイルド男爵など政財界の大立者、果てはリヒャルト・ワーグナー夫妻からその娘夫婦に及んだという。

一八八九年、シュヴェニンガーの下で博士論文を提出したグロデックは、公私ともにシュヴェニンガーの後継者として嘱望されていたらしいが、大学入学時に父を亡くし、経済的苦境に陥って、経済的な支援と引きかえに軍医として八年間軍に勤務するという契約を交していたため、直接シュヴェニンガーの後任となるわけにはいかなかった。

もともと大学の医学に批判的であったグロデックは、一八九六年に結婚した妻エルゼとともに翌年バーデン＝バーデンに移り、そこでシュヴェニンガーの療養所支部責任者のような仕事をする。一九〇〇年には独立し、一五床ほどの小ぢんまりした療養所を開く。このサナトリウムは死に至るまでグロデックの活動の中心であり支えであった。

ここでの治療は、㈠マッサージ、㈡高温浴、㈢食餌療法、によって行われ、グロデックは患者に対して「父親の厳しさをもって」接していたという。

支配的、示唆的、父親的なグロデックが、共感的、分析的、母親的に変身したいきさつについては、本書第30章にかなり具体的に記されている。グロデックが「ちょうどその時期……ある重症の女性の治療を引き受け……ぼくが分析者になったのはこの女性に強いられた……」という女性患者G嬢との出会いは一九〇九年のことであるが、このG嬢の治療体験をきっかけとして、グロデックは、独自に精神分析治療に取り組むようになった。グロデックとフロイトの微妙な関係についても、本書第31章に記述がある。グロデックは「フロイトの弟子になった」と述べているのだが、しかし、同時に「フロイトのことなど知りもしないはずの時期に」「公然と、フロイトおよび精神分析に対する非難を発表」していたとも述べているのだ。

とにかく、一九一七年初めてフロイトに書簡を送ったグロデックは、自らフロイトの弟子と名乗ってよろしいかと願い出ており、その限り、グロデックはフロイトを師と認めていたわけである。フロイトのほうも「ドイツ人」（グロデック家はかなり毛並のいい旧家だそうだ）の接近を喜び、グロデックを精神分析家として認める。

精神分析学界内でグロデックが最も親しく交わったのはフェレンツィである。フロイトとの関係は最初からかなり緊張をはらんだものだった。ヴィルの評伝の副題からもわかるように、グロデックは分析によって身体的疾病の症状が改善されるとするPsychosomatikの立場に立っていた。フロイトの側は、その主張に対しては最後までどっちつかずの態度を変えていない。グロデックとしては当然不満である。

それでも一九一七年から二三年までは双方の関係は円満で、一九二一年にグロデックが発表した『魂の探求者』という精神分析小説に対しても、猥褻で学界のためにならないという厳しい批判もあったのだが、フロイトはむしろグロデック擁護の側に回っている。

本書の手紙の宛名人も、女友達ということにはなっているが、実はフロイトであるとヴィルは言っている。少なくとも手紙の形で書いたものは、まっさきにフロイトに送られ、その了承と推薦により、また批評に従った書き直しの後に本書が成立したことは確かである。一九二一年に本書の前半部分を受け取ったフロイトは、そこに展開される「エス」の存在を認め、精神分析出版会に出版を推薦した。

弟子の理論や提唱する概念を認めるということは、フロイト自身がそれを使うということである。一九二三年に「自我とエス」として発表された新しい構造理論内部では、エスはフロイトの概念としてみごとに使いこなされている。

グロデックの「エス」とフロイトの「エス」の間のズレが、両者の間を遠ざけた。一九二三年以来グロデック／フロイト間の手紙のやりとりは間遠になり、一九二七年にはとうとう二人は「エス」を巡って衝突、三年間関係は断絶する。三〇年からグロデックの死に至る三四年まで文通は再開されるが、双方とも率直な態度とはいえないようである。

グロデックは早く大学アカデミズムの場から離れており、今また一九二三年フロイトの論文発表によって「エス」概念の提唱者として国際精神分析学会内部で重要人物と目される可能性と、自分に優先権のある概念をフロイトに横取りされたという不満の双方を得たものと思われる。

グロデックはしかし、バーデン＝バーデンの療養所の人びと（患者も職員も）と共に研究会を開いて、たびたび講演を行なったり、同人誌のような雑誌（良風美俗に反すると一九二七年には発禁になってしまった！）を作ったり、結構精力的に活動し続けている。最初の妻とは一九一四年に別居し、一九一七年マッサージや分析に理解と能力のあるエミー・フォン・フォークトと一緒に暮し始め、国際精神分析学会にも同伴して物議をかもしたりしていたが、それもようやく一九二三年には正式結婚にこぎつけた。フェレンツィをはじめとする精神分析学界の面々のなかにもグロデックの療養所を訪れ、しばらくそこで療養したり、見学する人がいた。その中にはルー・アンドレーアス＝サロメやアーネスト・ジョーンズなどの名もある。

精神分析というのはアングロ＝サクソンの気性に合うのだろうか、一九二八年イギリスを訪れたグロデックは大歓迎を受け、ゲオルク・グロデック協会を設立したいなどと言われて驚いている。グロデックの死後も、英語圏では彼の著作が読まれ続けていたそうである。

もっともそれには別の、個人的な理由があるだろう。グロデックはフランクフルト社会研究所と結びつきの深いフランクフルト精神分析研究所のメンバーと非常に親しかったし、カレン・ホーナイとも親しくしていた。彼らがアメリカに亡命し、そこでさまざまなグループに分かれて論争を続けてゆくなかで、グロデックの著作も引用されることが多かったのではあるまいか。

一九三〇年以来、グロデックは動脈硬化が進んで健康がすぐれなかった。しかし、精力的な活動は続き、三三年には『シンボルとしての人間』という著書を発表したりしている。一九三三年一月末にはヒトラーがドイツ首相の地位に就き、五月には親友フェレンツィが、グロデックとの再会を果せぬままブダペストで亡くなってしまう。ユダヤ人の多いフランクフルト・グループの分析家たちのなかにも動揺が広がっていただろう。グロデック本人はドイツ人でもあり、「知名人」であったので、国民社会主義者に迫害されることもなかった。あまり政治的嗅覚の鋭い人でもなかったようである。

一九三四年三月には脚部の神経炎のために相当衰弱していたのだが、五月、スイス精神分析学会の招きに応じてツューリヒとバーゼルで講演を行ない、その後、六月一一日ツューリヒ近郊クノーナウ城にあるスイスの精神分析家メダルト・ボスの療養所で心不全のために亡くなった。

先ほども少し触れたが、グロデックの死後、ドイツ語圏ではその業績はほとんど無視され、本書『エスの本』なども一九二三年初版の次の版は一九六一年という有様である。

近代医学の非人間性が問題視されるようになって来たからであろうか。心身医学の先駆者としてグロデックの再評価が行なわれ、七〇年代後半以降、キントラーとかフィッシャー（新書）という有力な出版社から著作が出版されるようになっていた。一九八六年にはゲオルク・グロデック協会が設立され、「グロデックの功績を知らしめ、著作集を編纂し、グロデックの功績ならびに心身医学と精神分析の歴史に関する催事」を行なうようになった。協会の活動は順調につづいているようで、一九八六年以降現在までに、グロデック著作集として一五冊以上が出版されている。また、シンポジウムなども度々開かれ、二〇一六年にはグロデック生誕一五〇周年記念のかなり大がかりなシンポジウムが「非理性の時代のエス」と題してベルリンで開催された。

本書でグロデックの「エス」概念に触れ、グロデック本人にも興味をもたれた読者がおられれば、恰好の論集も出版されている。『エスとの対話――心身の無意識と癒し』（野間俊一著訳、二〇〇二年、新曜社）である。これはグロデックが発表した論文・エッセイ八編を選んで翻訳し、それぞれに「叙説」と題された詳しい解説を付したものである。あまり諧謔に苦しめられることなく、グロデックの多面的な全体像に近づく最適な手がかりとなってくれるだろう。

二〇一八年二月

山下　公子

訳者あとがき

本書は Georg Groddeck, *Das Buch vom Es: Psychoanalytische Briefe an eine Freundin*, Internationaler Psychoanalytischer Verlag. Wien, 1923 の全訳である。

翻訳の分担に関して言えば、第1章から第16章までを岸田、第17章から最後の第33章までを山下公子氏が分担した。

この *Das Buch vom Es* は、精神分析に関心がある者なら誰でも知っている精神分析の古典とも言うべき本であり、これまで邦訳が出ていなかったのが不思議なくらいであるが、当然、英訳（*The Book of the It*, translated by V. M. E. Collins, published by Random House Inc. 1949）および仏訳（*Le Livre du Ça*, traduit par L. Jumel, publié par Gallimard, 1963）は出ており、岸田は翻訳に際して英訳および仏訳を参考にした。

すでにこれまで何度も述べているが、十代後半のわたしは神経症というか人格障害のさまざまな変な症状に苦しめられていた。あとからだんだんとわかってきたことであるが、それらの症状の背後には、当時の社会的先入観・通念・常識などがあり、それに加えて主として母によって植えつけられたさまざまな観念があった。それらは一体不可分の共同幻想として多岐にわたっていてわたしの思考と行動を支配していた。たとえば、大日本帝国は神の国であるとか、忠勇無双の兵を擁する日本軍は無敵不敗であるとか、偉い人の言は絶対正しく服従しなければならないとか、女には性欲がないとか、親の恩は海より深く山より高いとか、母性愛は神聖であるとか。

誰でも、共同体のなかで親に育てられる過程で共同幻想というか、さまざまな観念を身に付ける。それらの観念が材料となって個人の人格が構成される。多くの人は、子供から青年になり大人になってゆき、身に付けた共同幻想に従って大過なく生きていくことができるであろう。偏ったおかしな共同幻想を身に付けた人もいるであろうが、少々おかしいぐらいでは、いくらか不適応を起こしながらも、何とかやってゆけるであろう。

ところが、わたしの場合は、身に付けていた共同幻想が心にあまりにも根深く植えつけられ過ぎていて重圧だったためか、それとも、神経が脆弱過ぎて融通が利かず、適応力に欠けているためか、共同幻想と心情とのあいだに齟齬というか、行き違いというか、葛藤が生じ、さまざまな人格障害の症状を招くことになった。

中高生の頃、わたしは日本兵の死体の写真を見て鬱状態に陥ったが、これが敗戦後の日本人として普通の一般的なことか、あるいは、病的な過剰反応なのかは、なかなかわからなかったが、とにかく苦しいので何とかしようとしてあがきつづけて、なぜ日本軍はあのような悲惨な負け方をしたのか、日本軍とはどういう軍隊だったのか、ひいてはどういう歴史的背景からそのような軍隊が成立したのかなどと考えるようになった。

そして、母の期待とわたしの志望が対立して、わたしに家業を継がせようとする母は自分の目的のために子のことをないがしろにしてただただ利用しようとするだけの手前勝手なエゴイストなのか、あるいは、わたしは大恩ある親のたっての願いを拒否する冷酷無情な親不孝者なのかとどちらとも決めかねて迷い苦しんだあげく、猫は親子関係で悩んでいるようには見えないのに、人類においてはどうして親子関係はこのように面倒なことになるのかと考えるようになった。

また、青年期になって女性に関心をもつようになり、誰に教えられたのか、女には性欲がないと思い込んでいて、そのためか、女の子とうまくゆかなくて、人間の性欲は、性関係はどうなっているのだろうかと考えるようになった。

このような難問にぶつかっていたときにフロイトに出会ったのである。フロイトの本にはわたしと同じような症状に摑まっている患者がいたりして、彼の理論はわたしが囚われていた多くの難問に立ち向かう足場となってくれそうに思えた。

わたしにとってフロイト理論が衝撃的だったのは、それまで疑うべからざる当然のことだと思っていたものの考え方がひっくり返りそうだったからであった。不安になったわたしは彼の著作を読み漁ったが、いきなりとんでもない考えを突きつけられて、なるほどという気がする一方、いろいろよくわからない点、納得できない点、不審な点もあった。

それから、フロイト以外の精神分析の著作もあれこれ読んでみたが、ユングの集合無意識、アドラーの権力への意志、フロムの自己実現、ホーナイの神経症的傾向などのいずれの理論も、おのれの理論がフロイト理論の足らざるところを補い、さらに発展させたとか、フロイト理論とは異なる独自の方面を開拓したとか称しているものの、わたしには、フロイト理論のある一面だけを取り上げて強調し、その他の面を等閑視した狭い偏った理論のようにしか思えなかった。フロイト理論よりわかりやすいのは確かであり、どこが間違っているというわけではないが、どこか薄っぺらになっているようにしか思えなかった。

そういうわけで、やはり頼りになりそうなのはフロイトしかいなかったが、フロイトのあれこれの言説について、これはこういうことなのであろうが、いまいちよくわからないところもあって迷っていたときにたまたま手にしたのがゲオルク・グロデック『エスの本』であった。

グロデックの文章は明快であり、例証は具体的なので、わたしには、フロイトの言説や用語のいささかわかりにくいところを「ああ、そういうことなのか」と納得させてくれる点では大いに役立った。しかしもちろん、グロデックはフロイト理論の単なる解説者ではない。精神分析の重要な概念である「エス」はグロデックが提唱し、あとからフロイトが借用したのである。この概念は、意識されているか、されていないか、どれほど意識されているかの違いに過ぎなかったそれまでの「意識・前意識・無意識」の三層による人格構造の説明の曖昧さを払拭した。それに代わる「超自我・自我・エス」の三層の人格構造が提唱されて、この三層のそれぞれの形成過程と相互作用として説明されると、神経症や宗教などの精神現象・社会現象を図式的にいっそう明確に把握できるようになった。「無意識」を「エス」と呼び換えたことは、単に意識から排除されたものに過ぎなかった心理領域を心身両域に亘って人間存在の様相を決定する力動的要因へと格上げすることになり、心身医学の魁《さきがけ》となった。

繰り返すが、何しろグロデックは明快なのである。性の問題に関しても、女の膣は何でも吸い取ってしまうとか、田舎へゆけば男の子も女の子もオナニーに耽っているのが見られるとか、女の性欲を大いに肯定した。そして、母親は好色であるとか魔物であるとか、色気が衰えると若々しい自分の娘に嫉妬するとか、男も女もとにかく人間がこの世でいちばん大切に思い最も愛しているのは自分の性器であるとか、反常識的なことをぬけぬけと理路整然にのたまい、子のために献身的に尽くす母性愛の幻想や、性欲のような穢れたものを知らない清純な乙女の幻想に取り憑かれ凝り固まっていて自他を傷つけていた愚かなわたしを解放してくれたのであった。

そういうわけで、わたしと本書との付き合いは長い。和光大学の教員であったとき、数年間、独原書講読のゼミのテキストに本書を使用し、学生たちとグロデックについて議論したものである。また、ずいぶん昔のことであるが、故・伊丹十三氏がグロデックに興味をもってくれ、彼が編集していた『モノンクル』という月刊誌に本書の翻訳を毎月一章ずつ連載させてもらったことがあった。この雑誌は残念ながら六号で廃刊となり、第一章から第六章まででしか掲載できなかった。

その後、いろいろ曲折があった。どこかの出版社に本書の訳書を出してくれないかと持ち込んで断られたこともあったが、幸い、誠信書房が引き受けてくれ、さらに幸いなことに、山下公子氏が翻訳に協力してくれることになって、やっと本書の全訳を刊行できたのが二十数年前であるが、今回、講談社学術文庫に採択されることになり、さらに多くの人がグロデックの考え方に接することが期待され、欣快の至りである。

二〇一八年二月

岸田　秀

ゲオルク・グロデック　Georg Groddeck
(1866-1934)「エス」や「転移」といった精神分析における重要な概念を提唱。エスを措定したことで心と身体と病の総合的な見方を可能とし、「心身医学の父」とも呼ばれる。

岸田秀（きしだ　しゅう）
精神分析学者、文筆家。和光大学名誉教授。

山下公子（やました　きみこ）
ドイツ文学者。早稲田大学教授。

講談社学術文庫

定価はカバーに表示してあります。

エスの本《ほん》

ある女友達《おんなともだち》への精神分析《せいしんぶんせき》の手紙《てがみ》

ゲオルク・グロデック 著
岸田《きしだ》 秀《しゅう》・山下公子《やましたきみこ》 訳

2018年4月10日　第1刷発行

発行者　渡瀬昌彦
発行所　株式会社講談社
東京都文京区音羽2-12-21 〒112-8001
電話　編集（03）5395-3512
販売（03）5395-4415
業務（03）5395-3615

装　幀　蟹江征治
印　刷　豊国印刷株式会社
製　本　株式会社国宝社
本文データ制作　講談社デジタル製作

ISBN978-4-06-292495-5

「講談社学術文庫」の刊行に当たって

これは、学術をポケットに入れることをモットーとして生まれた文庫である。学術は少年の心を養い、成年の心を満たす。その学術がポケットにはいる形で、万人のものになることは、生涯教育をうたう現代の理想である。

こうした考え方は、学術を巨大な城のように見る世間の常識に反するかもしれない。また、一部の人たちからは、学術の権威をおとすものと非難されるかもしれない。しかし、それはいずれも学術の新しい在り方を解しないものといわざるをえない。

学術は、まず魔術への挑戦から始まった。やがて、いわゆる常識をつぎつぎに改めていった。学術の権威は、幾百年、幾千年にわたる、苦しい戦いの成果である。こうしてきずきあげられた城が、一見して近づきがたいものにうつるのは、そのためである。しかし、学術の権威を、その形の上だけで判断してはならない。その生成のあとをかえりみれば、その根は常に人々の生活の中にあった。学術が大きな力たりうるのはそのためであって、生活をはなれた学術は、どこにもない。

開かれた社会といわれる現代にとって、これはまったく自明である。生活と学術との間に、もし距離があるとすれば、何をおいてもこれを埋めねばならない。もしこの距離が形の上の迷信からきているとすれば、その迷信をうち破らねばならぬ。

学術文庫は、内外の迷信を打破し、学術のために新しい天地をひらく意図をもって生まれた。文庫という小さい形と、学術という壮大な城とが、完全に両立するためには、なおいくらかの時を必要とするであろう。しかし、学術をポケットにした社会が、人間の生活にとってより豊かな社会であることは、たしかである。そうした社会の実現のために、文庫の世界に新しいジャンルを加えることができれば幸いである。

一九七六年六月　　　野間省一